KB172794

**초진 환자**가 가고 싶은

# **병원**의 비밀

# 초진 환자가 가고 싶은 병원의 비밀

THE SECRET OF THE HOSPITAL

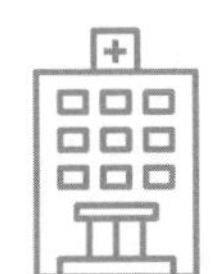

김정우 지음

좋은땅

챕터 소개

# 초진 환자가 가고 싶은 병원에는 비밀이 있다

## 정말 그런 비밀을 알려 준다고?

의료계에 들어올 때는 2년 정도 경험하고 아니라고 판단한다면 다른 분야로 가야겠다고 생각했다. 그런데 벌써 20년이 되었다. 시간은 정말 정직하다고 생각한다. 20년이라는 시간이 흐르고 나니 이 분야가 나의 천직이라는 것을 알게 된다. 어쩌면 그런 것은 찾는 것이 아니라 만들어 가는 것인데 그 시절에는 몰랐다.

성공의 원칙이라는 것은 찾는 것이 아니다. 만들어 가는 것이다. 그런 원칙들은 다양한 관점을 가지고 접근하여 총체적인 시각을 완성할 때 가능해진다. 그러나 대부분의 사람들은 그런 시각을 갖기가 정말 어렵다. 이렇게 글을 쓰는 필자도 총체적인 시각을 완성했다고 보기는 어렵다. 끝까지 그런 시각을 가질 수 있도록 노력하는 길뿐이다. 완성했다고 하는 순간에 다시 편협한 시각으로 돌아가기 때문이다.

필자가 지금의 자리에 서 있기까지 정말 다양한 분야의 프로젝트를 맡아 왔다. 의료 이외의 분야로는 온라인 커머스, 네트워크 마케팅 경영 컨설팅, 해외 화장품 국내 런칭 프로젝트, 에이전시, 프랜차이즈 개발 본부 컨설팅, 플랜트 사업 영업 컨설팅, 인터넷 방송국 등이다. 이런 프로젝트가 처음에는 의료와 서로 상관이 없는 것으로 여겨졌고 의료 비즈니스에 도움이 될 것이라고 생각하지 않았다. 그러나 이런 분야의 경험들은 이후 20여 년의 의료계 분야 경력과 더불어서 상호 보완적인 시각을 만들어 가는 데 도움을 주었다. 결국 모든 것은 다른 관점의 구축과 다양한 경험으로부터 나온다고 믿는다. 이 책은 필자의 다양한 경험과 20여 년간 의료 분야에서 변화를 만들어 왔던 과정 속에 발견된 사항을 통해 당신의 의료 기관을 더욱 발전하게 만들 관점들을 제공하는 것을 목표로 한다.

1장, 온라인 마케팅은 디테일이 중요하다.

전작[1]에서 이미 온라인 마케팅에 대해 상세하게 설명하였다. 그래서 이 책의 첫 번째 장에서는 전작에 넣지 못한 내용 중에서 중요한 차이를 만들어 내는 세부적인 내용 몇 가지를 기술하였다. 디테일은 아주 사소한 것인데도 차이를 만들어 낼 수 있으나 개념이 어려워서 최대한 쉽게 설명하려고 하였다. 결국 이러한 작은 관점 차이가 결과의 차이를 만들어 낸다.

2장, 홈페이지를 어떻게 만들 것인가.

의료 기관의 광고에서 중요한 요소는 홈페이지다. 홈페이지는 의사결

---

1) 《그 병원은 어떻게 초진 환자를 2배 늘렸을까?》 라온북.

정의 최종 단계에 관여되는 중요한 장치이다. 콘텐츠의 중요성은 전작에서도 많이 말하였으나 코비드19 기간 동안 변화된 내용을 수록하였다. 2년이라는 시간 동안 환자의 홈페이지 소비 패턴이 정말 많이 변화하였다. 다양한 실험을 통해서 알게 된 노하우 몇 가지를 수록하였다.

3장, 초진의 상담 성공률을 어떻게 높일 것인가.

우리는 컨설팅과 마케팅을 같이 수행하는 조직이다. 마케팅을 아무리 잘해도 내부에서 초진 환자의 수락을 잘 이끌어 내지 못한다면 무용지물이 된다. 결국 의료 기관의 성장을 위해서는 상담의 질을 올려야 한다. 그러기 위해서 우리는 2007년부터 상담과 서비스에 대한 선진 기술을 배워 왔고 다양한 분야의 모델을 의료계에 적용하여 왔다. 그 노하우를 일부 담았다.

'최면'이라고 하면 환자를 속이는 기술이 아닐까 생각하기 쉬운데, 아니다. 오히려 환자의 감정에 속고 있는 상담을 변화시켜서 제대로 리딩할 수 있는 방법을 제시한다. 우리가 교육하는 상담 레버리지 전략의 목표는 상담 성공률 상승과 진료 만족도 상승을 함께 이루는 것이다.

4장, 재진을 통해서 수익을 개선할 수 있는 방법은 없을까.

우리 나라의 의료 기관은 초진에 목을 맨다. 그러나 초진에만 목을 매는 것은 어리석은 것이다. 재진 환자가 받쳐 주지 못하면 비즈니스로 성장할 수 없다. 항상 시장의 상황에 변동을 겪을 것이기 때문이다. 이 장에서는 재진을 유지하고 관리하여 초진을 늘리는 방법에 대해서 기술하였다.

5장, 매출 정체가 된 우리 의료 기관의 문제가 뭘까?

아마도 이 책을 읽는 대부분의 의료 기관들은 매출이 정체된 지 한참 되었을 가능성이 높다. 물론 언제나 성장하는 것은 어려운 일이다. 그러나 중간 언저리에 걸쳐서 성장이 정체된 의료 기관은 너무도 많다. 이럴 때 개선할 수 있는 방법에 대해서 기술하였다.

6장, 관점이 달라져야 완전히 체급이 다른 의료 기관이 될 수 있다.

이 장은 조금 일반적인 내용이라기보다는 최상위 그룹으로 갈 수 있는 가이드라고 보면 될 것이다. 일정 수준을 넘어서 대한민국의 의료 기관 중에서 손에 꼽히고 싶은 목표를 가지고 있는 사람이라면 도움이 될 만한 내용을 수록하였다.

다소 어려운 부분에 대한 이해를 돕기 위해서 다양한 분야의 사례나 스토리를 활용하였다. '우리 의료 기관의 발전'이라는 부분에 매몰되어 한 가지 시각에 갇히지 않을까 싶은 마음에 다양한 이야기들을 활용하였다. 세상의 모든 것은 연결되어 있으니 우리와 다른 분야라고 하더라도 그것을 통해서 배울 수 있는 것은 얼마든지 있다. 다만 그것을 어떻게 연결하느냐 하는 문제가 숙제일 뿐이다.

필자의 궁극적인 목표는 돈만 많이 버는, 봉사만 많이 하는 의료 기관이 아니다. 돈도 많이 벌고 봉사도 많이 하고 존경도 받는 의료 기관을 많이 양성하는 것이다. 이 책의 전반적인 내용은 환자와 의료 기관이 함께 행복할 수 있는 길을 모색하는 데 있다.

# 저자의 말

2002년에 의료계에 들어왔으니 이제 20년이 되었다. 10년째가 다르고 20년째가 또 다르다. 63년 경력의 피아노 조율 명장 이종열 옹이 '이제 좀 알겠는데 80살이네' 했다는데 나도 그럴 참이다. 2002년 이전에는 컨설팅 회사에서 근무를 했고 대부분 온라인 커머스나 스트리밍 분야에서 일을 해 왔다. 그래서 처음에 의료계에 들어와서는 적응하기가 힘들었다. 낯선 분야다 보니 실수도 많았다. 10년 정도 되었을 때, 이제 좀 알겠다 싶었고, 20년쯤 되니 이제 시야가 넓어졌다는 것을 알았다. 처음에는 '왜 넌 그렇게 오만 가지 것에 관심이 많니?' 하는 말을 많이 들었는데 이제는 다른 결과를 만들어 내는 원동력이 되었다. 세상의 그 오만 가지 것들은 사실 서로 연결되어 있다는 것을 이제는 알게 되었다.

## 신기한 의료 기관들

캐나다 토론토 체리비치에서 리치몬드힐 방향으로 30분가량 차를 타고 가면 쇼울다이스 헤르니아가 나온다. 탈장병원이다. (전작에서 언급한 병원이다. 필자는 독자와 청자의 기억을 위해서 반복하는 것을 좋아한다. 참고로 들어 주시길.) 하버드 비즈니스 스쿨에서도 사례로 소개되었던 병원이다. 1990년대 초반 미국의 의학 체계에 대한 고민이 깊어질 무렵, 하버드의 헤르쯔린거 교수는 전문 병원에 대한 개념을 주장했다. 그 전문 병원의 모델이 쇼울다이스 헤르니아였다. 한 가지 질환만 수술하는 병원이다. 아메리카 대륙에서 가장 싼 비용으로 가장 많은 수술을 소화하는 병원이다. 그렇다고 수술 결과가 안 좋은 것이 아니다. 수술의 퀄리티를 높이기 위해서 모든 것이 수술에 집중되어 있다. 모든 의료진이 수술에 전념할 수 있도록 대부분의 관리는 환자 본인이 하거나 환자 동료의 도움을 받는다. 환자가 스스로 직원처럼 행동하는 병원이다. 많이 움직여서 치료가 되도록 화장실도 병원 가운데에만 있다. 그리고 동아리도 가입해서 활동을 해야 한다. 모든 것이 수술의 성공을 위한 것이다. 2000년대 우리 나라에도 이렇게 한 가지 진료만 하는 전문병원들이 들어섰지만 모양만 따라한 것이다.

일본의 시나가와 클리닉은 안과 의원이다. 가나가와 클리닉의 자금으로 만들어졌다는 것이 사실로 받아들여지고 있다. 시나가와 클리닉은 규모 1,000평의 안과 의원이다. 동경의 긴자역(驛)사에 처음 만들어졌으나 현재는 5개의 지점이 일본 전역에 있다. 이 의원을 견학하고 온 한국의 의사들도 대형 안과 의원을 만들었다. 그러나 이것도 역시 모양만 따라한 것이다. 일본의 시나가와 클리닉은 쇼울다이스처럼 일본 내 라식 수술 최저가이다. 한국의 대형 안과 의원들은 최저가를 실현할 생각이 없다. 수익을 고려하는 것이다. 그리고는 광고 비용을 막대하게 쏟아

붓는다. 그리고 직원도 엄청나게 많이 뽑아서 서비스 품질을 높인다고 한다. 최저가로 하면 광고할 필요도 없다. 최저가로 하면 서비스 품질이 조금 떨어져도 이해가 된다.

시나가와 안과 의원의 근시퇴행율은 한국 안과의 1/10 수준이다. 결국 품질은 서비스가 아니라 수술의 결과로 증명이 된다. 그리고 서비스 이전에 고객을 스스로 움직이게 만드는 시스템이 필요하다. 가만히 앉아서 서비스만 받게 하면 고객은 한 없이 거만해진다.

600만 원이던 인트라 라식을 190만 원에 시행하던 시나가와 클리닉이 금방 망할 거라고 모두들 생각했다. 인트라 레이저 장비 한 대가 25억 원이었고 5대를 구입했다. 원가 절감을 위해서 라식 수술에 필요한 재료를 생산하는 공장을 인수했다. 이렇게 투자금은 300억 원을 넘어섰다. 어려울 거라는 사람들의 우려는 9개월 만에 BEP 달성으로 되돌아왔다. 300억 원을 회수하는 데 1년도 걸리지 않았다. 최저가라는 것은 범위의 경제를 달성할 수 있는 것이다. '품질은 좋고 최저가'라는 것이 중요하다. 이것을 달성하기 위해서 원가 절감은 필수이고 프로세스의 확립이 무엇보다 중요하다. 의료 관광이라는 말이 시나가와로부터 출발한 것을 아는 사람은 드물다. 190만 원에 수술을 하고 충분히 관광을 하고 돌아가도 되기 때문에 생겨난 말이다. 이것이야말로 진정한 규모의 경제 달성이다. 달성할 수 없는 목표를 만들어 놓고 외치기만 하는 국내의 실정과는 다르다.

미국의 듀크 아동 병원이 만성 적자에서 흑자로 전환된 것은 BSC 기법의 도입 때문이다. Balanced Score Card는 균형성과표라는 말이다. 이 기법은 '고객', '프로세스', '재무', '학습과 성장'이라는 네 가지의 '관점'을 가지고 있다. 여기에 네 가지 기법이나 네 가지 기둥이나 이런 말 대신에 '관점'이라는 말을 썼다는 것에 주목해야 한다. '관점'이라는 것은 무엇인가? 바라보는 시점을 말한다. 즉 병원, 의원, 한의원, 치과 의원, 기업 등 무엇이든 대상을 바라볼 때 무엇을 기준으로 바라볼 것인가 하는 것이다. 한 가지 사건이나 대상을 놓고 네 번 생각하는 것이라고 쉽게 설명하고 싶다. 클레임이 발생했을 때, 그것을 어떻게 바라보느냐가 중요하다.

① 프로세스에 부합하는가
② 고객의 만족에 부합하는가
③ 재무적인 성과 달성에 부합하는가
④ 우리의 학습과 성장에 부합하는가

물론 실제 BSC는 이렇게 간단하지 않다. 다만 이런 관점으로 다양화해야 한다는 것은 절대적으로 필요하다. 당신의 조직은 당신 몸에 갇힌 하나의 사고에만 의존하고 있지는 않은가?

## 조금이라도 더 발전하는 한국 의료에 기여하기를 바라며

1993년 미국의 국립보건원은 오랜 연구 끝에 세계의 6대 의료 체계라는 것을 발표한다. 미국 의료의 고민은 생의학이라는 용어로 대표되는 양방 의학 체계가 완성된 치료를 해내지 못하고 있다는 한계에 직면

했다는 사실을 인정했다. 미국의 의료가 기술적으로 가장 선진적이라는 평가를 받고 있고, '존스홉킨스'나 '메이요' 등으로 대표되는 종합병원과 메가클리닉이 존재하지만 생의학이 치료할 수 있는 영역이라는 것이 대단히 한정적이라는 판단에서 세계의 다양한 의학 체계를 연구하게 된 것이다. 그리고 이 고민 안에는 지나치게 프로세스만을 강조하는 서양적인 사고에 대한 회의감도 포함되어 있었다.

전 세계의 의학 체계를 연구하면서 기준을 먼저 마련하였다. 아무것이나 의학 체계로 인정할 수 없기 때문에 '체계를 갖춘 것'을 어떤 기준점으로 평가할 것인가 하는 원칙을 말한다. 진단과 치료라는 것을 동시에 갖춘 것만을 '의학 체계'로 인정한다는 기준을 세웠다. 진단과 치료의 메커니즘이 일정한 기준을 가지고 있어야 했다. 일정한 결과를 지속적으로 반복해야만 그것을 시스템이라고 할 수 있기 때문이다. 미국 국립보건원은 오랜 시간의 조사와 연구 끝에 전 세계에는 6개의 의학 체계가 있다고 발표했다. 그 6개는 생의학(양방 의학), 중의학(중국 의학), 베다(인도 의학), 베트남 의학, 한의학(한국 의학), 방의학(북한 의학)이다. 놀랍게도 한반도에는 무려 4개의 의학 체계가 공존한다. 어느 곳에도 없는 행운이다.

미국의 국립보건원은 미국 의사의 라이센스를 관리하는 곳이다. 의사 면허를 부여만 하는 것이 아니라 갱신도 관리하고 있다. 미국과 우리나라가 FTA를 하면서도 의료가 개방되지 못하는 것은 의료 라이센스에 대한 상호 허용에 대한 기준이 다르기 때문이다. 서로 각 나라의 의료인에 대한 갱신제도가 자신들의 기준에 부합하지 않는다고 본 것이다.

미국 애리조나 사막에는 캐니언랜치라는 의료 기관이 있다. 어찌 보면 병원이고 어찌 보면 호텔인데 의미 있는 콜라보라고 할 수 있다. 국내에서 이런 비슷한 컨셉이 여럿 생겼으나 모두 이곳의 아류작이라고 할 수 있다. 모양만 따라한다고 퍼포먼스가 나는 것이 아니기 때문인데 국내 대부분의 대기업 자본이 시스템 설계 능력이 없는 의사의 최종 결정을 기다리고 있으니 완성도가 떨어지는 것이다. 의사의 역할과 경영자의 역할은 다르다.

캐니언랜치에는 의학 체계 6개가 모두 녹아 있다. 250여 종의 직종이 종사하는 그야말로 통합 체계 의학이라고 할 만하다. 그리고 수익성도 뛰어나다. 환자가 입원을 하게 되면 코디네이터와 상담을 통해서 다양한 프로그램과 치료 및 요양을 즐길 수 있다. 아침에는 요가를 배우고 점심에는 스파를 할 수 있는데 모든 것은 의료적으로 관리된다. 물론 약물 투약과 치료도 동반된다. 지금은 벌써 미국 내 지점이 여럿이다. 단지 치료만을 하는 것이 아니라 삶의 질이라는 화두를 가지고 여러 비즈니스가 복합적인 작용을 통해 새로운 비즈니스 형태로 발전된 것이다. 이런 시스템 속에 의학 체계 간의 알력은 존재하지 않는다. 지극히 자본주의적이지만 지극히 현명하다.

필자는 이 책에서 '관점'이라는 단어를 강조한다. '관점'이라는 것은 결국 현실이 된다. 내가 바라보는 것이 현실이 되는 것이지, 내가 보지 않는 것이 현실이 될 수 없다. 모든 사람은 결국 스스로가 원하는 목표를 실현하고 있다. 욕망하면서 실현하느냐 저항하면서 실현하느냐가 다를 뿐이지 인간은 모두 자신이 원하는 대로 살고 있다. 그것을 인정할 용기가 없을 뿐이다.

나는 이 책에서 '관점'을 바꾸어서 현실을 바꾸는 것을 말할 것이다. 그리고 다양한 사례로부터 출발하여 다시 당신의 의료 기관에 대한 이야기에 도달할 것이다. 어떻게 '관점'을 바꾸어서 '당신의 조직을 지금보다 더 낫게 바꿀 것인가?' 하는 것이 이 책의 주제이다.

## 목 차

## 챕터 3 진료 수락율을 높이는 최면 상담



## 챕터 4 재진 확대 고객 관리 전략

챕터 1

# 초진을 늘리기 위한 온라인 광고 전략의 디테일

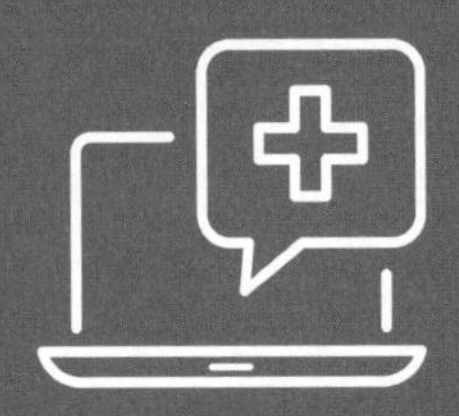

# 1-1
# 더 이상 통하지 않는 전략

## 한 번의 혁신은 언제까지 담보될까?

1930년대 후반 일본의 한 해 철강 생산량은 600만 톤이었다. 미국이 600만 톤을 생산하는 데 걸린 시간은 고작 20일이었다. 철강은 자동차 생산에 매우 주요한 자원으로 도요타가 미국의 자동차 산업을 넘는 것은 요원한 일로 여겨졌다. 그러나 지금의 도요타는 연간 자동차 천만 대를 생산하고 있는 세계 자동차 산업 부동의 1위 기업으로 자리하고 있다. 자원도 부족했던 도요타가 어떻게 이런 기적을 이룰 수 있었을까?

당시 포디즘으로 대표되는 미국의 자동차 산업이 가장 문제로 생각했던 것은 원가 증가와 불량률에 있었다. 컨베이어 벨트식의 자동차 생산 공정과 모든 자동차의 색깔이나 스타일을 하나로 통일하는 자동차 생산은 대중화라는 놀라운 업적을 만들어 내기는 했지만 기본적으로 높은 원가 구조를 해결하기 어려웠다. 자동차 산업은 ① 부속이 많다 보니 원자재를 관리하는 것이 어렵다. 그리고 당시 생산량이 소비를 따라가지 못하는 시점이다 보니 불량이 발생하는 것을 알면서도 공정을 멈추지 않았던 산업 구조상 ② 불량률이 너무 높았다.

도요타는 1937년 도요타 방직의 '오노 다이이치'가 책임을 맡게 되면서 크게 변화를 일으키게 된다. ① 모든 생산 공정에 들어가는 부품을 규격화하였다. ② 'Just in time'[2]으로 대표되는 공급망의 변화를 통해 재고 없는 공정을 완성하였다. ③ '안돈'[3]이라는 시스템을 통해 누구든 공정을 멈출 수 있기 때문에 장기적으로 불량률을 최소화했다.

이러한 도요타의 노력은 1970년대 두 번의 오일 쇼크를 겪으면서 완전히 주목을 받게 된다. 소비가 생산에 비해 적어지고 생산 효율이 무엇보다 중요해지면서 미국과 유럽의 자동차 회사들이 모두 도산해 갈 때, 도요타의 혁신을 통한 효율화는 모든 자동차 산업의 표준으로 자리잡게 되고 도요타는 효율과 혁신의 아이콘이 된다. 물론 일본에서는 기술의 '닛산', 마케팅의 '도요타'라고 하지만, 실제로 도요타의 기술 혁신은 말로 표현할 필요가 없을 정도로 정교하다. 지금도 하이브리드 방식의 도요타

2) Just in time은 도요타의 기본 정신으로 자리잡게 된다. 나중에 포디즘의 지위는 이것으로 대체된다. 이것은 자원이 부족한 일본의 환경에서 비롯된 것인데 꼭 필요한 자원만을 구비해서 최대한 생산을 이끌어 혁신을 만들어 내는 구조로 항상 자원을 구비한 상태가 아니라 공정이 끝나는 시점에 변화된 자원 계측량을 매번 다시 산출해서 생산 초기에 반영하는 것으로 당시에는 아주 혁신적인 방식이었다.

3) 안돈은 일본의 자동차 생산 불량률을 최소화하기 위한 방식으로 탄생했다. 당시 모든 산업은 공정을 멈추지 않고 불량률이 발생해도 끊임없이 기계가 돌아가게 만들었다. 불량이 나는 것보다 생산량이 줄어드는 것이 더 많은 손실을 발생시킨다는 이유에서였다. 공정이 멈추게 되면 해직을 당하는 경우가 많았던 당시의 문화를 고려할 때 일대 혁신이다. 공장의 신입사원도 공정을 멈출 수 있었다. 이 안돈은 불량률을 줄이는 공정을 끊임없이 개선하여 현재의 도요타를 만드는 데 기여한다.

자동차는 적은 마력 수로 고효율의 연비를 뽑아내는 것만큼은 가히 신의 경지라고 할 수 있다. 프리우스는 평균 32.32km/l를 달성하고 있다.

이런 내연기관 중심의 도요타 전략은 전기차 시장에서 도요타가 전 세계 1위 자동차 그룹을 유지하는 데 얼마나 유효할까? 앞으로 10년 뒤라면 전기차가 대세가 될 것이라는 것에 이의를 제기하는 사람은 많지 않다. 도요타의 전기차 대중화 목표는 당초 2022년이었다. 그러나 현재 이 목표는 2025년으로 재조정되었다. 그리고 도요타의 핵심 인재들이 테슬라와 애플로 빠져나가고 있다. 이것은 도요타 전략이 전기차 시장에도 유효할 것이라는 것에 의문을 갖게 한다. 2021년 10월 도요타가 발표한 bz 라인에 대한 비전은 취약한 마력 수와 효율성 위주 전략으로 전기차 시대에 통할 것으로 보이지 않는다. 내연기관과 전기모터가 너무 다름에도 불구하고 내연기관 형태의 시대에 맞는 전기차라니, 이런 전략은 실패할 확률이 높다. 한 번이라도 전기차를 몰아 본 사람은 알 것이다.

테슬라의 현재 생산 능력은 연간 100만 대에 불과하다. 그러나 테슬라는 전기차 시대를 10년 이상 앞당겨 우리 앞에 펼쳐 놓았고 자율 주행의 시대를 추동하고 있다. 이러한 혁신성은 주가에 그대로 반영되고 있다. 연간 1,000만 대의 생산 능력과 판매력을 보유한 도요타의 시총은 300조 원이지만 생산 능력과 판매력에서 그 1/10에 불과한 테슬라의 시총은 1,100조 원을 넘어섰다. 이것은 토요타가 혁신에서 밀리고 있다는 것을 나타내는 반증이다.

2021년에 출시된 현대의 아이오닉5는 많은 것을 변화시켰다. 현대자동차를 변방의 자동차 회사 정도로 취급하며 무시하던 유럽의 자동차 회사들이 모두 놀랐다. 폭스바겐과 벤츠의 전기 자동차 비전을 모두 바꾸게 만들었다. 아이오닉5는 자동차를 이동 수단에서 개인 미디어 플랫폼으로 탈바꿈하는 신호탄이 되었고 모든 자동차 회사들의 발걸음을 바쁘게 만들었다. 향후 전기차 시장의 3대 브랜드를 혁신의 테슬라, 규모의 폭스바겐, 아이디어의 현대로 보고 있는 이유이다. 항상 같은 전략이 영원히 통하지 않는다. 모든 분야에서.

## 지난 15년간 네이버 광고의 변화

2007년 라식 수술 키워드의 단가는 상위 클릭 기준으로 대략 1,000원 이하로 형성이 되었다. 클릭 수가 100번이라고 가정하면 10만 원 수준이다. 이때의 기준으로 본다면 100명[4]이 클릭하였는데 10만 원 수준의 홍보비는 매우 저렴한 것이다. 그런데 2022년 2월 현재 라식 수술의 키워드 단가는 상위 클릭 기준으로 대략 45,000~50,000원 수준이다. 100번의 클릭을 기준으로 잡는다면 500만 원이 된다. 이 기준으로 본다면 효율이 0.02% 수준으로 떨어진 것이다. 이것은 독점의 횡포일까 아니면 시장의 변화일까?

필자도 정확한 시점은 기억이 나지 않는다. 네이버도 정확한 발표 없이 진행한 것이다 보니 명확한 시점을 말하기가 어렵다. 대략 2017~2018

4) 물론 100명은 아니다. 설명을 위해서 명이라고 표현했다. 실제는 100번이다. 단, 네이버는 중복 클릭 방지 기능을 제공하고 있다.

년쯤으로 보이는데 네이버의 전일 단가 정보가 사라졌다. 이것은 네이버 광고 자체를 투기로 만드는 효과를 만들어 냈다. 어제 얼마였는지를 알 수 없으니 그야말로 투전의 장이 된 것이다. 더욱이 이것이 투전이라고 표현할 수밖에 없는 것은 경쟁이라는 것이 거의 알 만한 대상끼리 하는 것이기 때문이다. 의료계로 표현하자면 알 만한 병원들이 모여서 경쟁을 하는 것이니 나중에는 자존심 경쟁이 된다.

광고는 하지 않고 컨설팅만 받아오던 고객이 어느 날 문의가 왔다. "네이버 플레이스 영역에서 주변 의료 기관이 나보다 순위가 올라갔어요. 거기 내가 잘 아는데 진료를 정말 못하는 곳입니다. 어떻게 다시 돌릴 방법이 없나요?" 사회 관계 속에서 광고는 자존심의 문제가 되기도 한다. 자존심의 문제가 되면 게임은 투기가 된다. 더군다나 사회적인 환경 속에서 네이버의 순위가 진실과는 상관없이 진료의 순위로 혼동되는 착각 속에 갇히는 경우가 발생하기 때문에 이러한 심리를 자극한 것이다.

마트를 가게 되면 MD들이 어떤 물건을 특정 위치에 놓게 되면 판매량이 늘어난다는 등의 전략을 구사한다. 사실 마트의 판매 전략에서 최면의 효과가 아닌 것은 거의 없다. TV에서 광고를 그럴싸하게 만들어서 방송한다. 당연히 연예인이 동원되고 어떠한 이미지를 형성한다. 그렇기 때문에 마트에서 제품 비교에 시간을 많이 쓰는 사람이 없는 것이다. 모두가 최면에 걸린 것이다. 마구마구 바구니에 담고, 빨리 사기 바쁘다. 이러한 물건 중에는 나중에 유해 물질로 인해 소송이 걸리고 사람의 목숨이 걸리는 문제도 발생한다. 마트에서 파는 물건도 이럴진대 하다못해 병원에 대한 광고는 어떠한 결과를 초래할까?

## '구매전환 키워드'는 얼마나 유효한가

마케팅 관련 강의를 가 보면 '구매전환 키워드'라는 단어가 나오는 경우가 많다. 우리 고객 중에서도 '구매전환 키워드'의 사례를 들면서 증상 키워드를 빼고 싶다고 하는 경우가 많다. 최종 단계에서 노출되면 증상 단계에서 노출되지 않아도 되는 것이 아니냐는 논리이다. 우선 우리도 이러한 기본 골자를 가지고 많은 강연을 해 왔다. 그렇기 때문에 틀린 것은 아니라는 말을 먼저 하고 싶다. 그러나 그것에는 전제가 있다는 것을 모르는 경우가 많다.

키워드는 종류가 있다. 증상으로 시작을 해서 나중에는 검색하는 패턴이 변경된다. 질환명으로 넘어가고 그다음은 지역+병원으로 넘어간다. '구매전환 키워드'라는 것은 의사결정의 말단에 놓인 키워드를 말하는 것이다. 여기서 놓치는 부분은 단가 구조에 대한 문제이다. 어느 의료 기관이나 홍보비는 한정되어 있다. 평균 키워드 단가가 낮은 상태라면 증상부터 구매전환까지 모두 잡을 수 있으나 키워드 단가가 계속 올라가면 구매전환만 잡는 것도 힘이 든다. 이럴 경우 대부분의 구매전환 키워드는 단가가 비싸다. 결국 키워드 클릭 수가 하락한다는 것이다. 과거 키워드 단가가 높지 않았을 때라면 이야기가 다르지만 지금은 환경 자체가 바뀐 것이다. 경쟁의 대부분이 투전으로 바뀐 상황에서 키워드의 단가는 이미 천정부지로 올라가고 있다. 클릭 한 번에 5만 원이 아니라 10만 원짜리 키워드도 나왔다. 절대적인 클릭 수가 저하되는 현실에서는 더 이상 구매전환 키워드의 전략이 유효하지 않게 된 것이다.

## 끊임없이 변한다는 것만이 유일한 진실

2020년 가을쯤인데 마케팅을 진행하는 의료 기관에서 미팅 때 의견을 주었다. "참석하는 모임에서 '구매전환 키워드'에 대한 논의가 있었는데요. 우리도 보니까 가장 많은 비용이 나가는 키워드가 증상이더라고요. 이것을 광고 영역에서 제외해 주세요." 우리는 물론 반대했다. 클릭 수가 떨어지고 결국 문의 수 하락으로 이어질 거라고 답을 주었으나 그래도 한번 해 봤으면 하는 의견이었다. 증상 키워드를 빼는 것이 문의 수 하락을 만들어 낼 것이라고 하는 것이 증명되는 데는 한 달도 걸리지 않았다. 내가 들은 이야기만이 고급 정보가 아니라는 사실을 기억할 필요가 있다.

우리의 광고주 중에서 서초동에 위치한 수술 병원이 있다. '수술명'의 클릭 단가는 10만 원이다. 서초와 방배동만 키워드 노출하는 데 예산이 3천만 원이 소요된다. 이것은 정말 정상인가? 정상은 뒤로하고 모든 전략을 빨아들이고 있는 것이다.

어떤 전략으로 성공을 했다고 해서 그것이 영원히 지속되지 않는다. 시간이 흐르면서 환경이 변화하고 기준점에 변수가 발생하기 때문이다. 마케팅의 절대 원칙은 최초 상기이고, 비상업적 포지션이다. 이것도 당분간만 유효할 것이다. 시간이 지나면 다시 다른 원칙들이 나타날 것이고 그런 원칙은 어느 날 갑자기 출현하는 것이 아니라 오버랩으로 시대를 흘러가며 변화할 것이다. 그것이 우리가 모든 상황을 새로운 시각으로 보기 위해 노력하는 이유이다.

# 1-2
# 같은 키워드 광고 다른 효과

## 무엇이 다른가

디저트가 많기로 유명한 파리의 생토노레 거리에는 에르메스 1호 매장이 있다. '얼마나 잘 만든 물건이길래 그렇게 비쌀까?' 하는 생각에 코비드19 이전에 방문한 적이 있다. 당시에 세미나 참석차 갔다가 궁금해서 방문하려고 했던 것인데 예약하지 않으면 방문도 어렵다는 말에 놀라고 예약이 확인되는 데 3일이 넘게 걸려서 또 놀랐다. 배짱이 아닐 수 없다.

에르메스 매장에 갔다고 해서 바로 상품을 사는 것도 불가능하다. 특정 상품은 보는 것도 어렵다. 겨우 넥타이 하나를 사고 나왔는데 뭔가 어이없지만 그 공간 안에서는 수긍하게 되는 에너지가 있다. 물건도 살 수 있는 등급이 있으니까 결국은 게임이론의 실사판이라고 할 수 있다. 게임이론의 등급제 관련 부분은 나중에 다시 언급할 기회가 있을 것이다.

에르메스는 명품 중에서도 가장 상위로 평가받는 브랜드이다. 샤넬과 루이뷔똥도 한 수 접고 가는 브랜드라고 할 수 있다. 처음에는 이해가 안 갔으나 조금 자료를 찾아보니 그럴 만하구나 싶다. 악어 가죽으로 만든 버킨백의 경우 수천만 원을 호가하는데 살 사람이 줄을 서고 있으니 제품과 마케팅 등 모든 것이 완벽하다고 할 수 있다. 승차감이 아니라 하차감이라는 말이 있듯이 제품은 그 제품이 가지는 품질 이외에도 제품이 가지는 신뢰가 결국 브랜드 가치가 되는 것이니까.

에르메스의 악어 가죽 제품들은 수십 년이 지나도 수선이 가능하다. 물론 모든 명품 브랜드는 수십 년이 지나도 수선이 가능하지만 에르메스의 제품들은 생산 당시의 가죽으로 생산 당시의 장인이거나 그 제품 라인업을 계속 생산해 온 장인이 수선을 한다. 이 브랜드는 악어 농장도 운영 중인데 그해 악어의 피부가 손상이 심한 경우 (예를 들어 악어가 모기에 많이 물렸다거나 하면) 생산을 포기하고 다음 해로 생산을 넘긴다. 제품 매출을 생각하면 쉽지 않은 일이다.

가방을 만드는 장인이 한 명 탄생하는 데 걸리는 시간이 무려 10년이다. 에르메스 학교 3년, 수련 과정 2년, 그리고 경력이 보태져서 대략 10년이 걸려야 가방을 만드는 장인으로 공인되는데 이런 장인이 기계 없이 직접 손으로 가방을 만들어 낸다. 다른 브랜드는 미싱을 쓰는 명품 브랜드도 있으나 에르메스는 미싱을 쓰지 않고도 더 튼튼한 새들스티칭 기법으로 더 튼튼한 바느질을 한다. 아주 비싼 가격을 자랑하는 수없이 많은 명품 브랜드가 중국의 공장에서 기본 생산을 하고 나서 최종 조립만 이태리에서 하고는 'Made in Italy'를 붙이는 경우가 많다. 이런 현실에 비추어 볼 때 노동임금이 대단히 높은 프랑스에서 고가의 장인을 직접 키우고 그 장인의 대단히 높은 임금을 유지하면서 퀄리티를 강화해가는 에르메스는 생산 단가와 상관없는 하이 퀄리티 브랜드의 모든 것을 집결해 놓은 것이다. 아주 지나치게 노동집약적인 것으로 현대 경영의 기법과는 배치되지만, 이 가치는 효율이 아닌 효과로 판단해야 한다.

## 신은 디테일에 있다

디올의 한국인 패턴 디자이너 김세아 씨의 다큐멘터리를 본 적이 있다. "나는 더 높은 목표를 이루기 위해서 항상 일의 120%를 완료해 왔다." 어떤 일을 할 때 100%를 해내는 것은 정말 어렵다. 그런데 120%라니, 이건 정말 멋진 관점이다. '내가 일을 하면서 끝을 볼 때 여기까지 했으면 그래도 잘한 것이다.' 혹은 '여기까지가 최선이다.' 같은 수준이 아니라, 더 높은 목표를 이루기 위해서 끝이 났음에도 더 나은 것이 없는지를 고민하고 시도해야만 나올 수 있는 말이다. 독일의 유명한 건축 디자이너 미스 반 데어 로에(Mies van der Rohe, 1886~1969)는 "신은 디테일에 있다."(God is in Details)라는 명언을 남겼다. 세상 모든 것의 결과는 디테일에 따라 차이가 생긴다.

우리가 광고를 처음 시작하게 되면 분석을 하게 되는 데 최소 2주, 길면 4주의 시간이 걸린다. 광고라는 것은 공산품이 아니기 때문에 서울에서 했던 방법으로 수원에서 통하지 않는다. 서울과 수원 정도의 수준이 아니라 각 지역 상권에 따라서 모두 달라진다. 우리가 광고를 하고 노력하는 동안 경쟁자도 놀지 않는다. 경쟁자도 생사가 걸린 문제이기 때문에 어떤 활동을 하게 된다. 그런데 대부분은 경쟁자를 고려하지 않는다. 비교해야 할 상대가 아닌 경우가 주로 비교 대상이 되는 경우가 많다. 예를 들어 친한 친구가 경쟁 대상이 되는 경우다. 우리 병원과는 질환 목록도 다르고 경쟁 대상도 다르고 마케팅 예산도 모두 다른 친구의 병원이 왜 나보다 더 잘되는가를 고민하는 경우가 많다. 이런 고민은 수천 년을 해도 해결되지 않는다. 혹시 해결이 되었다고 해도 다시 재현할 수 없다. 다른 시장의 가치를 가지고 대결하는 것이기 때문이다.

우리는 2~4주의 시간 동안 온라인에 올라온 해당 광고주의 시장을 면밀히 들여다본다.

① 이 시장의 주요 키워드는 무엇이고 그 키워드에 어떤 경쟁자들이 배치를 하고 있는지.
② 이 시장의 주요 키워드의 구분은 키워드 광고와 바이럴로 구분하여 분석한다.
③ 바이럴의 경우 네이버 영역에 노출될 수 있는 모든 영역을 참고한다.
④ 키워드 광고의 경우 효율의 정도를 판단한다. (비용 대비 효율)
⑤ 바이럴 콘텐츠의 경쟁 정도를 평가한다.
⑥ 홈페이지나 랜딩페이지의 경쟁 정도를 평가한다. (콘텐츠의 수치 지표 평가)
⑦ 이 모든 상황을 기존 예산과 비교하여 평가한다.

이렇게 평가된 내용을 가지고 전략을 수립하게 된다. 그중에서 키워드와 배너 광고에 대한 부분들이 제일 중요하다. 실제 수치로 계산할 수 있는 부분으로 평가할 수 있다. 숫자는 거짓말을 하지 않는다.

## 어느 정도의 차이가 날까?

| 네이버 키워드 광고 | | | | | | | |
|---|---|---|---|---|---|---|---|
| | 11월 | 12월 | 1월 | 2월 | 3월 | 4월 | 5월 |
| 파워링크 유입수 | 178 | 231 | 423 | 351 | 698 | 687 | 784 |
| 파워컨텐츠 유입수 | 915 | 952 | 1,101 | 861 | 1,316 | 2,211 | 2,717 |
| 유입수 합계 | 1,093 | 1,183 | 1,524 | 1,212 | 2,014 | 2,898 | 3,501 |
| 파워링크&파워컨텐츠 비용 | 8,913,696 | 10,662,630 | 10,986,877 | 10,007,635 | 11,210,056 | 10,082,248 | 11,021,120 |

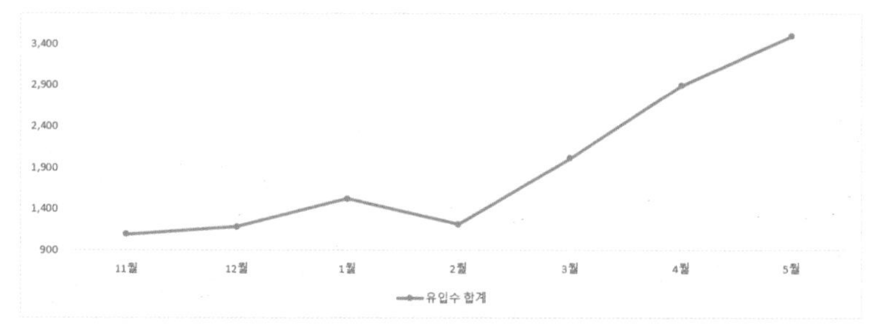


〈그림 1. 호원앤컴퍼니 고객 효율 지표 - 실제 사례〉

그림 1은 2020년도의 사례이다. 11월에 광고를 시작하고 대략 6개월 동안의 변화를 나타낸다. 키워드 광고의 최적화를 만들어 내는 데 걸리는 시간은 대략 6개월이 소요가 된다. 빠르게 최적화하기는 불가능하다. 모든 반응을 보면서 조절을 해야 하기 때문이다. 처음 세팅할 때, 한 번 세팅을 하고 나서 전혀 손을 대지 않는 경우가 많은데 우리는 아주 세밀하게 조절을 하기 때문에 시간이 아주 오래 걸린다.

그림 1을 기준으로 예산은 23%가 증가하였으나 효율은 320%가 개선

되었다. 클릭 단가의 경우 평균 단가 기준으로 8,155원이던 것이 3,148원으로 개선되었다. 유입 수 합계가 1,093클릭에서 3,501로 무려 2,500클릭 가까이 늘어났다. 예산이 높은 경우 효율은 더 극명하게 대비된다. 근데 이것은 조금만 더 들여다보면 쉽지 않은 것이다. 1위에 노출된 키워드와 10위에 노출된 키워드의 가격 차이는 결국 클릭을 얼마나 많이 받을 수 있느냐에 있다. 10위에 노출되면 단가는 싸겠지만 클릭율이 떨어진다. 1위에 노출되면 클릭율은 높아지지만 단가가 너무 높다. 어떻게 클릭의 효율을 높이는가? 이런 압도적인 차이는 왜 만들어지는 것일까? 그것은 3가지 때문에 벌어지는 것이다.

① 자존심의 경쟁을 배제한다.
② 효율의 극대화를 꾀할 수 있는 체계를 갖추었다.
③ 아주 작은 요소까지 집착한다.

자존심의 경쟁이라는 것은 경쟁 병원보다 더 높은 순위 같은 집착을 포기한다는 것이다. 꼭 1위를 해야 하는 병원을 우선 포기시킨다. 심한 경우 키워드 단가 차이가 10배 차이가 나는 경우가 있다. 1위와 2위 사이의 가격 차이가 이렇게 많이 나는 경우도 있다. 그러나 1위를 클릭하는 사람과 2위를 클릭하는 사람의 고객 전환 가능성이 10배 차이가 나는가? 1위를 클릭하는 사람과 10위를 클릭하는 사람은 차이가 많이 날지 모르지만 1위와 2위 사이의 차이는 이렇게 심하지는 않다. 결국 이 차이를 정량화로 정확하게 측정할 수 있는 방법이 없는데도 불구하고 광고주의 쓸데없는 자존심이나 마케팅 담당자의 편의성에 의해서 무시되는 경향이 많다.

둘째, 우리는 효율의 극대화를 위해서 네이버에서 제공하는 수수료를 제외하고 별도의 전략 비용을 고객에게 따로 받는다. 키워드 대행사들은 고객이 많이 지출해야 돈을 버는 구조이다. 우리는 이런 구조를 타파하기 위해서 효율을 극대화하는 대신에 별도의 전략 비용을 받는다. 이런 구조적인 현실을 고객에게 설명하고 돈을 따로 받는 것이 가장 현명한 방법이라고 생각했다. 그리고 어떠한 것이 고객에게 가장 유리한 선택인지를 고민하고 실행한다. 우리가 광고를 받아서 이전 광고사의 광고를 보았을 때 효율보다 광고 관리의 편의성을 위주로 설계되었거나, 비용을 많이 사용하게 만드는 등의 구조로 진행되는 경우가 많았다.

셋째, 우리는 디테일에 집착한다. 우리와 일을 같이해 본 고객은 모두 인정하는 부분이다. 키워드 하나하나 디테일하게 비용 구조를 설계하지 않으면 효율은 좋아지지 않는다. 이런 집착을 포기하지 않는 우리 광고 파트는 그래서 늘 고생한다.

## 광고하는 모든 의료 기관에 말하고 싶다

이쯤 했으면 1위에 올리는 것이 얼마나 덧없는 것인지 이해했을 줄 안다. 이쯤에서 제안하고 싶은 것이 있다. 광고를 하는 모든 의료 기관에게 말하고 싶은 것이다. 제발 이제 키워드 광고 1위는 포기하자. 2위나 3위로 6개월만 전략을 변경해 보자. 우리 고객뿐 아니라 모든 의료 기관들이 이렇게 전략을 수정한다면 키워드 단가 구조가 전체적으로 내려갈 것이다. 우리 광고주 중에서 경기도에 있는 치과가 있다. 이 치과의 임플란트 키워드 클릭 단가는 6만 원이 넘었다. 모든 경쟁이 서로의 제 살을 갉아먹고 있다. 이 책을 보는 모든 의료 기관들이 조금의 전략 수정으로 비용의 효율을 높이기를 바란다. 네이버만 승리하는 일을 벗어나려면 경쟁의 적절한 조절도 필요하다.

자존심의 승리 말고 디테일의 승리에 답이 있다.

# 1-3
# 어느 곳에 노출되는 것이 더 효과적인가

## 측정할 수 없는 것은 관리할 수 없다

피터 드러커가 남긴 것 중에 가장 인상적인 세 가지가 있다.

① "마케팅의 목적은 소비자들의 충족되지 못한 욕구를 발견하고, 그것을 충족시킬 방법을 마련하여 판매를 필수불가결하게 하는 것." 이 말은 욕구를 생산 현장에 들어오게 한 최초의 시도쯤 되겠다. 필자가 컨설팅을 할 때 강조하는 것은 환자의 숨겨진 욕구인데 그것과도 일맥을 같이한다. 욕구라는 것을 무시하고 의사결정을 이해할 수 없다.

② '기업의 경영 중심에 '고객'을 두고, 근로자를 비용이 아닌 자산으로 인식시키려 했다는 점'이다. 피터 드러커 이전의 시대와 이후의 시대는 다르다. 고객과 근로자의 정의를 새로 한 것이다. 그 이전의 시대는 오로지 생산에만 초점이 맞추어져 있었다면 사람을 경영에 끌어들인 것이다.

③ "측정할 수 없는 것은 관리할 수 없다." 필자는 이 말이 가장 인상적인데 다른 어떤 것보다도 위대한 말이라고 생각한다. 다이어트한다고 하면서 몸무게 확인을 안 하는 사람이 목적을 이룰 수는 없는 것이다. 말로만 다이어트를 하고 몸은 폭식을 하는 사람도 다이어트를 할 수 없다. 결국 측정이라는 것이 무엇보다 선행되어야 그다음이 있다고 할 수 있다. 필자는 이러한 측정에 대한 이야기를 자주 하는 편이다.

"초진 환자 수가 몇 명인지 아시는 분?"

"오늘 환자 수가 얼마나 왔는지 아시는 분?"

강의를 가면 항상 묻는 질문이다. 이 말에는 대부분의 원장들이 손을 든다.

"그러면 우리 병원의 관리 환자 수가 몇 명인지 아시는 분?"

이쯤 되면 손을 든 사람이 없다.

"우리 의료 기관의 LTV는 어떻게 되나요?"

"우리 직원의 생산 지수는 어떻게 되나요?"

이건 뭐 생소한 말이기 때문에 아예 멍하게 쳐다보게 된다.

"직원이 급여를 올려 달라고 합니다. 그럴 때 어떻게 계산하여 의사결정을 하나요?"

'왜 우리는 이런 말들에 대답을 제대로 할 수가 없을까요?' 우리는 의료기관 경영의 중심에 생산 만을 기준으로 생각하는 습관이 몸에 배어 있기 때문이다. 21세기인 지금 우리는 20세기형 의료 기관을 아직도 운영하고 있다. 오로지 매출과 치료(생산)에만 초점이 맞추어져 있기 때문에 이런 말들에 대답을 하기 어려운 것이다. 후술하겠으나 우리 의료 기관만의 재무적인 기준을 가지고 있지 않기 때문에 대답할 수 없다. 1년에 한두 번 만나는 세무사의 이야기를 굳게 믿고 있으니 내가 정확하게 얼마를 벌고 얼마를 썼는지 러프하게만 알게 되는 것이다. 이런 상황에서 직원에게 보너스 한번 제대로 주기가 어렵다. 아니라면 내가 지금 직원에게 주는 급여나 보너스가 적정한지를 평가하는 수단이 없으니 퍼주기가 되는 경우도 많다.

## 어디에 노출을 해야 효과가 있을까요?

내가 미팅할 때 많이 듣는 말이다. '어디에 광고를 하면 효과가 있나요?' '지금 하는 광고 말고 효과적인 것은 없을까요?' 이런 식이다. 이런 말들의 숨은 의미는 확실한 효과가 보장된 매체를 찾는 것이다. 의미 없는 매체에 노출하지 않고 한곳에만 극적으로 노출해서 손해를 피하고 효과를 극대화하려는 것이다. 바이럴에서도 이런 경향을 쉽게 볼 수 있다. 전체 연관검색어에 고르게 노출하는 것이 아니라, 아직도 구매전환 키워드라는 허상에 매달리며 특정 키워드에만 집중적으로 광고를 하는 의료 기관들을 적지 않게 본다. 이것은 결국 어느 자물쇠나 열리는 만능키를 달라고 하는 것과 같다.

아쉽게도 특정 매체로서의 만능키는 존재하지 않는다. 쉬운 답만을 찾으려고 하는 문제이다. 베스트셀러를 사는 것처럼 단순한 해결점을 찾아서 선택에 낭비하는 시간을 줄이려는 시도이지만 결국 이런 쉬운 해답은 시간이 조금 지나면 효과가 떨어질 수밖에 없다.

네이버 메인 배너의 22~23시 사이의 가격은 1,100만 원이다. 어쩌면 이것이 쉬운 해결책이 될 수 있다. 평일 기준 트래픽이 550만 원 정도 된다. 이 정도면 트래픽 기준으로 정말 대박이라고 할 수 있다. 한 시간에 550만 원이라니, 얼마나 최적의 답이란 말인가! 하지만 네이버 메인에 1,100만 원을 쓴다고 해서 초진 문의가 급증한다고 확답을 할 수 있나?

트래픽이 늘어난다는 것은 매우 좋은 일이지만 트래픽만 늘어난다고 해서 모든 사람이 즉각적으로 반응하지는 않는다. 의사결정 구조가 그렇게 단순하지 않다. 길게는 한두 달 고민하고 문의하는 사람도 많다. (물론 질환에 따라서 다르다는 것이 전제지만) 그러면 다른 요소는 없는가? 네이버 메인 배너의 디자인은 어떻게 되었는가? 하는 문제도 있다. 필자는 디자인 수정을 많이 하는 편이다. 그래서 우리와 거래하는 디자인 회사의 대표가 필자에게 "예술 하는 것도 아닌데 적당히 하시죠!"라는 말까지 들었다. 그 말도 맞다. 의료 기관 광고가 무슨 예술도 아니고 작은 디테일까지 보느냐는 것인데 디자인의 위치와 느낌, 색깔 등에 따라서 환자의 욕구를 어떻게 자극할지가 결정될 수 있다.

이렇게 만드는 배너는 그러면 효과적일까? 여기가 끝이 아니다. 우리에게는 또 심의가 기다리고 있다. 그래서 우리가 원하는 대로 내용을 만들기가 쉽지 않다. 말도 안 되는 꼬투리가 우리를 기다린다. 그렇게 심의를 지나고 나면 다시 그 배너와 연결되는 홈페이지나 랜딩페이지의 퀄리티에 따라서 또 다르다. 홈페이지의 퀄리티와 랜딩페이지의 품질은 우리의 시술을 잘 홍보하기에 적당한가? 하는 문제가 또 있다. 이런 것을 모두 뚫고 나서도 환자는 고민을 한다. 그렇기 때문에 모든 광고의 요소를 수치화하여 효율을 극대화하기 위한 노력이 필요하다.

## 그렇다면 어떻게 효율을 판단해야 할까?

우선 우리는 고객 액션의 상당 부분을 변수로서 수치화하려고 노력한다. 네이버 키워드 군의 노출 수, 클릭 수, 배너의 노출과 클릭 수, (배너에 따라서 노출을 봐야 하는 것과 클릭을 봐야 하는 것이 서로 다르다.) 그리고 바이럴의 수치들도 정렬을 한다. 바이럴 경우에는 수치를 여러 가지로 판단한다. 우선 바이럴의 클릭 수를 중요한 지표로 삼는다. 그리고 네이버의 영역 어디에 위치했느냐 하는 부분에서 노출 여부를 가지고 가중치를 정해서 지표로 삼는다. 그리고 바이럴의 경우 연관검색어[5]인지 아니면 자연어 검색[6]인지에 따라서도 가중치가 다르지만 이것도 질환의 시장 현황에 따라서 다르다.

바이럴 수치에 대해서 조금 더 들어가 보자. 예를 들어서 산부인과 질환의 경우 산과가 아니라 부인과 질환인 경우라면 거의 대부분이 전국 대상의 시장이라고 봐야 한다. 자궁내막증을 진료하는 병원을 찾기 위해서 전국 대상으로 판단하는 경우가 더 많다. (물론 진료 의사결정 판단은 거리에 반비례한다.) 이럴 경우 자연어 검색어를 통해서 광고를 진행한다고 해도 여기서 발생한 클릭은 주요한 키워드로 인식할 수 있다. 다만 지역이 유일한 대상인 경우, 자연어 키워드를 넣어서 마케팅을 한

5) 여기서 연관검색어를 기준으로 한 바이럴 마케팅 키워드 세팅의 경우 중요 키워드를 검색한 사람들이, 같이 검색한 키워드를 기준으로 세팅할 수 있다. 주로 지역 시장이 대상인 경우와 전국 시장이 대상인 경우 모두에 해당이 되지만, 마케팅 예산에 따라서 공략 대상을 선정해야 한다.

6) 자연어 검색이라고 하는 것은 '배가 아파요' 같은 키워드를 말한다. '신경성 위염'과 같은 키워드는 질환 키워드 혹은 핵심이나 주요 키워드로 부르는 경우도 있다.

다면 바이럴의 지수를 위한 것이지 효율이 아주 높다고 볼 수는 없다.

더 깊은 이야기는 전문적인 이야기일 수 있으니까 조금 뒤로하자. 우선 모든 것을 수치화한다고 보면 좋겠다. 클릭 수의 경우 바이럴 운영에 따라서 전략이 조금 달라질 수 있으나 수치 자체로 의미를 가진다. 그러나 수치화할 수 없는 노출 정도의 경우, 노출 위치와 노출 여부에 따라서 점수화할 수 있다. 여기에 각 담당자들과 모여서 가중치에 대한 결정이 이루어진다. 매체들의 경우 변화가 심하기 때문에 지속적인 가중치에 대한 업데이트가 필요하다. 결국 가중치라는 것은 중요도의 순위라고 볼 수 있다. 이렇게 복잡한 수치를 놓고 초진 수와 비교하였을 때, 어느 수치가 동조되는가 하는 것을 꾸준히 관찰하고 있다.

우리가 광고뿐 아니라 컨설팅을 하는 의료 기관의 경우에는 관리하는 수치가 더 많아진다. 결국 광고의 수치라는 것이 현장의 수치와 얼마나 맞아떨어지느냐가 관건이다. 초진 수뿐 아니라 문의 수와 재진 고객을 관리하는 수치까지 정리해서 보면 조금 더 정밀해진다. 기존의 재진도 원래 광고로 발생한 초진이었고 이런 재진이 많아지면서 '어떻게 소개를 이끌어 낼 것인가!' 하는 부분을 얼마나 수치로 개량화하는가 하는 것이 매우 중요하다. 그리고 코비드19 시기에는 확진자 숫자도 시장의 상호작용에 영향을 미쳤다.

## 우리가 알 수 있는 것과 알 수 없는 것

이런 수치를 측정하고 관리해 가면서 효율을 극대화하기 위해 판단을 하지만 모든 수치의 정렬이 제대로 되지는 않는다. 눈에 보이지 않는 수치들이 생각보다 많기 때문이다. 우리는 마케팅의 수치를 정렬하고 의료 기관 내부에서 관리하는 수치들과 정렬하기 위해서 노력을 한다. 해당 의료 기관의 생산성 수치들과 결합되면 조금 더 명확한 측정이 가능하다. 마케팅에서 보이지 않는 수치는 환자들의 입소문이 어떻게 형성되고 있는가 하는 부분이다.

마케팅을 하면서 제일 신기한 현상은 고객 경험에 대한 부분이다. 마케팅이 잘되는 의료 기관이 있고 안되는 의료 기관이 있다. 자꾸 수치가 원위치로 돌아가는 의료 기관은 마케팅으로 끌어올리는 것에 한계가 있다. 그래서 우리는 의료 기관의 조직 관리를 개편할 때 생산성, 근속 지수, 고객만족 지수를 계산해서 마케팅 수치와 비교하게 되는데 이 수치가 마케팅 수치만으로 초진과 비교하는 것보다 훨씬 정확하다. 물론 대부분의 의료 기관은 아직 이러한 수치들이 낯설고 생소할 것이지만 앞으로는 코비드19가 만들어 버린 새로운 21세기의 환경 속에서 점점 중요성이 증가할 것이다.

숫자를 어떻게 관리하는가 하는 것이 어찌 보면 제일 중요할 수도 있다. "측정할 수 없는 것은 관리할 수 없다." 피터 드러커의 말처럼 하나라도 더 많이 측정하기 위해서 노력하고 있다. 측정할 수 없다면 그 영역만큼 관리될 수 없기 때문이다. 당신의 의료 기관에 측정되지 않고 방치되고 있는 부분은 얼마나 많은가? 특정한 치트키만 찾지 말고, 더 좋은 효율을 위한 협업이 필요하다.

# 1-4
# 네이버 독점이 만들어 내는 효율 악화와 1등의 원리

## 고래와 독점의 역사

나는 고래를 좋아한다. 왜 그런지는 잘 설명할 수 없다. 처음에는 돌고래를 좋아했다. 어렸을 적에 부모님을 따라서 고래쇼를 본 뒤 정도 아닌가 싶다. 사실 어렸을 때 동물원에 가면 모든 것이 신기하다. 기린이 휘청이며 뛰는 모습을 보면서는 마치 공룡을 본 느낌이었다. 화면으로 보던 기린과 실제 본 기린은 아주 많이 차이가 났다. 휘청이며 뛰는 모습이 마치 건물이 휘어지는 듯한 느낌이랄까?

여튼 고래와 관련된 것을 모두 좋아하다 보니 고래를 따라가다 보면 신기한 것을 많이 알게 된다. '칭찬은 고래도 춤추게 한다'를 통해서는 켄 블랜차드 특유의 유머를 곁들인 경영과 마케팅의 방법론을 배우게 되었다. 첫 대목이 가장 인상적이다. 실패한 컨설턴트가 사육사에게 묻는다. "어떻게 하면 고래를 저렇게 원하는 대로 움직이게 할 수 있나요?" 사육사가 답한다. "우선 신뢰할 수 있는 관계가 되는 것이 먼저지요." 정말 명쾌한 답이다. 이 신뢰에 대해서는 책의 뒷부분에 다시 이야기할 기회가 있을 것이다.

두 번째 인상적인 고래는 북극고래이다. 북극고래는 유달리 장수하는 고래이다. 이 고래는 장수하는 고래로 유명하다. 가장 오래 산 북극고래는 268세로 추정되는 고래도 있었다. 조선 정조 대왕과 같은 해에 태어난 고래가 아직도 살고 있을 가능성이 있다는 것이다. 본래 이 고래는 밍크 고래의 종류인데 보통 밍크 고래의 평균 수명은 50세 정도이다. 결국 노화라는 것은 절대적인 것이 아니라 국부적인 요소라는 것이 밝혀진 것이 바로 이 북극고래 덕분이다. 이 장수하는 고래는 암에 저항하는 유전 변이가 발견되어 많은 연구진의 가슴을 흥분시켰다.

세 번째 인상적인 고래에 대한 이야기가 있다. 그건 바로 멸종에 대한 것이다. 현재 전 세계적으로 고래는 보호 포유류에 해당한다. 이렇게 고래가 멸종의 위기에 처하게 된 것은 인간의 포획으로 인한 것이다.

산업화가 되면서 석탄과 석유는 발전의 초석이 되었다. 그러나 석탄과 석유가 대기 중에 발생시키는 이산화탄소량은 지난 100여 년 동안(지금이 빙하기임에도 불구하고) 지구 온난화를 유발하여 엄청난 재앙을 초래하고 있다. 바다는 엄청난 이산화탄소를 저장할 수 있는데 현재는 바다가 저장할 수 있는 이산화탄소 한계를 초과해서 대기의 온난화 현상이 벌어지고 있다. 불과 100년 정도의 시간 안에 지구 탄소 배출 한계에 도달한 것이다.

바로 석유 이전에 등을 밝히는 오일로 사용되던 것이 고래기름이다. 모든 종류의 동물과 다르게 몸집이 커서 많은 양의 오일이 생산되기 때문에 고래는 포획의 대상이 되었다. 인간의 집착이라는 것이 대단하여 고래는 이제 멸종 직전에 처하게 된다. 산업화가 가속되면서 고래 기름은 석유로 대체되었다. 고래를 따라가다 보니 석유가 나온다.

석유 하면 떠오르는 것이 바로 록펠러이다. 스탠더드 오일이라는 말로 대표되는 미국의 대부호이다. 데일 카네기의 책에도 등장하는 록펠러의 재산은 실로 어마어마했다. 현재 환율 등으로 환산하면 대략 우리 돈으로 500조 원 정도 된다고 한다. 500조 원이면 현재 제프 베이조스나 앨런 머스크보다도 훨씬 많은 것이다. 2022년 현재 최고 부호라고 불리는 제프 베이조스의 재산은 200조 원으로 추정이 된다. 이 재산보다도 2배 넘게 많은 재산을 보유한 것이니까 실로 어마어마했다고 할 수 있다. 2020년 대한민국의 1년 예산이 512조 원이었다.

이런 록펠러가 성공한 것은 독점의 형성이다. 막대한 자금력을 동원하여 석유를 사들이면서 71%의 가격으로 구매하고 리베이트[7]를 형성하였다. 이것이 리베이트의 시초였다. 그리고 운송 수단으로 철도를 사용하면서 가격적인 우위를 점하였다. 무자비한 M&A를 통해서 경쟁 업체를 사들이거나 없애는 등, 시장을 독점하게 된다. 독점이 가속화될수록 리베이트의 비율을 올리고 운송료를 후려치면서 사실상 수익을 강탈한 것이다.

7) 제품의 일부 판매가격을 다시 돌려받는 구조.

이런 스탠더드 오일의 횡포는 '아이다 미네르바 타벨'이라는 탐사 전문 여기자의 '스탠더드 오일의 역사'라는 제목으로 당시의 유력 잡지에 폭로되면서 위기를 맞게 된다. 이 내용은 당시 스탠더드 오일의 부정과 무자비한 사업 방식을 알리는 것이었다. 여론은 매우 분노했고 결국 미국의 연방법무부가 특별 검사를 임명하여 재판이 시작되었으며, 마침내 1911년 스탠더드 오일은 31개 회사로 분할되는 판결이 나오게 된다.

## 21세기형 스탠더드 오일 구글

구글은 혁신의 상징이다. 영원할 것 같았던 마이크로 소프트의 독점적 지위는 인터넷과 클라우드 환경에 적응하지 못하고 구글에 맹주의 자리를 내주었다. 시스템 OS의 맹주로서의 자리도 모바일 환경에서 구글과 애플에 자리를 내주게 되었다. 결국 게이트웨이의 독점성을 잃은 마이크로 소프트는 변방으로 밀려나게 되었다. 구글이 이렇게 많은 것을 차지하게 된 것은 바로 검색엔진의 성공에 있다. 전 세계 검색 점유율 66%라는 막대한 독점력이 클라우드 환경에서의 독점력으로 전화가 되었다. 지메일, 드라이브, 유튜브, 미트 등 수 없이 많은 프로그램은 '무료'라는 강력한 무기를 가지고 시장을 장악해 왔고, 전 세계 인재들을 쓸어 모으면서 발달된 프로그램의 완결성은 강력한 진입 장벽으로 존재했다.

구글 '미트'라는 화상 회의 시스템의 경우만 하더라도 안정성이 뛰어나다는 시스코의 웹엑스를 아주 손쉽게 찜 쪄 먹는다. 안정성뿐만 아니라 편리성에서 시스코의 웹엑스는 구글 '미트'의 상대가 되지 않는다. 더구나 무료이다. 그리고 구글 드라이브의 수많은 웹 오피스 프로그램을 통해서 화상 회의를 하면서도 협업이 가능하다. 이건 정말 혁명이라고밖에 할 수 없다. 우리 회사는 한참 전부터 구글의 시스템을 이용하고 있고 이것을 통해서 상당 부분을 클라우드 환경으로 변화시켰다. 업무의 효율이 증가된 것은 말로 다 할 수 없을 정도다.

이러한 경쟁력을 갖추고서도 무료로 제공한다는 것은 실로 어마어마한 것이다. 스탠더드 오일이 경쟁자나 협력사로부터 수익 강탈을 하면서도 오일의 가격을 낮추는 전략으로 시장을 장악했던 것처럼 구글은 기본 프로그램을 무료로 제공하지만 검색 기능 등에서 경쟁자의 검색 순위를 조절하면서 쇼핑몰 등에서 독점적 수익을 올리고 있다. 프로그램 개발자들의 수수료를 막대하게 올리는 등 소비자 시장이 아니라 생산자 시장 구조를 포획하는 형태로 수익을 형성하고 있는 것이다. 우리나라와 다를 수밖에 없는 이유는 바로 시장 규모의 차이에 있다.

## 우리나라는 안전한 것인가

2000년대 지메일의 등장부터 구글 드라이브와 유튜브, 캘린더와 구글 미트 등 혁신을 거듭하는 과정을 보면서 우리나라에는 왜 이런 혁신적인 기업이 나오지 않는가에 대한 아쉬움을 생각한 적도 있다. 정말 차고가 대중화되어야 하는지[8]까지 생각해 보기도 했다.

2000년대 초반 다음과 네이버의 싸움에서 다음의 라이코스 인수와 이메일의 유료화라는 어처구니 없는 실수가 네이버라는 공룡 기업의 시작을 알리는 신호탄이었다. 경쟁력을 위해서 진입 장벽을 쌓지는 못할 망

8) 수많은 혁신 기업들이 차고에서 만들어졌다.

정, 스스로 가지고 있던 수많은 이메일 회원들을 네이버로 보내 버렸으니 망하는 것은 시간 문제였다.

카카오가 다음을 인수할 때만 하더라도 네이버의 독점 구조가 깨질 것이라는 기대가 있었다. 그러나 카카오는 아주 안전한 것만을 선택해 오면서 다른 시장에서의 독점 구조를 형성해 가고 있다. 네이버의 키워드 광고 단가가 아주 높은데 다음은 네이버의 노출 수에 비례하지 못하면서도 단가가 높다. 간혹 다음의 키워드 광고 노출 수를 보면 정말 이 숫자가 맞는지 의심될 때도 있다. 이쯤 되면 다음은 네이버의 독점 구조를 깰 의지도 없고, 대체제가 될지언정 시장의 리베로가 될 마음은 어디에도 없어 보인다.

2018년 7월 25일 현재 '성남임플란트' 키워드 광고 1위 클릭 단가는 약 31,957원이었고 2022년 1월 26일 현재 '성남임플란트' 키워드 광고 1위 클릭 단가는 약 69,704원이다. 시간상으로 대략 2년 반이 지났는데 키워드 단가가 2배를 넘어섰다. 서초 방배 지역의 하지정맥류수술의 1위 키워드 단가는 무려 10만 원이다. 클릭 한 번이다.

2017년 이전의 네이버 키워드 단가 구조와 이후의 단가 구조는 상당한 변화가 생겼는데 지역의 키워드 경쟁 구조를 가속화시켰다. 입찰해 보지 않으면 가격을 알 수 없는 구조라든지, 어제의 단가 구조가 사라지면서 배팅을 구조화시켰다. 이것은 결국 도박장이 된 것과 다름없다. 도박장과 다른 것은 오직 하나다. 돈을 가져가는 것이 오직 네이버뿐이라는 것이다. 지역의 경쟁 구조라는 것이 아무리 강하다고 해도 서울의 경쟁보다 심할 수는 없다. 그러나 이러한 구조적인 변화를 통해서 모든 지역의 경쟁 구조를 악화시키고 키워드 단가 구조를 끝도 없이 올라가게 만들었다. 그렇다면 왜 10만 원 이상의 키워드 단가는 나오지 않는가? 네이버가 상한선으로 정한 것이 10만 원이기 때문이다. 아마도 심리적인 저항선을 10만 원으로 보고 있는 것 같다. 이들도 바보는 아니기 때문에 나름의 위험 수위를 만들어 놓은 것이라고 할 수 있다. 그러나 구조적인 변화에 대응하지 못하는 마이크로 소프트의 현재를 보는 것과 같이 네이버의 공룡화된 구조의 끝이 다가오고 있다.

## 그럼 우리가 할 일은 무엇인가

나는 도덕적으로 누가 옳은가를 주장하고 싶은 생각은 없다. 타인에게 도움을 주고 사는 것이 목적이지만 너무 깨끗한 것만을 추구해서 사회 정의를 구현하는 회사를 만들자고 하는 것이 아니다. 상식적인 선에서 생각하면서 존경받는 기업으로, 사랑받는 의료 기관으로 성장하는 길이 생기기를 바라는 것이다. 그래서 우리는 조금 더 현명해질 필요가 있다. 네이버의 이런 구조적인 한계를 잘 인지하고 있어야 한다. 네이버가 독점적인 구조를 스스로 놓지도 않을 것이고 갑자기 고객을 위하는 회사가 되지도 않을 것이다. 그러니 네이버에서 벗어날 수 있는 전략을 끊임없이 고민하고 적용해야 한다.

'가격', '수익', '시장 점유' 이렇게 3가지 단어를 잘 생각해야 한다. 우리나라의 의료 기관들은 가격을 하나의 자존심으로 생각하는 경향이 있다. 내 시술이 혹은 내 치료가 이 정도는 된다는 자존심이나 자부심쯤 된다. 그러나 전술한 '스탠더드 오일'과 '구글'의 경우에서 보듯이, 또는 우리나라가 아니라 외국에서 판매하는 '이케아'의 가격을 보라. 하나같이 최저가를 구사하고 있다. 시나가와 클리닉과 쇼율다이스 헤르니아도 최저가를 구현했다. 이것이 하나의 진입 장벽이 되는 것이다. '원가 구조'의 혁신은 이런 최저가를 가능하게 해 준다. '원가 구조' 혁신이라는 목표를 달성해야 하는 이유는 바로 최저가를 가능하게 해 주기 때문이다. 가격만큼 강력한 시장 점유를 만들어 주는 것은 없다. 시장을 점유한다는 것은 곧 독점력의 강화를 말하는 것이고 독점력의 강화는 시장 지배력을 만들어 준다. 역으로 생각한다면 시장을 점유하지 않은 상태에서의 고가 정책은 성장을 정체시킨다. 에르메스의 길을 갈 것인가 아니면 구글의 길을 갈 것인가, 그도 아니라면 구멍가게의 길을 갈 것인가.

# 1-5
# 향후 10년의 마케팅 어떻게 준비할 것인가

## 30년이라는 시간이 가지는 변화

필자의 고향은 제천이다. 우리나라 최고(最古)의 저수지 의림지가 있는 곳이다. 어렸을 때는 잘 몰랐지만 요새 가끔 의림지를 가 보면 나무들이 정말 대단하다. 그런데 아버지가 고향으로 이사를 가시면서 명절 때도 세종시로 가게 되고 나니, 이제 나는 정작 고향에 갈 일이 없어졌다. 친구들도 보고 싶은데 말이다.

어렸을 때 우리 아버지의 친한 친구는 2명이 있었다. 한 명은 외과 의사였고 또 한 명은 사진사였다. 지금도 그 사진관이 기억이 난다. 늘 이런 사진관에 가면 필름을 쭉 놓아둔 곳이 있었다. 요즘 세대들은 잘 모르겠지만 코닥이라는 엄청난 필름 회사가 있었다. 그때는 그냥 필름 하면 코닥이었다.

코닥은 1888년에 설립된 회사이다. 그러나 설립자 이스트만은 이미 1882년 최초의 필름을 개발한 사람이다. 이것을 대량 생산 기술을 활용하여 사업화한 것이 바로 코닥이다. 휴대용 카메라와 일회용 카메라를 이미 1900년대가 오기 전에 개발하여 판매한 회사이다. ipod이 mp3의 대명사로 불리듯이 당시에는 코닥이 휴대용 카메라와 일회용 카메라의 대명사였다. 이런 혁신의 코닥은 큰 성공을 거둔다.

1911년 이스트만은 독일의 한 화학공장을 방문하게 되는데 700여 명의 엔지니어와 화학자가 근무하면서 만들어 내는 퍼포먼스를 보면서 커다란 충격에 빠지게 된다. 코닥의 성공 이유가 혁신이라는 것을 누구보다 잘 알고 있던 이스트만은 연구소를 만들고 연구소장에게 2가지 미션을 부여한다. ① '원하는 것이면 무엇이든 다 연구해 봐라.' ② '당신의 임무는 사진술의 미래이다.' 이 두 가지 미션은 엄청난 성과를 불러온다. 20세기 동안 가장 특허를 많이 보유하고 있던 기업 중 하나가 바로 코닥이다.

1991년 코닥의 매출은 한화로 22조 8,855억 원이다. 미국의 25대 기업 중에 하나였던 코닥이 2012년 1월 19일 마침내 파산 보호 신청을 하게 된다. 코닥의 파산은 우리 모두에게 시사하는 바가 크다. 코닥 파산의 주요 원인은 바로 디지털에 대한 오판이다. 필름 카메라 시장이 급격하게 쇠락해 가는 1990년대와 2000년대를 허비한 까닭이 크다. 제록스가 PC와 레이저 프린터 등 현재 존재하는 모든 개인 사무용 시스템을 개발한 회사이면서도 이것을 상용화하지 못한 것처럼 1975년 디지털 카메라를 최초로 개발한 회사가 바로 코닥이다. 기술을 모두 가지고 있으면서도 잘못된 판단은 이런 참담한 결과를 만들 수도 있다.

지금 대부분의 사진관에 가면 더 이상 필름 카메라로 사진 촬영을 하지 않는다. 간혹 관광지에 가면 흑백 카메라로 인화를 해서 집으로 배송해 주는 서비스를 하는 곳이 있다. 이런 만큼 이제는 추억이 된 것이다. 지금은 디지털 카메라로 촬영을 하고 나서 포토샵으로 사진 보정을 해 주는 것이 대세가 된 지 오래이고 이마저도 스마트폰의 카메라 퀄리티가 발전하면서 사라지고 있는 추세이다. 이제는 더 이상 사진관에 가서 촬영하는 사람이 많지 않고 대여점으로서 사진 촬영을 하는 장소를 빌려주는 것으로 변화되고 있는 추세이다. 큰 비즈니스에 밀려서 사라지는 수많은 업종 중 하나가 사진관이다.

## 선택의 기준을 제공하는 게이트웨이의 변화

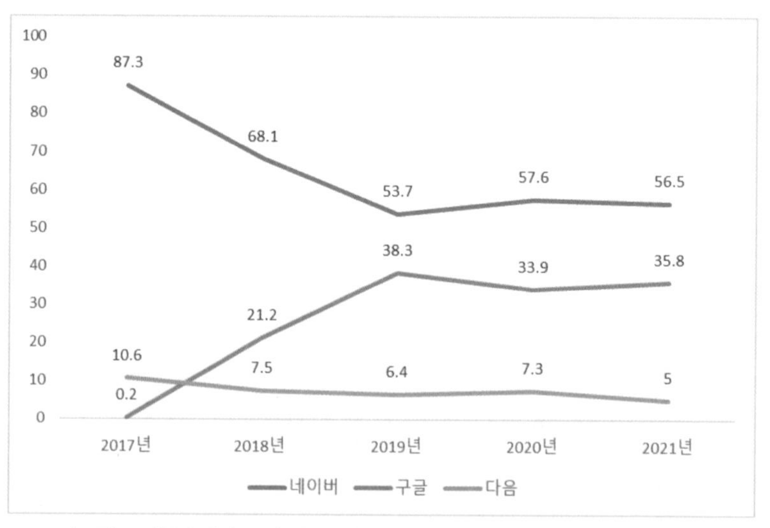


〈그림 2. 최근 5개년 국내 검색엔진 점유율 추이. 출처 : 닐슨 코리아 클릭〉

2017년 점유율 0.2%에 불과하던 구글은 2018년 21.2%에 이어서 2019년에는 38.3%에 해당하는 점유율을 보이고 있다. 현재는 다소 침체되어 더 이상 점유율의 변화가 있지는 않지만 괄목상대할 만한 구글의 성장이다. 그 이유는 두 가지로 정리할 수 있다. ① 크롬 브라우저의 점유율 상승이다. 크롬은 익스플로러에 비해서 안정적이다. 그리고 구글의 여러 가지 기능을 사용하는 데 최적화되어 있다 보니 업무를 하는 사람들은 크롬을 사용하는 경우가 많았다. 아는 사람만 사용한다는 지메일의 점유가 2010년대에 들어서는 크게 성장을 하였고 구글 드라이브 등 클라우드 환경 기능이 주목받으면서 많은 사람이 사용하게 되었다. 그리고 구글의 로비도 한몫했다. 최근 유럽에서 비화되고 있는 구글의 공정성 논란은 이런 로비를 통해서 게이트 웨이를 점령하기 위한 전쟁을 방증하는 것이다.

② 검색 엔진의 역량 차이이다. 구글과 네이버의 가장 큰 차이는 기술의 차이가 아니라 관점의 차이이다. 네이버는 끊임없는 업데이트를 통해서 결국 검색 조정 능력을 키우는 방식으로 성장하였다. 검색의 정확도가 목표가 아니라. 어떻게 자신들이 더 많은 수익을 올릴 수 있느냐가 중요한 관점이다. 카페의 경우 VIEW라는 이름 변경으로 노출을 막은 것을 보라. 돈이 안 되는 것은 노출에서 배제하고 있다. 리브라, C-Rank, 다이아 등 어떤 이름을 붙이든지 이런 업데이트는 상업적인 목적에 다름이 아니다. 물론 구글도 노출 자체에 대한 조작 논란이 있었다. 그러나 그 부분은 쇼핑 등에 대한 부분이었다. 네이버는 검색 자체의 로직을 조정한다. 구글의 검색 기준은 딱 두 가지로 요약이 된다. '얼마나 인기가 있는가.' '얼마나 많이 인용을 하였는가.' 이 기준 외에 다른 기준을 배

제함으로 명확한 기준점이 된 것이다. 그러나 현재 네이버의 로직은 잦은 수정으로 인해 누더기가 되었을 것으로 예상된다.

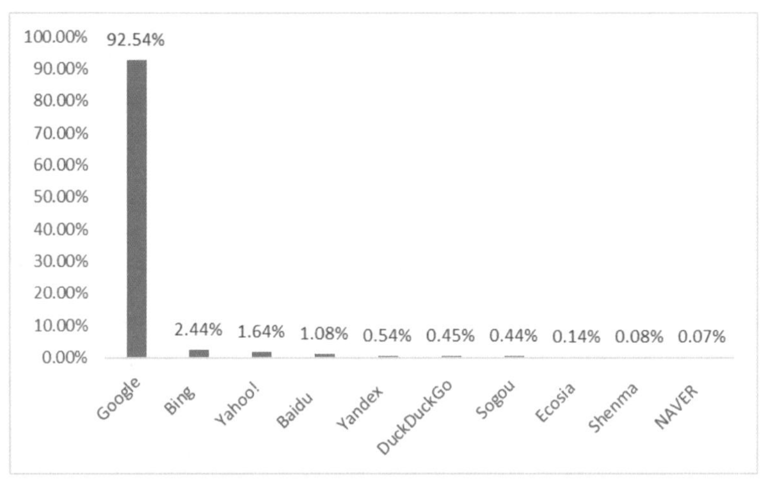


〈그림 3. 2020년 글로벌 검색엔진 시장점유율. 출처 : 디지털 인사이트〉

디지털 인사이트에서 발표한 검색엔진 시장 점유율을 보면 네이버의 지위가 어느 정도인지 확인할 수 있다. 과연 네이버는 이런 열세를 어떻게 극복할 수 있을까? 우리의 고민은 네이버를 걱정하는 것이 아니라 우리는 네이버가 약세인 시장을 어떻게 대응해 가야 할 것인지에 대한 준비가 필요하다는 것이다.

## 구글이 강하고 네이버가 약세인 시장이 된다면 무엇이 더 중요해질까?

### 1) 구글로의 관점 확대

우선 네이버와 다음 중심의 사고에서 네이버와 구글 중심의 사고로의 전환이 필요하다. 우리나라 의료계는 다음을 아직도 선호한다. 아직도 다음에 키워드 광고를 하는 의료 기관이 많다. 아무리 설명을 해도 다음을 놓을 수 없나 보다. 꼭 무슨 첫사랑을 잊지 못하는 사람 같다. 이제는 제법 세대 교체가 되어 한메일 세대가 아님에도 불구하고 아직도 다음에 대한 미련을 놓지 못한다. 5%밖에 되지 않는 점유율을 유지하기 위해서 얼마를 지출해야 하는지를 살펴봐야 한다.

구글의 키워드와 배너뿐 아니라 구글의 SEO(search engine optimization)를 참고하여 노출에 방향성을 조정해야 한다. 물론 네이버를 포기하라는 이야기가 아니다. 구글에 신경 쓰는 비중을 높이라는 말이다.

### 2) 콘텐츠에 대한 혁신

홈페이지를 변화시키는 것이다. 우선 디자인을 변화시키는 것이 중요하다. 디자인은 느낌이다. 의료 기관에 인테리어를 왜 하는가, 느낌을 전달하기 위한 것이다. 인테리어만큼 중요한 것이 바로 홈페이지 디자인이다. 그리고 메시지를 고도화하여 다듬어야 한다.

병원 홈페이지에 어떤 형태가 되었든 글을 남겨야 한다. 당신 의료 기관의 홈페이지에 그럴싸한 내용의 글만 남기지 말고 당신의 느낌을 알 수 있는 글을 남겨야 한다. 일기도 좋다. 오늘 어떤 환자를 만났는데 어떠했다는 진료 일기가 좋다. 이런 글의 특징은 환자를 가려 준다는 것이다. 나에게 맞는 환자를 유인하는 것은 매우 중요한 일이다. 글을 읽는 사람은 상당히 깊은 고민을 하는 사람이다. 홈페이지에 올려진 그럴싸한 글도 중요하다. 그러나 의료진의 속내를 전하는 글도 매우 중요한 마케팅 수단이다. 이것이 강력한 차별점을 만들어 줄 것이다.

### 3) 책을 써라

결국 광고의 영향을 조금이라도 벗어나는 길은 전혀 다른 차원으로 비트는 것이다. 남들보다 조금 더 잘 하는 것으로 혁신은 생기지 않는다. 전혀 다른 분야로 시선을 돌려야 한다. 다른 환자층을 생산하는 것이 중요하다. 그래서 책은 중요하다. 단, 꼭 나의 진료 분야여야 한다. 나와 다른 진료 분야로 쓴 책은 초진 수에 아무런 영향을 미치지 않는다.

### 4) 전혀 다른 직종을 고용하라

전작에서도 언급했던, 실무를 하지 않는 총괄 실장을 고용하라. (내부에서 키우는 것이 좋다) 의료진도 실무를 하는데 총괄 실장이 실무를 하지 않는다고 노여워하지 마라. 그리고 고객 데이터 관리자를 고용하라. 고객과 우리 사이에 남겨진 데이터를 보면서 고객 전략을 고민하는 사람을 고용해서 항상 다른 시각으로 행동해야 한다.

2), 3), 4)에 대해서는 후술할 것이다.

## 지금 절박하지 않다면 당신은 개구리다

필자 아버지의 또 다른 친구 외과 의사는 제천에 유일한 외과 의사였다. 말만 외과 의사이지 사실 모든 치료를 다 했다. 그때는 그래도 됐다. 늘 환자가 많았다. 아무것도 하지 않아도 의료 기관의 수익이 보장되던 시절이니까 말이다. 물론 지금 그 외과는 없어졌다. 아버지의 친구는 아버지처럼 은퇴하셨다. 30년이라는 시간은 참 많은 변화를 만들어 주었다.

당신의 의료 기관이 지금 잘된다고 가정하자. 그런데 앞으로 10년 뒤에도 잘될 것이라고 생각하는가? 당신의 의료 기관은 아직도 20세기에 머물러 있다. 직원 구인과 관리로 늘 고민하고 있다. 초진으로 늘 고민하고 있다. 매출로 늘 고민하고 있다. 그러나 수익이 괜찮은 편이니까 절박하지는 않다. 그것이 당신의 가장 무서운 적이다. 그냥 괜찮은 수준이 유지되기 때문에 절박하지 않고 혁신하지 않는다. 개원 초기를 돌아봐라. 얼마나 절박했는가! 그때의 감성을 잊었다면 얼마 남지 않았다.

불안하다는 말과 절박하다는 말은 다르다는 것을 꼭 기억하라! 불안하다는 감정 속에는 행동이 없지만 절박하다는 감정 속에는 목표와 노력이 존재한다.

# 1-6
# 블로그, 여전히 중요한가

## 종이책은 사라질까?

연탄, 버스 안내양, 시내버스 토큰, 삐삐, 공중전화 등은 이제 사라지고 없다. 어렸을 적 우리 방 앞이 바로 아궁이였다. 아궁이의 깊이가 1m 정도 되었기 때문에 제대로 확인하지 않으면 빠지기 일쑤였다. 연탄 위를 철판으로 덮어 놓았는데 거기에 발이 닿으면 낭패였다. 당시는 지금처럼 면 양말이 아니라 나일론 양말을 신던 때라서 양말의 발바닥 부분이 금방 녹아 버렸던 기억이 난다.

버스 안내양은 나도 잘 기억이 나지 않는다. 어렸을 때 버스를 타면 돈을 받고 거슬러 주던 누나가 있었던 기억이 난다. 시내버스 토큰도 기억난다. 고등학교 때 등교를 하려면 버스를 타고 20분 정도를 가야 했는데 토큰을 내고 탔었다. 정확하지는 않은데 150원인가 했었다. 대학교 다닐 때 우리는 주로 삐삐를 사용했었다. 삐삐에 연락을 하거나 녹음을 하면 공중전화로 연락처를 남긴 번호로 전화를 하거나 녹음된 음성을 들을 수 있었다. 때로는 이런 정취가 그립게 느껴질 때도 있다. 이런 모든 것이 시대가 지나가면서 추억이 되었다.

2011년 아마존이 '킨들'이라는 서비스를 출시하면서 E-Book 시장이 시작되었을 때 대부분의 전문가들은 3년 내에 대부분 서점이 폐점할 것이라고 했다. 그러나 현재 서점은 여전히 존재 한다. 물론 지역의 작은 서점들은 거의 대부분 문을 닫고 있다. 2011년 이전 일 년에 한 권 이상의 책을 읽는 사람의 비중은 66.8%에서 2019년 기준 52.1%로 떨어지고 있다. 이 비중은 앞으로도 계속 떨어질 것으로 보인다. 서점가의 직원이 나와서 인터뷰한 것을 보았는데 2011년 이전에는 인구의 50%가 일 년에 책 두 권을 구입했다면 이제는 반으로 줄었다고 한다. 물론 한 서점이나 출판사의 사정이 모든 것을 대변할 수 없으나 시장이 변하고 있는 것만은 사실이다.

그렇다면 정말 종이책은 사라지게 되는 것일까? 동네 서점들이 사라지는 것은 대형 서점으로 집중되는 판매량 때문이다. 물론 종이책을 사는 비중이 점차 줄고 있는 것은 맞다. 이제는 책이라는 한정된 매체를 통해서 정보를 얻는 시대가 막을 내리고 있다. 유튜브와 인터넷 매체들이 정보 취득의 대체제로 자리를 잡고 있다. 그리고 최근에는 읽는 책이 아니라 듣는 책으로 변화되고 있기도 하다. 어플을 통해서 소리로 듣는 사람도 점점 늘고 있다.

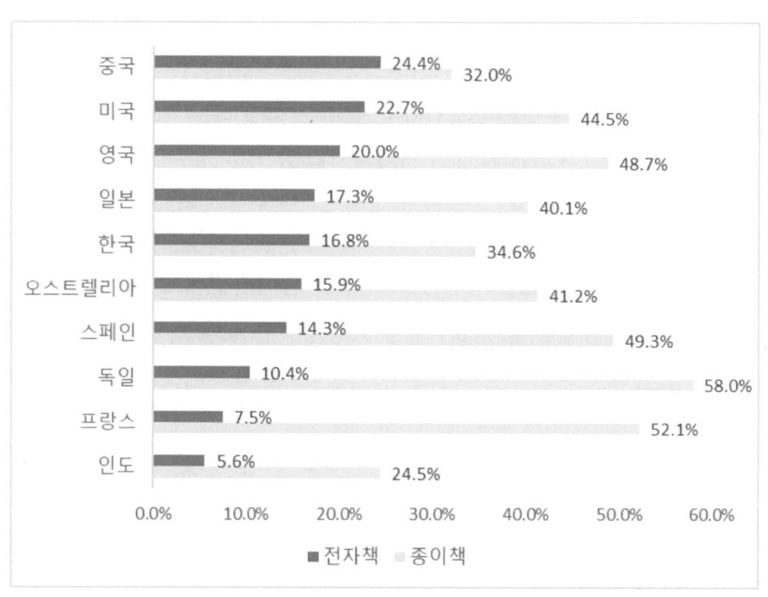


〈그림 4. 2020년 전자책/인쇄 도서 구매 인구 비율. 출처 : Statista Advertising & Media Outlook〉

그림 4에서 보는 것과 같이 체감과 실제는 다르다. 그 서점 직원이 말한 것은 정말 심각한 것으로 느껴졌지만, 아직도 한국의 인구 중 34.6%는 종이책을 구매하고 있다. 어떤 것을 확인하려면 정확한 수치를 확인하는 것이 반드시 필요하다.

그림 4를 참고하면 전자책이 등장한 지 10년이 지난 지금까지도 종이책은 건재하다는 것을 확인할 수 있다. 이 비중이 어떻게 변화를 할 것인가 하는 문제보다 매체가 더 늘어나고 있다는 것에 주목할 필요가 있다. 전술한 바와 같이 다양한 매체가 책을 대체하기 위해서 개발되고 있다. 이것은 사람들의 생활양식이 변하고 있다는 것을 의미하고 있다.

전문가들의 의견에 차이가 있었으나 현재는 향후에도 종이책은 여전히 남을 것이라는 견해가 대세가 된 듯하다. 전자책 초기와는 전망이 많이 바뀐 것이다. 전자책의 판매량이 생각처럼 올라가지 않은 사이에 다른 매체들이 그 자리를 차지하기 위해서 들어오고 있다. 그러나 우리가 가지고 있는 공감각의 영역이 서로 다르다는 것에 주목해야 한다. 우리가 무엇을 하는 행위는 항상 우리의 모든 감각을 통해서 뇌가 인지하는 과정이다. 감각이 서로 다른 경험은 서로 다른 지식으로 뇌에 축적이 된다. 듣는 것과 읽는 것이 다르고 종이로 읽는 것과 탭으로 읽는 것은 느낌이 다르다. 결국 종이책이 가지는 경험을 다른 것으로 대체하기는 쉽지 않기 때문에 종이책의 판매량은 줄어들더라도 여전히 남아 있을 것이라고 판단한다.

## 신문의 미래는 어떻게 될까?

책과 비슷한 과정을 통해 내몰리고 있는 것이 신문이다. 과연 신문은 책처럼 계속 존재할 수 있을까? 물론 나라마다 다르겠지만 종이 신문은 이제 곧 사라질 가능성이 높다고 생각한다. 왜 그럴까? 그것은 상품 가치가 결정하는 것이기 때문이다. 책이라는 것은 작가가 수없이 많기 때문에 책 자체의 품질이 변하지는 않았다. 오히려 최근 우리나라 작가들의 수준은 더 올라가고 있다고 보인다. 해외에서도 인정받는 작가들이 늘고 있다. 그리고 연구를 통해 출판되는 책의 수준도 과거에 비해서 비약적으로 발전하고 있다.

"네이버가 너무 미운데 어떻게 망하게 하죠?" 친한 치과 의사의 말이다. "검색 기능이 취약하고 지나치게 상업적인 콘텐츠가 많은 네이버라면 뉴스가 분리되는 시점에 쇠퇴하게 될 겁니다." 필자가 해 준 말이다. 네이버는 검색의 기능이 지나치게 제한적이다. 그렇다 보니 정작 전문 정보를 검색할 때는 '구글', 쇼핑 정보를 검색할 때는 '네이버'라는 말이 있다. 이런 네이버의 검색율을 유지해 주는 것은 아이러니하게도 뉴스 기사이다. 그러니 네이버가 언론사가 아니라는 말은 틀렸다. 그리고 대한민국의 언론사 신뢰도가 바닥을 치고 있는 현재 시점에서 그 기사를 검색 편향으로 조정하고 있는 네이버의 미래도 밝지만은 않다. 상품의 가치가 떨어지면 시점의 문제일 뿐 사라지게 된다.

## 블로그는 언제쯤 가치가 끝이 날까요?

내가 많이 받는 질문이다. 아무래도 광고에서 소요되는 비중이 높다 보니 그 비중을 줄이거나 다른 곳으로 옮기고 싶다는 의견이 많다. '요새 누가 블로그를 보나요?' 이런 말이다. 물론 예전에 비하면 블로그의 비중이 줄어든 것이 맞다. 우선 유입 수부터가 많이 줄었다. 블로그 자체가 가지는 콘텐츠의 한계도 있겠다. 영상을 많이 보는 요즘에는 블로그를 보는 사람이 많지 않다고 판단할 수 있겠다. 그러나 전술한 것과 같이 지금은 블로그의 가치가 역설적으로 올라가고 있다.

네이버는 수익이 발생하지 않는 블로그와 카페의 노출을 줄이고 싶었던 것으로 보인다. 파워콘텐츠라는 상품을 만들어서 블로그를 키워드처럼 수익화하기도 했다. 카페는 그럴 수 없으니 검색 노출을 극도로 줄여 놓은 상태다. 이렇게 변해 가는 과정 중에 키워드의 단가는 점점 올라갔다. 그러니 결국 키워드의 단가가 올라가는 만큼 효율은 떨어지게 되는 것이다. 이것은 수익만을 고려한 것으로 퀄리티 컨트롤이 전혀 되지 않은 결과를 낳게 되고, 예전 같지는 않지만 블로그의 유입을 통한 효율이 더 좋게 만드는 결과를 낳게 된다. 역설적이게도 블로그를 죽이고 싶었고 그렇게 많은 블로그를 죽이고 있으나 네이버가 그 블로그를 덮기 위해서 만드는 새로운 아이템들이 결국 시간이 지나면 변별이 없어짐으로 블로그는 더 중요해지는 아이러니를 만들고 있다.

우리 광고주 중에서 비급여 비중이 높은 한의원이 있다. 광고비를 많이 쓸 수 없는 독특한 시장이라서 블로그에 광고가 집중되어 있다. 광고비가 그렇게 높은 편도 아니다. 하루 방문자 수 1,000~2,000명을 유지하는 블로그를 통해서 비급여 초진 15명/월 정도를 꾸준히 만들고 있다. 아주 높은 매출은 아니지만 진료 단가가 높은 탓에 마케팅 예산 대비 효율은 좋은 편이다. 매체의 속성이 달라졌을 뿐 중요도는 더 올라가고 있는 것이다.

그리고 또 중요한 것이 있다. 블로그 글의 퀄리티를 중요하게 생각하는 경향이 특히 의료 시장에 강하다. 전작에서도 말한 것처럼 직접 블로그의 글을 쓰려고 하는 원장들도 있다. 우리도 작가를 고용해서 포스팅 원고를 작성한 적도 있다. 이것으로 변화가 없다는 것이 문제다. 유입수도 초진도 변화가 없다면 정말 돈을 들일 필요가 없는 것이다. 이것은 사람들이 블로그를 소비하는 형태 때문이다. 블로그를 꼼꼼히 읽는 사람이 생각보다 많지 않다는 것을 반증하고 있다. 그래서 상대적으로 블로그 이미지가 중요하다. 어떤 이미지를 넣느냐가 중요한데 이것도 쉽지 않다. 글자가 많이 들어간 이미지를 네이버 시스템이 거르고 있어서 이미지도 쉽게 접근하기가 어렵다. 결국 메시지를 넣는 것이 쉽지 않다면 이미지를 좋게 제작하는 수밖에 없다. (우리 광고주의 경우 시장에 따라서 이미지에 메시지를 넣어서 제작하여 사용하는 경우와 느낌과 이미지 퀄리티를 강조한 이미지를 사용하는 방식이 각각 존재한다.) 결국 콘텐츠는 느낌을 남기는 것이기 때문이다.

이쯤에서 블로그 포스팅의 중요한 비중을 정리하자. ① 키워드 설계, ② 유입 수, ③ 콘텐츠의 퀄리티(글의 퀄리티뿐 아니라 전체적인 이미지성 퀄리티). 질환 시장에 따라 차이가 나기는 하지만 순서의 배열은 언제나 같다.

## 그래서 중요한 것이 뭔데?

네이버 검색 엔진의 버전에 대한 설들이 많다. 리브라, C-Rank, 다이아 등이 그 이름이다. 조금만 검색해 봐도 이런 글들은 수없이 많다. 우리의 판단으로 C-Rank는 확실히 있고 나머지는 말장난이라고 판단한다. 거짓이라는 것이 아니라 모두 복합적이라는 말이다. 모두 조금씩 중요도가 있는 것이고 질환 시장의 블로그 경쟁 상황에 따라서 모두 다르게 적용된다. 그러니까 뭐든 하나에 꽂히면 답이 없다. 블로그의 반응이 주간 단위로 바뀌기 때문에 그것에 따라서 전략을 수정해야 한다.

늘 말하는 거지만 매체의 역할이 다른 것이지 정답인 매체가 없다. 고객은 항상 복합적으로 검토를 하기 때문이다. 고객의 검색과 검토 패턴이 바뀌듯이, 매체의 역할이라는 것은 시간이 흘러감에 따라서 변화하게 된다. 키워드와 파워콘텐츠, 그리고 블로그의 역할이 시장에 따라서 검색 키워드에 따라서 모두 달라진다는 것을 이해하고 광고사의 검색 키워드 설계 전략을 유심히 들을 필요가 있다.

챕터 2

# 코비드19 이후 달라진 홈페이지 콘텐츠 방향

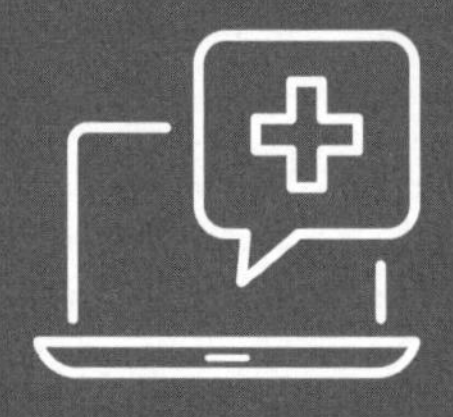

# 2-1
# 3억 원 써 보고 알게 된 콘텐츠의 방향

## 경험을 하지 않으면 알 수가 없다

1996년인가였다. 선배의 자취방에 모여서 술을 마시던 날인데 그날따라 군대 이야기가 나왔다. 이미 제대를 하고 복학했던 예비역 선배들이었다. 삽질했던 이야기, 보초 서던 이야기, 면회했던 이야기 등등 그렇게 재미있을 수가 없었다. 군대가 생각보다 재미있는 곳이구나 싶었다. 1997년 1월 나는 입대를 했다. 이미 선배들에게 많이도 들었던 군대 이야기였다.

훈련소를 거치고 공병으로 자대 배치를 받았다. 자대 배치를 받고 일주일도 안 돼서 한 달짜리 훈련을 가게 되었다. 말로만 듣던 군대는 즐거운 것과는 거리가 멀었다. 뭐가 그렇게 서럽고 힘들었는지 이등병 때는 낯설었던 것들이 너무 많았다. '내가 여기서 뭐하고 있지?' 하는 생각도 많이 들었다.

2002년 컨설팅 회사에 다닐 때인데 당시 대표님은 금성사에 다니시다가 창업을 했고 그 회사가 우리 회사의 모그룹에 인수되어 우리 회사의 대표로 발령을 받은 상태였다. 창업한 회사가 대기업에 인수되면서 결국 계열사 사장으로 오게 되었다. 이분은 내 인생에 중요한 기여를 한 분이다. 영업의 중요성, 관계의 변화 등에 대해서 깨닫게 해 준 분이다. 사장님이 한번은 술자리에서 결혼에 대한 이야기를 한 적이 있다. 남자들의 단순성에 대한 것인데, 결혼도 영업과 같아서 자꾸 많은 경험을 통해서 나에게 맞는 사람을 잘 찾아야 하지만 결국 조금만 얼굴 이쁜 여자를 만나면 넘어가고 후회하게 된다는 내용이었다.

사람마다 차이는 있지만 대부분 남자들의 결혼 배경도 별반 다르지 않다. 결혼 상대를 선택하는 것은 인생에서 중요한 세 가지 선택 중에 하나라고 할 수 있는데 신중하지 못하면 실패할 확률이 매우 높다. 예행 연습이 불가능한 영역이기 때문이다. 그래서 운명론이 함정인 것이다.

2021년 12월, 친한 이모님에게 전화가 왔다. 이모부가 많이 편찮으시다는 것이었다. 이모는 2003년 첫사랑을 다시 만나서 재혼을 하셨다. 이모의 결혼 후 얼마 안 되어 다툼이 있었고 나는 왕래가 거의 없이 살았다. 그때는 아주 중요한 일이었으나 지나고 보니 별 대수롭지 않은 일들이다. 그렇게 오랜 시간이 지나고 몇 년에 한 번 볼까 말까 한 사이가 되었다.

이모부는 폐렴을 앓고 계셨다. 대전의 썬병원에 입원을 하고 계셨다. 동생이 병상을 지키고 있었고 코비드19 때문에 면회도 어렵고 해서 동생과 대화만 하고 올라왔다. 이야기를 들어 보니 큰 문제는 아닌 듯했고 폐혈증으로 넘어가지만 않으면 큰 문제도 없을 것 같아서 동생에게도 걱정하지 말라고 했다. 3일 뒤 밤인가 기도를 하고 있는데 가슴이 몹시 답답했다. 그리고는 다음 날 이모부가 돌아가셨다는 연락을 받았다.

갑자기 폐혈증이 되었고 산소포화도가 급속히 떨어지더니 며칠 만에 돌아가셨다. 한번 식사라도 했었으면 좋았겠다는 생각이 들었다. 살아 계실 때 화해라도 하고 가셨으면 좋았을 걸 싶다. 어쩌면 그것도 내 마음 편하자고 하는 것인데 인간은 이렇게 이기적이다. 죽은 사람 걱정보다 산 사람 걱정이 앞서는 것은 어쩔 수 없다. 어떤 것이든 경험하기 전 실체를 제대로 알기 어렵다.

## 코비드19는 21세기의 시작이다

20세기는 1900년도에 시작이 되었으나 진짜 20세기의 시작은 1914년이라는 말이 있다. 1914년은 1차 세계대전이 시작된 해이다. 19세기까지도 종교가 지배하던 세상은 20세기가 되면서 변화하기 시작했다. 종교의 협박이 통하지 않게 된 것이다. 회개하지 않으면 지옥에 간다는 협박은 더 이상 통하지 않았다. 전쟁이 나면서 온통 현실 세상이 지옥이 되었으니 더 이상 의식 세계의 지옥이 기능을 잃어버린 것이 어쩌면 당연했던 것이다. 이로써 19세기와는 다른 20세기의 세계가 시작이 된 것이다. 물질, 이성, 양자물리의 시대가 시작된 것이다.

21세기는 코비드19로 인해서 20세기와 차별화될 것이다. 코비드19 이전과 이후의 시대는 명확하게 다르다. 특히 전염병이라는 것이 가지는 사회적 변화는 정말 대단한 것이다. 2015년 메르스 사태가 어쩌면 코비드19의 전조에 해당하는데, 마케팅 지표로만 확인해 보면 메르스 이전의 마케팅 검색 지표는 다시 되돌아오지 않았다. 이러한 전염병은 소비의 위축을 만들어 낸다. 코비드19가 시작되던 2019년 연말까지도 마케팅 검색 지표는 완전히 회복되지 않았다.

코비드19가 끝나면 모든 것이 다시 정상으로 돌아올 것으로 많은 사람들이 생각하지만 결코 그렇게 되지 않을 것이다. 소비를 하려면 돈이 있어야 한다. 과거에는 대기업이 성장하면서 소비 회전의 동력원이었다. 이것이 중국인들의 한국 여행을 통한 소비로 옮겨 갔다가 메르스로 인해서 소비시장이 크게 위축되었고 회복될 즈음에 코비드19가 터진 것이다. 코비드19는 많은 자영업의 몰락을 초래하였고 가정 경제를 위협으로 몰아넣고 있다. 정부의 세금 재정이 흑자가 되었다는 것은 개인의 가처분소득의 씨를 말리고 있다는 뜻이다. 이런 상황에서 병원 치료를 받기 위한 자금도 씨가 마른다. 결국 의료 기관의 매출 추이는 가정의 가처분소득이 얼마나 증감하는가에 달려 있다.[9] 다행히 전염병의 공포는 메르스 때와 같지는 않을 것이다. 정보가 차단된 메르스 사태와는 다르게 모든 정보가 투명하게 공개되기 때문에 사람들의 공포는 메르스 때와 다르다. 결국 관건은 정부의 재정 지원이 어떻게 가정 경제에까지 미치는가 하는 여부가 될 것이다. (그리고 시장은 언제나 변하기 때문에 독자가 이 책을 읽을 때쯤 또 다른 위기가 생겼을 가능성도 있다.)

---

9) 물론, 급여와 비급여의 패턴은 다를 것이다. 상대적으로 급여 진료가 타격을 덜 받을 것이지만, 전체적으로 보면 가처분소득과 비례하게 된다. 다만, 비급여 진료 중심의 의료 기관은 타격이 더 클 것이다. 그것도 시장의 상황과 질환에 따라 다르다.

코비드19가 시작되면서 가속화된 것이 하나 있다. 홈페이지나 랜딩페이지와 같은 콘텐츠 소비 시간이 점점 줄어든 것이다. 우리는 고민에 빠졌다. 체류 시간이 줄어들고 있다는 것은 무척이나 나쁜 신호다. 이것이 앞서 말한 것과 같이 '가처분소득이 줄어들기 때문에 관심이 줄어든 것일까?' 하는 고민을 하게 되었다. 우리는 코비드19가 심했던 2년의 시간 동안 콘텐츠를 다루는 방법을 다양하게 실험하였다. 이 시기 동안 고객처의 사이트 제작 시간은 기하급수적으로 늘어났다. 완성까지 거의 1년이 걸렸다. 1년 동안 내내 만든 것도 있고, 만들고 나서 리뉴얼해 준 곳도 있다. 거의 완성되었을 때 바꾸어야 하는 내용들이 생겨났다. 전략을 수정해야 하는 일도 생겼다. 그만큼 사람들의 콘텐츠 소비 형태 변화가 매우 심했다. 사이트 제작으로 돈을 벌려고 한다면야 빠르게 만들어 주면 그만이지만 광고를 해야 하는 입장에서 그렇게 할 수가 없다. 효율이 나지 않을 것을 알면서 방치할 수는 없는 노릇이다.

1년 동안 사이트를 만들고 있다는 것은 그만큼 손실이 발생하게 된다는 것을 의미한다. 고객처의 예산은 변화가 없으니 결국은 우리 회사가 지출을 하게 되었다. 카피의 패턴, 사이트의 길이, 기획의 방향 등이 계속 바뀌는 것이 우리를 힘들게 했다. 2년 동안 이렇게 사이트를 만들다 보니 3억 원 정도 손실이 났다. 그리고 콘텐츠에 대한 정리된 방향이 생겼다. 우리 회사가 이렇게 손실을 보았다는 것을 우리 고객 대부분은 잘 알고 있기 때문에 우리가 제시하는 방향을 믿고 신뢰한다. 어쩌면 고객의 신뢰는 그 대가로서 우리가 얻은 것이다. 그리고 그것으로부터 발견한 또 다른 것들도 있다.

## 21세기 콘텐츠의 방향은?

코비드19 이전과 이후의 콘텐츠 방향, 혹은 유튜브의 가속화로 인한 변화 등으로 인해 가장 크게 차이를 보이는 것은 콘텐츠의 길이다. 사람들은 조급성이 생겼다. 그 이전에는 아주 긴 것을 선호했다. 그리고 아주 쉬운 내용보다는 어려운 내용을 선호했다. 본래 브랜드 인지라는 것이 한순간에 생기는 것이 아니기 때문에 지속적으로 고객에게 콘텐츠를 노출하다 보면 해당 콘텐츠 체류 시간이 계속 늘어 가고 학습된 잠재 고객이 내원으로 이어져서 초진 환자로 전환되는 구조라고 이해하면 된다. 그런데 사이트 방문 횟수가 늘어날수록 체류 시간이 점점 짧아지는 현상이 생겼기 때문에 우리가 고민을 거듭하게 된 것이다.[10] 그 첫 번째 열쇠가 바로 '길이'다.

최대한 길이를 짧게 줄였더니 체류 시간이 줄어드는 것이 해결되는 기미가 보였다. 길이가 짧아진다는 것은 그만큼 함축을 해야 한다는 것을 의미한다. 그러나 함축을 하다 보니 또 다른 문제가 생겼다. 콘텐츠가 더 어려워졌다는 것이다. 콘텐츠가 '어렵다' '쉽다' 하는 것은 단순한 문제가 아니다.

콘텐츠가 쉬울 때와 어려울 때에 따라서 환자층은 어떻게 달라질까? 물론 노출 차이가 있으나, 노출이 동일하다는 가정하에 콘텐츠의 난이도 차이는 환자의 질환 경중을 달리한다. 아주 어려운 콘텐츠를 이해할

---

10) 본래는 방문 횟수가 늘어 갈수록 체류 시간이 늘어나야 한다. 학습되어 가는 과정이다. 그런데 방문 횟수가 늘어 감에 따라 체류 시간이 떨어진다는 것은 흥미를 잃는다는 것으로 해석할 수 있다.

정도의 환자는 이미 다른 경쟁 병원들을 경험한 환자일 가능성이 높아진다. 시간이 지나면서 해당 질환에 대한 학습이 충분히 된 경우다. 쉬운 콘텐츠의 경우에는 상대적으로 경증의 환자들도 이해할 수 있다. 이러한 문제로 인해서 환자 수의 접촉면이 달라지는 것이다. 절대적인 환자의 숫자로 보자면 경증의 환자가 많겠는가, 아니면 중증의 환자가 많겠는가. 당연히 경증의 환자 수가 더 많을 수밖에 없다. 이것은 결국 초진 수의 차이를 발생시킬 수 있는 원인 중 하나가 된다.

콘텐츠를 쉽게 만든다는 것은 그만큼 기획자의 역량이 뛰어나야 하는 것을 말한다. 그리고 그만큼 기획자의 해당 질환과 환자에 대한 이해도가 높아야 한다. 대충 의료 기관에서 던져 준 내용으로 사이트를 만들어서는 환자가 이해하기 쉬운 콘텐츠를 만들 수 없다. 의료 기관의 홈페이지 콘텐츠를 일반 환자가 이해하기 어려운 이유는 질환의 내용이나 환자들의 병원 선택 및 행동 양식을 모르는 사람이 기획한 결과이다. 그것도 아니라면 의료진이 준 내용을 그대로 사이트에 올려서 그렇다. 의료진은 전문가이다 보니 환자들이 받아들일 수 있는 수준을 이해 못 한다. 그리고 사이트를 제작하는 회사에는 이러한 둘의 눈높이를 맞추어 줄 기획자가 존재하지 않는다. 이것이 우리가 3억 원을 소비한 이유쯤 될 것이다.

## 핵심은 간결하지만 강력하다

아주 짧은 시간에 강력하게 어필하는 방법이 필요하다. 그리고 색깔이 바뀌고 있다. 심지어 색깔이다. 코비드19 이전과 이후의 콘텐츠 선호

색깔도 바뀌고 있다. 색감은 어떠해야 하는지 도형이나 도식을 표현할 때 곡선의 각도 등도 변화되고 있다.

우리는 간결하고 강력한 문장을 선호한다. 강력한 것뿐만 아니라 간결도 해야 한다. 그리고 쉽게 표현하면서도 품위 있는 것, 이것이 어렵다.

2022년부터 우리의 제작 방향이 바뀌었다. 더 이상 손실을 볼 수 없어서 모든 것을 다 직접 하지 않게 되었다. 인터뷰, 경쟁자 모니터링, 기획, 디자이너와 개발자 선정, 디자인 가이드 컨설팅 등을 모두 나누었고 일부는 의료 기관도 참여하여 함께해야 한다. 그리고 비용도 상대적으로 더 들어간다. 다만 제작 기간이 상당히 짧아졌다.

우리가 가진 모든 것을 이 책을 통해 밝힐 수는 없지만 몇 가지를 다음 장들에 소개한다.

# 2-2 홈페이지 설계는 어떻게 해야 할까?

## 고객이 참여할 수 있는 것

웹사이트의 가치 중에 제일 중요한 평가 항목 중 하나는 바로 체류 시간이다. 얼마나 오랜 시간 머무를 수 있는 항목이 있는가 하는 것은 매우 중요하다. 체류 시간이 길어야 하는 이유는 경험 때문이다. 어떠한 경험을 하게 만드는가 하는 것이 서비스에서 중요한 부분이다. 그래서 최근의 경향은 디자인의 영역을 확장하여 서비스 '경험 디자인'이라고 하는 영역까지 디자인에 포함된다. 웹사이트 역시 이러한 경험이 중요한데 일방적인 텍스트 혹은 영상들은 모두 쌍방향을 지향하는 방식으로 전환이 필요하고 이러한 부분에 적합한 것이 바로 참여를 만들어 내는 것이다.

우리가 추구하는 방식은 질환에 대한 자가체커를 두는 것이다. 이것은 두 가지 방식으로 설계가 가능하다. 하나는 나의 증상에 대한 자가체

크이고 또 다른 하나는 질환의 일반 상식에 대한 체크를 만드는 것이다. 여기서 중요한 것은 고객이 자신의 정보 혹은 지식을 가지고 웹사이트와 상호 교환되는 정보를 나누는 과정에서 참여를 만들어 낼 수 있다. 이것은 자신의 정보를 제공함으로써 경험의 질을 높이고 체류 시간을 높이는 장점을 가지게 된다.

## 관심에 대한 배려와 리소스 관리

고객이 웹사이트에서 해결할 수 있는 것과 반대로 해결되지 않는 부분이 있다. 해결되지 않는 부분은 전화로 문의한다. 이것은 우리 의료 기관의 컨디션에 따라서 대처하는 것이 좋다. 우선 우리 의료 기관이 문의가 많은가 적은가를 기준으로 삼고 문의가 많은 편이라면 FAQ를 만들어서 리소스를 절약할 수 있다. 반대로 문의가 적은 편이라면 굳이 FAQ를 만들지 말고 전화를 유도해서 접촉면을 늘리는 것이 더 유리하다. FAQ는 텍스트와 동영상 모두 제공하여 고객의 편의를 돕는 것이 좋겠다.

## 콘텐츠는 얼마나 우수한가

- 차별화된 콘텐츠가 있는가
- 참신한 인상을 제공하는가
- 콘텐츠가 쉽게 설명되어 있는가
- 치료 원리나 방법이 세밀하게 잘 표현되어 있는가
- 원장의 프로필과 배경 등이 전문성을 갖추고 있는가

- 주변 정보를 제공함으로 해서 사이트에 더 머무를 요소가 있는가
- 친절하거나 다정한 느낌을 받고 있는가
- 병원 내부 인력들의 활동을 담은 영역이 존재하는가
- 병원 내부의 사진이나 시설을 잘 파악할 수 있도록 제공되고 있는가
- 오시는 길은 충분히 잘 이해가 되는가
- 주차 방법이 잘 이해가 되는가
- 메인 영역의 메시지는 분명한 메시지를 제공하는가
- 메인 영역의 메시지에 중복은 없는가

이 부분을 모두 일일이 설명하기는 어렵고 우선 우리 의료 기관의 홈페이지가 여기에 얼마나 부합을 하는지 보아야 한다. 남들과 똑같은 홈페이지를 가지고 경쟁하는 것은 무딘 칼을 가지고 전쟁에 나가는 것과 같다. 홍보와 광고의 본질은 나를 알리는 것이다. 원내 인테리어에는 그렇게 돈을 많이 들이면서 홈페이지 개발에는 인색한 원장들이 많다. 우리 의료 기관에 내원하지 않는 사람은 어떤 병원인지 알 수도 없다. 구색만 맞추려고 하지 말고 제대로 된 정보를 제공하고 그 정보의 질은 어떤지 살펴보는 것이 매우 중요하다.

참신성, 차별화, 쉬운 설명, 자상한 설명, 밝고 환하고 다정한 느낌, 분명한 메시지 등이 이 전체 내용을 설명할 수 있는 키워드라고 설명할 수 있겠다.

## 정보 구조는 잘 설계되어 있는가

우선 용어부터 정리하자. 홈페이지의 제일 상단에 나열된 메뉴를 전

문용어로 글로벌 메뉴라고 한다. 그리고 그 아래 나열되는 메뉴는 서브 메뉴라고 부른다. 서브 메뉴는 1차로 끝나야 한다. 서브 메뉴에 또 다른 서브 메뉴를 자꾸 달아서 깊이 내려가면 헷갈리기 쉽다. 컴퓨터의 폴더처럼 관리하면 안 된다.

그리고 글로벌 메뉴의 네이밍을 통해서 해당 카테고리가 어떤 메뉴인지를 직관적으로 알 수 있는 것이 중요하다. 간혹 의료 기관 홈페이지를 보면 직관적이지 않고 자꾸 메뉴를 붙이면서 개발하다 보니 여기저기 흩어져 있듯이 설계되어 있거나 메뉴를 보아도 이해할 수 없는 경우가 많다. 요새는 비율이 줄었으나, 영문으로 메뉴를 만드는 경우도 간혹 있다. 한국어로 해야 한다. 무조건 심플과 직관이 중요하다.

해당 메뉴 사이에 중복이 없는 것도 매우 중요하다. 비슷하거나 같은 내용에 대해서 제대로 된 카테고리를 만들어야 한눈에 보고 이해할 수 있다. 한눈에 볼 수 있어야 다음에 다시 방문할 가능성이 있다. 이해가 어렵다면 바로 이탈만 될 뿐이다.

## 사용자의 편의성에 맞게 설계되었는가

이 부분은 전작에서도 여러 번 설명한 부분인데 아직도 세로 메뉴로 된 사이트가 많다. 사용자들은 자신이 자주 이용하는 습관을 통해서 모든 것을 인지한다. 우리나라 대부분의 웹사이트, 어쩌면 전 세계 대부분의 사이트 구조가 가로 메뉴 설계로 되어 있다. 이런 상황에서 세로 메뉴를 만드는 것은 어리석은 일이다. 참신함을 오해하면 안 된다. 조금 더 참신해 보이는 것과 어려워지는 것은 다르다. 익숙하지 않으면 이탈을 부를 뿐이다.

특히 우리나라 사람들은 네이버나 구글과 같은 포털에 익숙하기 때문에 포털의 구조와 비슷하게 UI의 큰 틀을 설계하는 것이 좋은 방법이다. 결국 얼마나 빠른 시간에 원하는 정보에 접근이 가능한가 하는 부분이 중요하다. 쉽다는 것은 가벼운 것이다. 가볍게 접근할 수 있도록 문턱을 낮추어 주는 것이 필요하다.

## 어떤 디자인이 좋은 디자인인가

디자인 퀄리티의 기준은 경쟁자보다 좋은가 하는 것이 절대 명제이다. 네이버 키워드 광고(클릭 초이스)에 10개가 나열되는데 나의 홈페이지가 경쟁자를 도와주는 디자인인지 나를 도와주는 디자인인지 판단해 보자. 어설픈 홈페이지를 만들어서 키워드 광고를 하는 것은 결국 내가 돈을 써서 경쟁자를 도와주는 꼴이 된다.

우선 디자인 자체의 퀄리티는 경쟁사들 중에서 제일 나은 정도가 목표이다. 경쟁이 적은데 비싼 돈을 들일 필요가 없다. 다만 경쟁자들이 쟁쟁한 영역이라면 돈을 써서 확실하게 눌러야 한다. 아니라면 광고 시장에서 승부를 볼 생각을 하지 말아야 한다.

디자인의 영역에서 그룹과 동선 구조는 중요하다. 가끔 홈페이지를 보면 어디에 눈을 둬야 하는지 모르게 산만한 경우도 있다. 우선 그룹의 형식으로 구조를 잘 설계한 디자인이 중요하다. 레이아웃이라는 개념이 있다. 예전에 신문의 경우 면보다 선의 디자인이 중요했다. 이런 식으로

레이아웃의 중요성을 아는 디자이너가 디자인을 해야만 보여야 할 부분이 잘 강조된다.

색상 선정의 경우 너무 많은 색을 써서 혼란을 초래하는 경우가 많다. 디자인은 말로 설명하기가 참 어려운데 여기 적힌 내용을 몇 번씩 읽어보고 우선 우리 의료 기관의 홈페이지를 평가해 보면 좋겠다.

- 색의 종류를 너무 많이 써서 집중력을 흐리지는 않는지
- 글자의 가독성은 좋은지
- 집중할 내용이 잘 보이는지
- 이미지나 사진 등이 감성적으로 잘 표현되었는지
- 폰트와 아이콘 등은 적절하게 내용과 부합하는지
- 사이트 디자인의 전체적인 통일성은 달성이 되었는지
- 여백이 적절한지 등

이런 내용을 토대로 반드시 우리 사이트를 평가해 보자.

## 시스템은 안정적인가

요새는 거의 대부분이 잘하고 있는 부분이다. 게시판이나 전체적인 사이트의 로딩 속도가 빠른지, 에러가 나고 있지는 않은지 등을 점검하는 것이다. 의외로 네트워크 의료 기관이 이런 사례가 많다. 네트워크 의료 기관의 경우 사이트의 구조가 복잡한 경우가 많은데, 전체 영역 중에서 에러가 생기는 곳을 놓치는 경우가 발생한다. 그래서 지점 사이트

에서 에러가 나서 정보가 제대로 표시되지 않는 경우가 있다. 경쟁 분석을 하다 보면 의외로 많다.

그리고 또 챙겨야 하는 부분인데 독특하게 자신들이 독자 개발한 게시판이나 이런 부분을 사용하는 경우, 다른 곳에 옮겨 가기 어렵게 만들어 놓은 시스템들 중에서 로딩 속도가 느려서 답답함이 생길 수 있다. 이것은 구분을 해야 하는데, 처음에 사이트 용량이 많아서 느린 경우라면, 중복 방문 시 속도가 빨라진다.[11] 그러나 시스템 자체 설계의 문제가 있는 경우, 들어갈 때마다 느리다면 반드시 대처가 필요하다. 속도가 느린 것은 이탈을 부른다.

## 당신 의료 기관의 홈페이지는 어떤 인상을 남기는가

우리 의료 기관 홈페이지는 어떤 인상을 남기는지 봐야 한다. 환자의 치료 결정은 최종 단계에서 홈페이지와 함께 간다. 우리를 모르는 사람에게 어떤 인상을 제공하는지 잘 이해해야 한다. 경쟁자의 사이트와 비교해 보자. 너무 잘 만든 다른 시장의 홈페이지를 모델로 삼으려고 하는 원장들을 가끔 만난다. 결론부터 말하자면 필요 없는 일이다. 우리 경쟁자의 홈페이지에서부터 출발하고 우리는 그들과 다른 어떤 인상을 남기고 싶은지를 먼저 정해야 한다. 당신은 고객에게 어떻게 기억되고자 하는가?

---

11) 웹은 한 번 방문한 사이트의 이미지를 나의 PC에 내려받기 때문에 다음에 들어갈 때는 로딩 속도가 빨라진다.

# 2-3
# 킬러 콘텐츠는 어떻게 설계하는가?

## 의상 대사와 선묘 아가씨 그리고 원죄 없는 잉태

일체유심조(一切唯心造), 화엄경의 핵심을 이르는 이 말은 원효 대사의 해골 물과 함께 널리 알려져 있다. 화엄경의 비로자나불(毘盧遮那佛)을 과학적으로 해석하자면 우주의 원리이다. 우주의 원리는 한 치의 오차도 없이 진행된다. 뉴턴의 만유인력이 오전에는 기능하다가 오후에는 기능하지 않는 일은 일어나지 않는다. 그렇다면 이 만유인력은 누가 행하는 힘인가! 화엄경의 관점으로 비로자나불이 행하는 것이다. 부처라 하여 의인화하였을 뿐 결국 우주의 원리쯤 되겠다. 이러니 결국 화엄경은 현세에 초점이 맞추어진 교리를 가지고 있다는 말도 일리가 있다. 어차피 비로자나불이 있어 모든 것을 관장하는데 무엇 때문에 부처가 될 것인가! 보살로 살아 중생을 구하자는 것이 실제 교리의 핵심이다.

'나무아미타불 관세음보살'이라는 만트라는 원효와 의상이 만든 것이다. 나무아미타불은 원효가 관세음보살은 의상이 만들었으니 아미타 정론을 완성한 원효가 내세를 중시하고, 관세음보살을 정립한 의상이 현세를 중시했다고 하는 사람도 있으나 이것은 반쯤 맞는 것이다. 원효는 당대 모든 불법을 통달하여 통합불교의 이론을 세운 사람이라고 보는 것이 타당하다. 대승불교 최고의 경전인 대승기신론에 소[12]를 붙인 것도 원효이다.

605년 원효와 의상은 당나라 유학길에 오른다. 그러나 도중에 고구려에서 첩자로 오해를 받아서 수십 일 동안 갇혀 있다가 풀려난다. 661년 두 번째로 유학을 시도하는데 원효는 깨달은 바가 있어 귀국을 한다. 어떤 사료에는 귀신을 만나 깨달음을 얻었다고 하고 또 다른 사료에는 해골 물을 마셔 깨달음을 얻었다고 하는데 큰 변화가 생긴 것은 확실하다. 훗날 원효는 마음의 상에서 불법을 찾고 의상은 보편성의 불법을 구하는 것의 출발이 바로 이 시기라고 할 수 있다.

의상은 홀로 다시 당나라로 향한다. 의상은 당나라에 도착하여 처음에 양주 관아에서 머무르게 된다. 양주는 지금의 양저우다. 양주에서 신도의 집에 묵던 날 그 집 딸인 선묘라는 아가씨가 의상에게 반하게 된다. 그 여인은 의상의 단정한 용모와 성품에 반했으나 의상은 흔들림이 없었고 결국 스승과 제자의 연을 맺는다.

의상이 10여 년의 공부를 마치고 신라로 돌아오는 길에 선묘의 집에

12) 《대승기신론소》는 대승기신론에 대한 논문이라고 볼 수 있다. 당시의 《대승기신론소》는 불가의 애독서였다.

들러 인사를 하였으나 선묘가 마침 외출 중이라서 볼 수 없었고, 뒤 늦게 이를 알게 된 선묘가 뒤따라 갔으나 만나지 못하자, 선묘는 바다에 몸을 던졌고 용이 되어 의상을 지키겠다고 하였다.

귀국 후 화엄사상을 전하는 데 진력하던 의상은 문무 대왕의 명으로 절터를 고르고 있었는데 그것이 현재의 부석사이다. 부석사는 한자 華(화)의 모양을 본떠서 지어진 절이다. 멀리서 보면 이 글자의 모양으로 설계되어 있다. 자연과 조화를 이루어서 보는 이들의 감탄을 자아내기에 충분하다. 예전처럼 차가 없는 때를 기준으로 따라 올라가 보자. 좁은 길을 통해서 올라가다가 은행나무숲을 지나 계단을 오르면 넓은 경내로 들어서게 되는데 무량수전에 이르러서는 대단히 아름다운 감상을 즐길 수 있다. 부석사 건립 당시 이 절 터를 오가며 살피고 있던 중 의상을 사교의 무리들이 해코지하려 하자 용이 된 선묘가 바위를 띄워서 그 무리를 물리치게 되고 그 자리에 절이 세워졌다는 전설이 있다. 이것은 이른바 기승전결의 매커니즘이다. 그리고 하나의 스토리라인이 되는 것이다. 그리고 차경(借景)이라는 개념에 이르러서 경치를 빌려 건축을 완성하는 단계로 성숙된다. 건축만 따로 떼어 놓고 생각하는 것이 아니라 환경과 건축을 혼합해 놓은 멋진 방법이다. 부석사의 자연경관은 그 자체로서 아름다운 건축의 완성도를 높여 주게 된다. 여기에 '부석사 지하에는 용이 산다'는 선묘의 스토리가 합해진다면 그야말로 완벽한 킬러 콘텐츠가 완성되는 것이다.

'얼마나 대단한 절이기에' 하는 마음으로 그 시대의 사람들이 절을 찾았을 것이다. 신비로운 이야기는 궁금증을 더 많이 자아낸다. 이것이 입소문의 극치를 말해 주는 것이다. 콘텐츠에 신비로움이 보태졌을 때 인간은 더 깊은 몰입감을 느끼게 된다. 얼마나 신기했던지 영조 27년인 1751년 이중환이 지은 〈택리지〉에는 이 부석사에 있는 부석에 대한 이야기가 나온다. "위 아래 바위 사이에 약간의 틈이 있어 줄을 넣어 당기면 걸림 없이 드나들어 떠 있는 돌임을 알 수 있다."라고 적고 있다.

1858년 2월 25일 프랑스의 루드르 지역에 어떤 여인이 '베르나르트 수리루'라는 소녀 앞에 나타났다. 이 여인이 가리킨 흙탕물 아래를 파고 나니 물이 나왔고 그 물을 마시고 목욕을 하자 더 많은 양의 물이 샘솟기 시작했다. 이 소식을 들은 수많은 군중이 이 물을 마시고 목욕하기 위해 찾아들었다. 베르나르트의 네 번째 물음에서 이 여인은 "나는 원죄 없는 잉태이다."는 답을 주었다. 그 여인이 성모 마리아라는 사실을 알게 된다. 이 모든 사실에 대해 거리를 두고 있던 교회는 1858년 11월 17일에 루드르 조사위원회를 발족하였고 마침내 1860년 1월 18일 지역 교구장의 "동정 마리아께서는 참으로 베네나데르 수비르에게 나타나셨다."는 선언을 통해서 이 사실을 인정하게 된다. 1888년 이 자리에 루드르 대성당이 세워지면서 순례지로서의 입지가 다져지게 된다. 이 교회는 파티마와 더불어 성모의 성소로서 자격이 부여되고 수많은 사람들이 이곳을 찾아오게 된다. 성모 발현 이후 루드르에서 치유되었다는 사례는 무려 7천여 건이나 되지만 루드르 샘물의 기적 치유 심사에서 인정하는 사례는 총 70건(2022. 2. 11. 현재)이다. 이 사례에는 정신적인 원인일 가능성이 있는 질병은 배제되고 오직 육안으로 식별할 수 있고 의학적으로 입증된 기질적 질병의 치유 사례만이 적용된다. 이것으로 대서사를 만들어 내는 모든 연결 고리를 완성하게 된다.

몰입을 만들어 내는 것은 부인하기 어려운 서사를 만들어 낼 때 그 신뢰가 완성된다. 부석사의 완성도 높은 건축이 서사가 되는 것은 선묘 아가씨의 설화이고, 루드르 샘물이 서사가 되는 것은 성모 마리아의 나타나심이다. 이것이 킬러 콘텐츠의 가장 강력한 기반을 만들어 낸다.

## 우리 의료 기관 홈페이지에 서사를 심는 방법

대부분의 의료 기관 홈페이지를 보면 비슷한 내용이 다수를 이룬다. 1권에서도 말한 바와 같이 개원할 때 전단지를 보면 전국의 개원의들이 짠 것이 틀림없다. 모여서 상의를 한 것도 아닌데 어찌 그렇게 동일한지 신기할 정도다. 물론 이것은 홍보물을 만드는 업체가 다른 업체가 한 것을 모방하는 과정에서 비롯된 것이다. 익숙한 것이 낯섦을 만들지 않기는 하지만 그 범주 안에서 창조적이어야 한다. 사람들이 실증을 잘 내기 때문이다. 새로운 것을 해야 하는데 그것이 또 전체적인 룰을 깨 버리거나 너무 생소하면 이탈해 버리게 된다. 그래서 혁신은 한 발 앞에 있는 것이다.

환자는 어떤 의료 기관을 선택할까? 내가 소비자라면, 어떤 곳을 선택할지 스스로에게 물어보자. 답은 간단하다. 맛집으로 생각을 해 보자. 예를 들어 60년 전통이라는 문구를 달고 있는 맛집이 있다. 이것은 히스토리 프레임을 심는 것이다. 3대째 혹은 4대째 하고 있다는 말은 역사성의 프레임을 씌운 단어이다. 다음 내용을 참고하자.

'3m 정수 필터로 99.99% 박테리아를 제거한 정수물만 사용합니다. 파주에서 재배한 작두콩으로 3년간 발효한 간장과 6개월 발효한 간장 두 종류를 브랜딩하여 사용합니다. 신안에서 생산된 천일염으로 함초 성분이 첨가되어 미네랄 성분이 충분합니다. 서산 간척지에서 재배하며 아밀라제 함량이 12.5% 낮아 찰지고 부드럽고 유기질과 무기질이 풍부합니다.' 경기도 광주 오포에 있는 '이음만두'의 스토리다. 이곳은 만두 전문점인데 만두가 아니라 '규아'라는 이름으로 부르고 있다. 옛날 궁중에서는 만두를 '규아'라고 불렀다. 이쯤 되면 임금님이 드시던 만두를 재현했다는 서사가 완성된다. 물론 맛이 있다는 것은 말할 필요도 없다. 그럴싸하기만 한 것은 금방 실패한다. 맛도 있는데 서사가 있는 음식점이어야 하고 치료 실력이 있는데 서사가 있는 의료 기관이어야 의미가 있다.

당신은 의료 기관을 왜 시작했는가? 나의 병원은, 한의원은, 치과는 환자에게 무엇을 남기기를 원하는가? 이런 철학적인 물음에 답해야 한다. 나는 원장들에게 책 쓰기 수업을 진행한다. 이때 내가 하는 질문이 이것이다. 내가 수익을 위해서 노력하는 것은 Input이고 내가 세상에 돌려줘야 하는 것이 Output이다. 무엇을 받고 무엇을 줄 것인가 이 해답을 찾는 과정에서 결국 나의 서사가 완성되는 것이다.

나는 왜 의료인이 되었고 어떤 것을 위해서 진료를 하는지 홈페이지에 남기는 것이 중요하다. 없다면 정하면 된다. 세상 잘못된 말이 꿈을 찾으라는 말이다. 꿈은 찾는 것이 아니라 정하는 것이다. 꿈을 찾으라는 잘못된 개념 때문에 수많은 사람이 헤매고 있는 것이다. 내가 정해야 할 것을 자꾸 밖에서 찾게 되니까 신기루가 되는 것이다. 밖에서 찾으려고 하는 것은 책임 회피이기도 하다. 저절로 되기를 바라는 이기심이다.

이것은 진료와 치료에 있어서도 중요하다. 내가 하는 진료와 치료는 과연 무엇이 다른가 하는 부분을 잘 생각해야 한다.

"우리 의료 기관의 차별화가 뭐죠?"

이 질문에 원장들은 적잖이 당혹해한다.

"글쎄요~"

없다면 생각해 보고 만들어야 한다. '궁극의 궁극의'[13] 질문에 도달하지 않고 완성되는 것은 없다. 명품의 완성이 디테일이듯이 서사의 완성도 디테일이다.

진료와 치료에 대한 설명은 논리적으로 연결 고리가 정확해야 한다. 새로운 개념이나 치료 방법 혹은 타 진료 분야의 이론 등도 고려의 대상이 될 수 있다. 우리는 인터뷰를 진행하는 동안 이런 질문을 던지고 고민하게 만든다. 그래서 전환점을 만드는 계기로 삼고자 하는 것이다. 인생이라는 대전환의 고리가 연결되고 완성되지 않으면 논리적인 서사가 완결성을 갖는 것은 불가능하기 때문이다.

어렸을 적에는 모르고 시작했겠지만 진료를 하다 보면 보람을 느낄 때가 많다. 그럴 때의 느낌을 잘 살려야 한다. 내가 언제 보람을 느끼고 언제 행복한지 그리고 내가 진료와 치료에서 유독 집착하는 부분이 무엇인지를 콘텐츠에 잘 녹여내는 것이 중요하다.

---

13) 오타가 아니다. 강조이다.

그리고 전술한 바와 같이 진료 일기를 쓰는 것은 매우 중요하다. 매일 쓰는 것은 힘들고 적어도 일주일이나 2주 그것도 어렵다면 정기적인 주기를 만들어서 진료 일기를 쓰는 것이 중요하다. 글은 나를 드러내는 것이고 내 생각을 알리는 강력한 수단이다. 칼럼을 말하는 것이 아니다. 칼럼은 서사가 아니다. 서론, 전개, 전환, 결론의 구조가 아니라 본론만이 남겨진 싹둑 잘려진 글이기 때문에 너무나 건조해서 글쓴이의 감성을 알기가 어렵다. 어떤 감성을 가진 사람인지 알 수가 없는 글이 아니라 한 사람의 감성과 인성을 알 수 있는 글이 필요하다.

## 우리 의료 기관의 상상력

〈오징어 게임〉과 〈지옥〉 등 수많은 한국 드라마가 전 세계를 흔들고 있다. 불과 몇 년 전만 해도 상상할 수 없는 것이었다. 그런데 왜 한국의 콘텐츠가 이만큼 강력해진 것일까? 그건 바로 상상력의 한계를 넘어선 덕분이다. 일본의 수많은 애니메이션이 전 세계를 휩쓸 때 그 작가들은 전공투[14]의 세대였다. 이 사람들이 작가가 되었던 시기에 문화적인 상상력이 발동한 것이다. 권력을 엎을 수 있다는 것은 리미트가 없다는 것이다.

우리나라는 대통령을 무력 없이 탄핵한 나라가 되었다. 이것은 상상력을 자극하는 계기가 되었음을 인정해야 한다.[15] 현재 유럽의 상상력은 한계가 있다. 너무 오랜 민주주의 문화는 이기주의와 개인주의로 발전해 왔다. 이미 유럽은 민주주의의 정점에 있다. 그러나 직접 민주주의

14) 1960년대 후반 일본의 학생운동 세력.

15) 필자는 공산주의나 무정부주의를 반대한다. 다만 현실을 설명한 것뿐이다. 그것도 아주 자본주의적으로 말이다.

실현을 목도한 사람들은 너무 나이가 들고 젊은 세대들은 기존의 체계를 그대로 받아들였다. 더 이상의 상상력이 생기지 않는 것이다. 〈지옥〉의 경우 유럽의 일간지 등을 보면 충격 그 자체로 표현하고 있다. 〈오징어게임〉은 재미가 있었지만 〈지옥〉은 강력한 철학적인 질문을 당한 공습으로 표현하고 있다. 그런 철학적인 질문은 유럽이 세계에 던지는 것이라고 생각했던 사람들의 뒤통수를 강타한 것이다.

고정화된 시각으로 새로운 것을 만들 수는 없다. 우리 의료 기관의 상상력을 자극할 수 있는 다양한 이벤트를 어떻게 만들어 낼 것인가! 나는 그것을 위해서 어떤 시도를 할 것인가! 하는 질문이 필요하다. 나는 어떤 것에 헌신할 것인가! 하는 강력한 질문이 우리를 일깨울 수 있다. 매출이 그냥 발생하는 것이 아니다. 광고와 마케팅 혹은 영업력이 있어서 성공하던 시대가 지나가고 있다. 남들이 하는 것만 해서는 성공할 수 없다. 이 새로운 질문에 답을 해 보면 좋겠다. '당신 의료 기관의 서사는 무엇인가?' '그 서사는 충분히 매력적인가?'

# 2-4
# 환자 중심 콘텐츠를 만들어 내는 실패

## 엘런 머스크

1995년 엘론 머스크는 자신의 형제인 킴벌 머스크와 함께 인터넷으로 지역의 신문과 소비자를 직접 연결하는 서비스를 개발 공급하는 회사를 만들게 된다. 엔젤 투자자로부터 6,000달러의 투자를 받아 시작한 이 회사는 1996년 첫 번째 시리즈에서 성공적이게도 3백만 달러의 투자를 받게 된다. 신문에 온라인 도시 가이드와 소프트웨어를 제공하는 회사였는데, 1998년까지 약 160개의 신문과 제휴하여 지역 또는 전체 도시에 대한 가이드를 개발하였다. 이 중에는 〈뉴욕타임즈〉, 〈나이트 라이더〉, 허스트 커퍼레이션과 같은 큰 언론사와 기업들이 포함되어 있었다. 1992년 2월 컴팩컴퓨터는 이 ZIP2라는 회사를 인수하면서 3억 500만 달러를 지불하였고, 엘런 머스크는 27살의 나이에 220억 원을 가진 부자가 된다.

1999년 엘런 머스크는 자신이 새로 세운 회사 X.Com[16]으로 Confinity[17]이라는 회사를 인수하여 그 유명한 PayPal이라는 서비스를 런칭한다. 2002년 10월 이 서비스는 이베이에 15억 달러에 인수가 된다. 이 PayPal의 초창기 팀원들은 모두 들어 보면 알 만한 사람들이다. 피터 틸은 '팔란티어 테크놀로지스'를 엘런 머스크는 '테슬라', '스페이스X'를 리드 호프만은 '링크드인'을 스티브 첸과 채드 헐리는 '유튜브'를 맥스 레브친은 '슬라이드', '어펌'을 제러미 스토플먼은 '엘프'를 창업했다. 이들이 실리콘 벨리 스타트업에 미친 영향 때문에 나중에 'PayPal 마피아'로 불리게 된다.

2002년 스페이스X를 창업하면서 러시아의 우주선을 빌려서 발사하려고 했던 시도는 어렵게 된다. 러시아가 너무 비싼 가격을 부른 것이다. 돌아오는 비행기에서 원가 계산을 마친 엘런 머스크는 우주선을 직접 개발하기로 결정한다. 2006년 스페이스X의 우주선 팔콘 1호가 시험비행을 했으나 발사와 함께 연료 누출로 인해서 불타고 말았다. 두 번째, 세 번째 비행도 모두 실패로 돌아갔다. 한 번 비행에 천억 원 가까이 들어가는데 세 번이나 실패하였고 2008년 국제 금융 위기를 맞으면서 스테이스X는 도산의 위기에 처한다. 그러나 네 번째 비행에 기적적으로 성공하며 위기를 넘겼다. 나사가 1조 6천억 원 상당의 로켓 발사 계약을 체결하자고 한 것이다. 그리고 2022년 5월 16일 현재 스페이스X가 보유하고 있는 궤도 발사체 수직 이착륙 기술은 나사, 러시아 연방 우주국, 중국 국가항천국 어디도 보유하지 못하고 있는 기술이다.

---

16) 엘런 머스크가 Zip2를 매각하고 세운 회사.
17) 1998년 12월 맥스 레프친, 피터 틸, 루크 노셀, 켄 하우리가 세운 회사.

'스페이스X'는 현재 연 100억 달러가 넘는 흑자를 내고 있다. '스페이스X'는 42,000개의 위성을 발사해 전 세계에 위성인터넷을 보급하기 위한 사업을 진행하고 있으며 2021년 현재까지 인류가 발사한 모든 인공위성보다 4배 많다.

## 혁신은 실패를 바라보는 관점에서 출발한다

고작 740만 원 남짓 되는 돈으로 사업을 시작했고 그 마저도 자신의 돈이 아닌 엔젤로부터 받은 돈이다. 무엇이 이 작은 출발을 혁신의 아이콘으로 만들었을까? '스페이스X'는 화성으로 인류를 보내겠다는 야심찬 계획을 세우고 있다. 우주 비행에 대한 거의 대부분 메커니즘에 엄청난 변화를 만들어 내는 혁신을 완성해 가고 있다. '테슬라'는 또 어떤가. '기술의 닛산'이 만든 '리프' 전기 자동차의 처참한 실패를 통해서 아직 전기 자동차가 가야 할 길이 너무 멀다고 생각하던 자동차 산업을 전기차로 초토화시키고 있다. 2020년 타이칸과 루시드 에어를 겨냥해 발표된 '모델S PLAID'의 성능은 아주 놀랍다. 100km/h 도달까지 2.1초이고, 1회 충전 가능거리는 840km이다. 그야말로 내연차 브랜드가 내놓은 모든 전기차는 물론이고 부가티베이론 같은 수퍼카도 찜 쪄 먹기 충분하다. 테슬라의 자율 주행 기능 역시 가장 앞서 있다. 시장을 파괴하고 있는 것이다.

테슬라와 스페이스X는 2000년대 10년간 비웃음과 조롱의 대상이었다. 테슬라는 완성차의 기술을 능가하지 못할 것이고 효용가치가 떨어질 것이라고 했다. 그리고 자율 주행 역시 상용화되려면 30년은 족히 걸린다는 평이 많았다. 그러나 지금은 모든 제조사가 전기차 시장을 향해 R&D 총력전을 벌이고 있다. 시장이 테슬라 위주로 재편될 것이라는 것에 이의가 있는 전문가는 없다. 전기차를 타 본 사람이라면 내연차에 비해서 확연하게 앞서 있는 동력 성능을 보고 깜짝 놀란다. 그리고 정숙성은 비교 대상이 되지 못한다. 아직 불편한 점을 많이 가지고 있지만 내연차 시장을 파괴해 가고 있는 것만은 분명하다. 벤츠와 비엠더블유가 현재 출시하는 전기차는 3년이 지나기 전에 조롱거리가 될 것이다.

이런 혁신을 만들어 낸 원동력은 어디에 있을까? 실패를 두려워하지 않는 사고이다. 엘런 머스크는 시제품의 실패는 다음 시제품으로 보완하면 된다고 사고한다. 실패로 인해서 두려울 필요가 없으니 마음껏 시도하는 풍토를 만들 수 있다. 1998년 한 성형외과 전문의가 환자와 마주 앉아서 양악수술에 대해서 설명을 하는데, "내가 이 수술을 처음 하는 겁니다. 그런데 수술은 이렇게 하면 되는데요. 처음 하는 거니까 10% 깎아 주겠습니다. 나를 믿고 해 볼 건가요?" 독일의 한 의사가 전 세계 최초의 수술을 하고 나서 발표한 영상을 수백 번 보면서 시뮬레이션한 후 환자에게 물어본 것이다. 환자는 수락을 했고 우리나라 최초의 양악 수술은 이렇게 시술됐다. 실패에 대한 두려움을 극복하지 못했다면 불가능했을 일이다.

우리는 고객과 항상 새로운 시도에 대해서 논의한다. 지난 코비드19 기간은 홈페이지를 통한 새로운 시도들이 매우 많았다. 한 고객 의료 기관의 홈페이지가 오래되어서 새로운 개발을 권유했고 우리는 분석을 진행했다. 키워드 분석을 해 보니 유입 키워드의 대부분이 질환명이 아니라 여성병원이나 여성한의원이었다. 이 의료 기관의 직원들과 팀을 꾸려서 여러 경쟁 의료 기관을 모니터링하였다. 그 결과 우리의 결론은 홈페이지 메뉴에서 질환명을 최소화하고 의료 기관이 추구하는 정신을 강조하자는 결론에 도달했다. 6개월에 걸친 프로젝트 결과는 실망스러웠다. 우리는 초진 20% 이상이 늘어나는 것을 목표로 잡았다. 그러나 결과는 초진 30% 감소로 나타났다. 홈페이지를 완성하고 나면 항상 '나보다 더 내 마음을 잘 안다' '누가 만들어도 이렇게는 못할 것 같다'는 말만 들어 왔던 터라서 매우 당혹스러웠다.

기존의 홈페이지로 다시 돌리고 나니 초진은 원점으로 돌아왔다. 결국 이것은 질환명을 최소 노출한 결과라고 평가했다. 우리는 전략을 다시 세웠다. 질환명을 서브 메뉴에 노출하되 콘텐츠의 내용을 좀 더 쉽고 진료 히스토리의 관점 즉 진료 원장의 노하우에 스며들도록 설계하는 것에 초점을 맞추고 제작을 다시 진행하였다. 추가 6개월의 시간이 지나고서야 완성된 홈페이지는 제대로 된 성능을 발휘했다. 초진은 25% 증가하였다.

홈페이지에서 중요한 것은 시각의 동선이다. 시각의 동선 구조 안에서 어떻게 흐름을 조직하느냐는 매우 중요하다. 모든 것을 잘 설계해 놓고도 접촉 키워드를 너무 일률적으로 계산해서 질환명보다 전체적인 여성질환과 진료 노하우를 설명하는 것에 초점을 맞추다 보니 실패한 것이다. 키워드의 구조를 좀 더 섬세하게 보지 못한 패착이다. 그러나 결과적으로 전체적인 구조를 여러 번 다시 점검하면서 애초 목표보다 5% 더 많은 초진을 달성하게 되었다. 콘텐츠 역시도 빈틈 없이 최적화되었다.

이렇게 큰 사고의 경우는 극히 드물지만 프로젝트를 진행하고 나면 우리는 따로 평가와 측정의 시간을 갖는다. 매번 프로젝트를 진행하고 나서는 아쉬운 것이 많이 남는다. 한 프로젝트를 끝내고 나면 항상 그것으로부터 성장하게 되는데 하나의 프로젝트만 끝나도 그 이전의 프로젝트 산출물은 모두 과거의 것이 된다. 그렇기 때문에 늘 아쉬움이 남을 수밖에 없다. 우리는 프로젝트마다 우수한 디자이너와 개발자를 따로 고용하거나, 디자인 개발 회사와 계약을 맺고 진행하게 되는데 최근 우리는 프로세스를 변경하였다.

기존 : 디자인 완성 〉 호원앤컴퍼니 수정 요청 〉 광고주 수정 요청
변화 : 디자인 완성 〉 호원앤컴퍼니 + 광고주 수정 요청 + 디자인 컨설팅

이렇게 변경함으로 인해 여러 효과가 나타나기 시작했다.

① 디자인이 변해 가는 과정을 체험함으로 어떤 부분에 초점을 맞추어야 하는지를 상호 간에 양해하게 되었다.
② 의료 기관이 개발과정에 더 많은 참여를 하면서 홈페이지에 대한 애정이 더 많이 생겼다.
③ 디자인의 완성도가 더 올라갔다.
④ 개발 기간이 줄어들었다.

우리는 모든 직원이 홈페이지 디자인에 대한 코멘트를 하고 그것을 수정, 반영한다. 디자인과 관련된 업무를 하는 사람이 아니라도 마찬가지다. 모든 사람은 일을 하는 실무자임과 동시에 누구나 환자가 될 수 있기 때문이다. 우리는 디자인에서 '선이 어떤 방향으로 내려와야 원하는 느낌이 나는지' '선과 박스가 많게 되면 어떤 느낌이 연출이 되는지' 등 디자이너를 괴롭히기도 해서 많은 회사들이 우리와 일하는 것을 힘들어한다. 그렇지만 또 새로운 디자이너와 가이드 컨설팅 계약을 맺고 새로운 시각을 받아들이기 위해서 노력한다. 프리랜서 디자이너 중에서 실력이 특급인 사람들이 있다. 이 사람들에게 프로젝트를 맡기면 홈페이지 만드는 데 1억 원도 들어간다. 그러니 합리적인 가격에 조언을 듣는 것이다. 이런 디자이너의 시각을 계속 빌려서 우리는 자산으로 만들어 가고 광고주 콘텐츠의 질을 높이는 재미도 쏠쏠하다. 도랑치고 가재 잡는 것이 이것이다.

## 우리의 수많은 실패와 함께하는 의료 기관들

우리는 고객과 한 번을 만나도 신선한 말을 해 주고 새로운 시각을 전달하기 위해서 애쓴다. 우리의 임무는 기존의 것을 파괴하는 것에 있다고 믿는다. 각 시장이 서로 다르지만 서로 연결되어 있기도 하다. 하나의 프로젝트를 통해서 얻게 되는 홈페이지 디자인 개발의 노하우와 광고 인사이트는 아무리 시장이 달라도 새로운 관점을 만들어 주게 된다. 새로운 아이템이 발견되거나 집중해야 하는 광고 측면이 나타나기도 한다. 그리고 그것은 또한 수많은 실패 속에서 완성이 되어 간다. 대행사들은 고객이 떠날 위험을 감수하려고 하지 않는다. 그러나 그러다 보면 새로운 시도라는 것을 할 수가 없다. 그래서 우리 고객의 반은 그간의 신뢰를 통해서 실패를 용인하는 문화가 상호 간에 정립된 관계를 형성하고 있다.

그리고 우리는 상담과 경영에 대한 컨설팅과 교육을 함께하는 조직이다 보니 의료 기관의 직원들과도 협업을 하는 경우가 많다. 팀으로서 일하게 되는 경우도 자주 생긴다. 이렇다 보니 서로 얼굴을 알고 협업해 나가는 구조로 실패를 두려워하지 않는 조직으로 체화되어 가고 있다.

# 2-5
# 홈페이지 제대로 관리하는 것은 어떤 것인가!

## memorable[18] 홈페이지

홈페이지는 의료 기관 운영에 있어서 얼마나 중요할까? 무조건 경쟁자보다 나은 디자인이어야 하는 전제가 필수다.

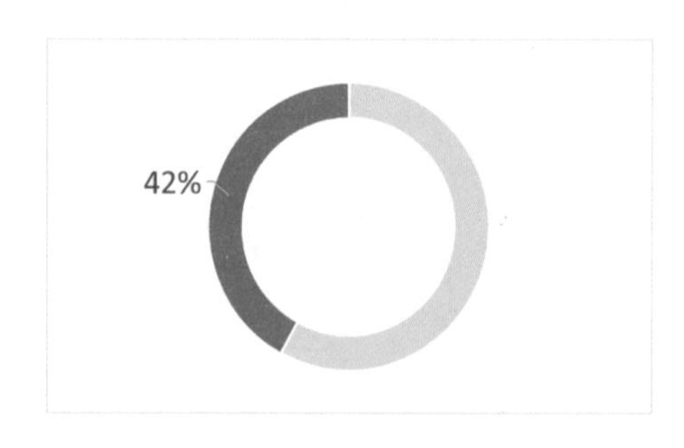


〈그림 5. 오로지 전체적인 디자인만으로 웹사이트를 평가하는 소비자 비율. 출처 - KISSmetrics〉

---

18) Memorable(미국 영국[memərəbl])
형용사: 기억할 만한(=unforgettable)
a truly memorable occasion - 진정으로 기억할 만한 행사. 출처 - 네이버 사전.

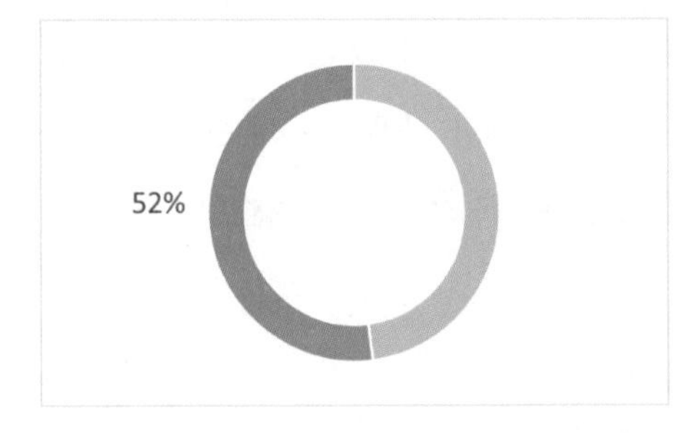


〈그림 6. 전체적인 디자인 때문에 웹사이트를 다시 찾지 않는 소비자 비율. 출처 - KISSmetrics〉

그림 5와 6의 내용을 보면 그야말로 충격적이다. 제품 디자인의 경우는 더 흔한 일이다. 2021년 제조기업 디자인 인력지원 사업을 통해 선정된 코맥스라는 회사는 치과용 집진기를 개발하는 회사이다. 무게를 줄이고 소비자 편의성에 맞는 디자인으로 변화한 결과 2년 만에 매출이 2배가 되었고 수출액도 2배가 증가했다. 에버넷의 경우 디지털 도어록을 개발하는 회사이다. SSSAK라는 디지털 도어록을 출시하였는데 이 제품은 지문인식, 스마트폰연동, 손잡이 디자인 편리성과 혁신, 설치의 편리함 등이 장점이다. 그중에서 디자인은 기존의 도어록에서 볼 수 없는 디자인 구조이다. 제품 출시 5개월 만에 국내 매출이 2배가 되었고 수출액은 6배가 성장하였다. 이외에도 디자인으로 매출이 변화된 경우는 무수히 많다. 모든 디자인 변화의 결과가 이렇게 2배는 아닐지 몰라도 디자인은 혁신적인 구조 개혁을 만들어 내는 데 큰 기여를 한다.

일본의 과자 제조사 Calbee의 경우 AI의 기술을 도입하여 제품의 패키지 포장 디자인에 대한 분석을 진행하였고 내용물은 동일하지만 제품의 패키지 디자인 변경만으로 30% 이상 매출 증대가 된 사례가 많아서 지금은 제품의 디자인을 실시간으로 정보 수집하여 디자인 변경 주기가 훨씬 짧아졌고 매출이 점점 증가하고 있다고 '닛케이 트랜드'가 보고한 바 있다. 이외에도 디자인과 매출에 대한 사례는 넘쳐 난다. 그러나 의료 기관의 경우 홈페이지 디자인을 중시하기보다는 '진료만 잘하면 되지'라는 마인드이다. 전술하였듯이 아직 오지 않은 고객은 진료를 잘하는지 못하는지 알지 못한다. 정작 오기 전에 알 수 있는 것은 오로지 홈페이지의 디자인과 콘텐츠 그리고 후기밖에 없다.

그렇다면 의료 기관 홈페이지의 콘텐츠는 어떻게 정의할 수 있을까? 본연의 기능으로 보자면 진료 정보와 질환 정보가 제일 우선이라고 할 수 있다. 그래서 의료 기관의 홈페이지를 보면 아주 기본적인 내용만 신경을 쓰고 나머지는 대충 올려놓은 경우를 많이 보게 된다. 고객이 선택을 위해서 소비하는 시간은 적은데 그 짧은 시간 안에 어떤 인상을 제공하느냐는 무척 중요하다. 그런데도 발전이 없는 홈페이지를 남 따라 만들어 놓고 고객이 찾아오기를 기다리고 있다. B to B를 하는 회사는 그래도 된다. 그러나 말단 소비자를 대상으로 하는 경우는 핸디캡을 쌓아가는 작업이 될 뿐이다.

## 콘텐츠 이렇게 하자 - 기본적인 것은 되었다고 간주

아주 기본적인 것은 논외로 한다. 원장의 프로필이나 병원 소개 등 이런 부분은 너무 많이 말해서 신물이 날 지경이니까 그런 부분은 제외하자. 잘했다고 가정하겠다.

우선 영상부터 말해 보자. 지금도 계속 영상의 중요성은 날로 강화되고 있다. 이 부분은 정보를 취득하는 방법이 영상으로 바뀐 것이다. 그러나 이렇게 간단한 문제가 아니다. 과거에도 TV가 있고 비디오도 있었다. 지금의 이런 변화를 추동한 것은 스마트폰 때문에 휴대성이 확보되었고 영상을 소비 하는 주체가 가정 단위에서 개인 단위로 변화되었다는 사실이다. 과거에는 TV의 주도권을 쥐기 위해 가족들이 서로 다투기도 하였으나 지금은 TV보다 스마트폰이나 탭으로 유튜브를 더 많이 보는 시대다.

영상이 중요한 것은 알았으니까 시도를 해 본다. 한 석 달은 열심히 한다. 근데 별로 유입 수가 오르지 않으면 이내 실망해서 포기하는 경우가 많다. 어차피 연예인 할 것도 아니고 인플루언서가 되려는 것은 더욱 아니다. 그렇다면 수치보다 더 중요한 것을 생각해야 한다. 숫자는 적을지 몰라도 우리 홈페이지에 접속한 사람이 원장 말하는 영상을 보았다는 것이 중요하다. 이제 영상을 통해서 어떤 원장이 나를 진료하는 것인지 공감각적으로 전달할 수 있는 길이 열렸다. 근데 왜 이런 기회를 놓치고 있는 것인지 모르겠다. 유튜브가 없던 과거에는 영상 관련 서버에 영상 올리고 환자들이 볼 경우 트래픽 단위로 비용을 지불했다. 지금은 간단한 일이 과거에는 수천만 원이 들어가는 작업이었다. 그러니 숫자에 연연하지 말고 무조건 영상을 올리자. 우선 10개 정도는 내가 하고 싶은 이야기나 고객이 자주 물어보는 것을 올리고 적어도 한 달에 하나 정도는 꾸준하게 올리는 것이 좋겠다. 이렇게 꾸준한 작업이 숫자를 늘리는 중요한 요소이다. (숫자를 조금이라도 늘리기 위해서는 적어도 한 달에 4개의 영상은 필요하다. 적어도.)

한국인이 가장 많이 찾는 사이트 50개를 분류해 보면, 검색엔진&뉴스 10개, 소셜네트워크 10개, 성인사이트 5개, 그다음이 커뮤니티 5개이다. 일베, 디시인사이드, 핀터레스트닷컴 같은 경우가 삼성전자보다 더 많은 사람이 찾는 사이트이다(2022년 2월 1일 기준).

조금 더 세분화된 시장으로 들어가면 그 경향은 더 두드러진다. 오디오 시장만 하더라도 네이버 카페의 '두근두근오디오'나 '와싸다 닷컴'의 게시판 같은 경우 반나절에 200개 게시물은 기본이다. 사람들이 의견을 나눌 수 있는 공간을 제시하는 것은 무엇보다 중요한데 결국 시장이라는 것은 사람이 모이지 않으면 형성될 수 없는 것이기 때문에 우선 사람부터 모으는 것이 중요하다. 요새는 웹사이트 기본 모듈이 잘 설계되어 있고 정보의 가치에 따라서 꼭 네이버나 다음이 아니라고 하더라도 기능들이 잘되어 있다. 이렇게 커뮤니티가 잘 설계되어서 먹고사는 기업이나 의료 기관도 많다.

이런 커뮤니티를 잘 만들어 가기 위해서는 커뮤니티 지기가 무엇보다 중요하다. 적당히 직원을 시켜서 하는 것은 불가능하다. 우리 회사도 이렇게 커뮤니티를 활성화해서 운영하는 질환 시장이 있는데 이런 경우 주부 재택 사원을 쓴다. 해당 분야에 살짝 미친 듯한 몰입을 가진 사람이 필요하다.

앞서 말한 것과 같이 중언, 삼언 등이 되는데 원장이나 수간호사 혹은 가장 오래된 직원의 진료 일기나 병원 일기 등을 남기는 것도 아주 중요하다. 일기는 진료하면서 만나기 싫은 고객이나 정말 좋았던 고객, 완치가 되거나 관해(寬解)가 된 환자에 대한 스토리를 적는 것도 좋다. 진료를 하면서 생기는 소회 등을 올리는 것도 좋다. 요새 미디어의 동향을 보면 더 분명해진다. 과거에는 무대 위의 이야기가 궁금했으나 지금 현상은 무대 뒤의 이야기가 더 인기가 있다. 유튜브만 보더라도 대형 게를 해체하는 영상이나 작업장에서 일하는 영상 등의 조회 수가 100만이 넘는 경우도 많다. 이제 사람들은 꾸며진 것을 넘어서 날것에 대한 갈증이 생긴 것이다. 그래서 의료진 등이 어떻게 생각하는지 등도 궁금해진 것이다.

간혹 키워드가 쏠리는 경향을 보이는 경우도 있다. 급작스러운 키워드 변화로 인해서 엄청난 조회 수를 만들어 내는 경우 페이지를 기획하고 디자인하고 개발하고 있을 시간이 없다. 이런 경우 홈페이지에 블로그처럼 간단하게 원장과 마케터가 협업하여 해당 내용에 대한 글을 올리고 이것을 키워드 광고나 파워콘텐츠에 붙이는 것도 좋다. 이렇게 하면 기동성 있는 콘텐츠 운영이 가능하다.

## 지금의 정보라는 것은 무엇인가

과거의 정보는 다소 딱딱하고 정적이거나 고정된 것들이었다. 이제는 동적이고 산뜻하고 기동성이 있는 것들, 그리고 날것의 정보 등이 더 신선함을 제공하고 있다. 우리가 병원 내부에서는 어떻게 대화를 하는지 어떤 고민을 하는지 그리고 어떻게 노는지 등도 도움이 된다.

어떻게 달라 보일 것인가, 어떻게 사람 냄새가 더 많이 나게 할 것인가, 어떻게 더 정감 있는 모습을 보여 줄 것인가 하는 것이 관건이 된 사회에 우리는 살고 있다.

# 2-6
# 환자를 유혹하는 글쓰기

## 명상과 음악 그리고 전기

필자는 명상(Meditation), MBL(Mind Bending Language), NLP(Neuro-Linguistic Programming) 등 여러 공부를 하고 있다. 이 분류 안에 들어가지 않는 심리 프로그램들도 여럿 있다. 처음에는 개인적인 행복 추구가 목표였다. 성장기에 겪었던 불행과 트라우마 그리고 일을 하면서 생기는 스트레스를 조절하는 것에서 큰 효과를 보았다. 몇 년이 지나고 나니 이것은 마음의 평화를 넘어서 성장으로 초점이 바뀌었다. 어디까지 성장할 수 있느냐 하는 것이 목표로 변화되었다. 인간의 가능성은 끝이 없다.

인도의 O&O Academy[19]는 명상 분야에 있어서 많이 알려진 곳이다. NLP 대가로 이름이 높은 토니 로빈슨[20]이 극찬한 명상 학교이기도 하다. 필자는 한때 이 학교의 한국 트레이너를 했다. 이 학교는 국내에서도 명상 프로그램을 정기적으로 개최한다. 이때 프로그램이 원활하게 진행되도록 도움을 주기도 했다. 전체 진행과 음향 및 음악에 대한 관리 등을 맡아서 했다. 이때부터 명상 음악에 대한 관심이 많아졌다. 명상 자체를 진행하는 기법도 중요하지만, 명상이 원활하게 진행되기 위해서는 음악이 몹시 중요하다.

2007년 필자는 〈세월이 가면〉이라는 노래의 작곡가 '최귀섭'[21] 씨의 일을 돕고 있었다. 최귀섭 씨는 대중 음악의 작곡자로도 알려졌지만 뮤지컬 작곡가로 더 가치 있는 명성을 쌓았다. 필자는 이때 뮤지컬이 잘 진행되도록 홍보 및 프로세스 관리에 대한 도움을 주었다. 이 당시 친분이 생겨서 술자리도 자주 갖게 되었는데 이때 내게 해 주었던 말이 늘 머릿속에 남아 있었다. "눈물이 나게 만드는 것은 스토리보다 배열과 주파수야."

결국 명상이나 이런 방식의 심리 프로그램은 사람의 감정을 어떻게 변화시키는가 하는 것이 매우 중요하다. 고정화된 관점을 변화시키는 것

---

19) 1989년 인도에서 만들어진 명상 단체, 현재는 인도 첸나이 부근에 캠퍼스 6곳이 있다. 이 단체에 대해서는 다양한 견해가 존재한다. 명상의 차원을 높였다는 사람도 있으나 2012년 이후 이 단체의 활동에 대해서 좋지 못한 평가를 내리는 사람도 많아졌다.

20) 본명은 Anthony Robbins이다. 토니는 앤서니가 창조한 가상의 인물쯤 된다. 지금 우리 나라의 현실에 맞게 표현하자면 '부캐' 정도 되겠다. 국내에는 《네 안에 잠든 거인을 깨워라》라는 책으로 명성을 얻었다. 그러나 해외만큼 많이 알려져 있지 않다. 수많은 강연과 이벤트에서 NLP 기법을 활용하여 성공을 해 왔다.

21) 버클리 음대를 졸업했고, 〈사랑은 비를 타고〉와 〈심청〉으로 한국뮤지컬대상 음악상을 2회 수상하기도 했다. 뮤지컬은 영화와 다르게 연출보다 음악 감독의 비중이 더 중요하다.

이 모든 것의 시작이고 끝이다. 이런 과정 속에서 감정의 견고한 저항과 방어를 뚫고 들어가는 것에 음악의 역할이 크다. 그래서 2020년에 최귀섭 씨와 명상 음악을 만드는 일을 함께하였다. 지금까지 17개의 명상 음악을 함께 작업하였고, 이 음악은 명상에 큰 도움을 주고 있다. 이 음악은 필자가 새로 만들고 있는 명상 심리 프로그램과 함께 공개될 것이다.

이 과정에서 또 하나 신경 쓴 것은 어떻게 소리를 더 드라마틱하게 전달하는가 하는 부분이다. 같은 소리라고 하더라도 '어떻게 전달되는가' 하는 부분이 특히 중요하다. 그래서 소리와 주파수에 대한 공부가 시작되었다. 여러 오디오를 테스트하고 공간에 최적화된 소리를 만드는 과정을 공부하면서 정말 신기했던 것은 ① 오디오에 따라서 소리의 질감이 많이 차이가 난다. ② 스피커, 앰프, Dac에 따라서 소리의 품질이 많이 달라진다. ③ 소리는 공간의 배치 및 면적 그리고 그 공간을 채우는 소재의 재질에 따라서 달라진다. 그리고 ④ 전기 질에 따라서도 소리는 완전히 달라질 수 있다는 것이다. 4번은 정말 생각도 못 해 본 것이다. 전기의 질이라니.

접지가 되어 있지 않은 건물에 접지[22]를 하면 오디오의 소리는 하늘과 땅의 차이로 달라진다. 수백만 원짜리 전선이 팔리는 이유가 있는 것이다. 그러나 필자가 더 많이 고민하는 것은 공간과 그 공간에 들어가는 사람의 숫자 그리고 소리의 변형이다. 그리고 그 소리를 전달받은 사람의 감정과 감상이 내가 관심을 갖는 분야이다. 이것이 고도화되면 더 수준 높은 명상 프로그램의 개발로 이어질 것이다. 그리고 이것은 두 가지 분

22) 전기 회로나 전기 기기 따위를 도체로 땅에 연결하는 것을 말한다.

야로 나뉘어서 진행되고 있다. 비즈니스적 개발 분야[23]와 개인의 스트레스 관리 분야이다.

여러 분야를 공부하다 보면 정말 새로운 개념이 정리되는 경우가 많다. 특히 소리와 전기에 대한 관점이 새로 생길 때는 심기함 자체였다. 이렇듯이 세상의 모든 것은 쓸데없는 학문이 없고 가치 없는 것이 없다.

## 인생을 바꾸는 글쓰기

명상과 더불어서 필자의 인생을 크게 바꾼 것은 바로 글쓰기이다. 필자는 중학교 시절부터 글쓰기를 좋아했다. 나름 문학 소년이었고 소설가가 꿈이었다. 1,000자 원고지를 가득 채우는 짧은 소설을 쓰고 야간 자율 학습 시간에 친구들이 돌려보던 생각이 난다. 나에게 영향을 준 작가는 투르게네프, 톨스토이 그리고 로버트 러들럼이다. 로버트 러들럼은 스릴러 첩보 소설의 대가이다. 지금은 〈본 아이덴티티〉로 잘 알려진 영화의 원작이 로버트 러들럼의 〈잃어버린 얼굴〉이다. 원작이 훨씬 재미있다. 난 중학교 시절 동안 소설과 함께했다.

글쓰기의 전기가 달라진 것은 대학교 때였다. 논문을 보는 취미로 인해서 글쓰기 습관이 많이 달라졌다. 그리고 명상을 하면서 글쓰기의 패턴이 다시 달라졌다. 나를 돌아보는 글쓰기로 달라지기 시작했다.

내가 권하고 싶은 글은 하루를 돌아보는 글쓰기이다. 오늘 하루를 어

---

23) 필자는 이 분야를 컨설팅과 교육에 사용하고 있다.

떻게 보냈는지 돌아보는 것이다. 평가가 없는 삶은 성숙할 수 없다. 평가가 없는 하루는 달라질 수 없다. 평가가 없는 업무는 성장할 수 없다. 평가는 무엇보다 중요하다. 그리고 그 평가는 다른 사람에 의한 평가가 아니라 나 스스로에 의한 평가여야 한다. 인간은 정당화에 익숙하기 때문이다. 진료 일기가 되었든 진료 노트가 되었든 자신 나름의 평가를 정리하는 것은 매우 의미 있는 일이다. 이것이 당신의 의료 기관을 달라지게 한다는 것에 내 모든 것을 '올인'한다.

## 이렇게 쓰자

처음에는 어색할 것이다. 그래서 처음에 해야 하는 글쓰기는 아무런 형식도 없고 아무에게도 보여 주지 않을 글쓰기를 해야 한다. 딱 A4지 6장만 준비하자. 하루에 한 장을 앞뒤로 적는 것이다. 내가 쓰고 싶은 것을 적는데 쓰고 싶은 것이 떠오르지 않을 때는 우선 화가 나는 것을 모두 적는다. 그리고 서운했던 일들, 이런 류의 감정에 대한 기억과 떠오르는 모든 단어를 적는다. 이렇게 딱 6일만 해 보자. 그리고 나서 7일째 되는 날 한 장의 종이를 더 준비해서 그간 6일 동안의 경험을 적는다.

다음의 글쓰기는 이야기를 적는 것이다. 내가 진료를 하면서 삶을 살아가면서 생각하는 나의 일상과 직업에 대한 글을 이야기하듯이 적는다. 대상은 한 사람을 정한다. 누군가 한 사람에게 내 이야기를 해 준다는 인상으로 글을 적는다. 처음에는 글의 양이 적을 때도 있고 말이 안 될 수도 있지만 그냥 하자. 이렇게 14일을 반복한다. 양은 정해져 있지 않다. 한 줄일 수도 있다.

다음의 글쓰기는 책을 쓴다는 생각으로 나의 생각을 논문과 에세이의 중간 수준으로 적는다. 논문은 증명을 위한 글이기 때문에 일반 사람들이 읽기에 적당하지 않다. 그리고 에세이는 아주 잘 쓰지 않는다면 아무런 주제 없이 끝날 수도 있기 때문에 중간의 형태를 취하는 것이 적당하다. 이 글에 들어가야 할 부분은 다음과 같다.

① 오늘 하루의 평가
② 오늘 만났던 환자의 진료에 대한 이야기(스토리를 중심으로)
③ 오늘 만났던 환자에 대한 의료적 견해(최대한 쉽게)
④ 간단한 메모 : 더 연구해야 할 부분이나 공부한 내용

여기에 서론, 본론, 결론을 나누는 것은 매우 중요하다. 결국 내가 말하고자 하는 메시지를 어떻게 담느냐 하는 것이 글의 완성이기 때문이다. 결국 글이라는 것은 내가 생각하는 하나의 장면, 즉 내가 바라보는 하나의 관점을 전달하는 것이다. 이것은 극장과 같다. 나의 글을 고객에게 전달되는 하나의 영화와 같다. 사실을 전달하는 것이 아니라. 나의 관점을 전달하는 것이어야 한다. 사실은 어디에나 있다. 지금은 정보가 넘치는 시대이고 환자에게 전달해야 할 것은 단순한 정보가 아니다. 환자에게 전달해야 하는 것은 그 정보를 나의 관점으로는 어떻게 보고 있는지 하는 안경을 전달하는 것이다. 그리고 이렇게 글을 쓰다 보면 생각이 매우 깊이 있게 확장되기 시작한다.

## 차분하게 앉아서

경영을 하는 사람은 차분하게 앉아서 생각할 시간이 필요하다. 의료 기관의 경영이 낙후된 요인이 무엇인가. 바로 경영자가 실무를 해야 하는 현실 때문이다. 경영자는 실무보다 더 중요한 사고와 판단을 하는 사람이어야 한다. 그런데 우리 의료 기관의 현실은 그렇게 되기 어렵다. 물론 아주 큰 의료 기관은 좀 나은 편이지만 그렇다고 완전히 다르지 않다. 이런 현실 속에서 글쓰기는 삶과 일에 새로운 공간을 만들어 준다. 사고하는 절대적인 시간을 부여해 준다. 매일이 어렵다면 일주일에 한 번이라도 시간을 마련해 보자.

우리가 원하는 것은 환자의 순응도를 올리는 것이다. 글이라고 하는 것이 이런 환자의 순응도에 얼마나 상관이 있을까? 생각보다 크게 작용한다는 것을 잊으면 안 된다. 칼럼이 아니다. 내 생각을 더 진솔하게 표현하는 것을 보고 내원하는 환자가 늘어날 것이고, 그런 환자들은 나의 진단과 의견에 순응도가 높다.

챕터 3

# 진료 수락율을 높이는 최면 상담

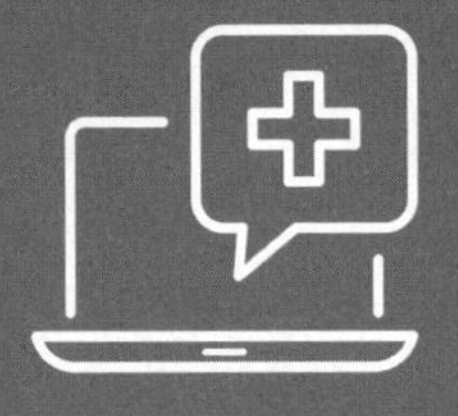

# 3-1 우리가 최면을 배우는 이유

## 만주의 입후보자

필자는 영화를 무척 좋아한다. 많은 배우 중에서 '덴젤 워싱턴'을 아주 좋아한다. 이 배우의 영화 중 〈존큐〉라는 영화가 있다. 심장 질환을 앓고 있는 아들의 수술을 위해서 인질극을 벌이는 아버지에 대한 이야기다. 미국은 의료 보험 제도가 우리와 다르다. 민간 의료 보험 회사가 대부분의 병원을 소유하는 구조라서 병원비가 우리와 다르게 무척 비싸다. 간혹 미국 의료 보험처럼 한국도 민간 의료 보험을 허용해야 한다는 의료인을 만나는데 이건 일부만 알기 때문에 잘못된 이야기를 하는 것이다. 미국은 의사가 소유한 병원이 거의 없다. 대부분은 보험 회사가 소유하고 있다. 직장 의료 보험에서 지정한 병원과 기간이 만료되면 거래를 끊고 나서 재정이 어려워진 병원이 부도가 난 후 매입하는 형태의 폭력적인 방법으로 병원을 인수하여 규모를 키웠다. 사실 우리나라는 이런 방법이 아니라도 해외보다 더 규모를 키우기 유리하다. 하지만 지금 말하고자 하는 것은 이 내용이 아니기 때문에 다음에 다시 설명할 기회가 있을 것이다.

덴젤 워싱턴의 영화 중에서 충격적인 내용의 영화가 있다. 우리말로 하면 '만주의 입후보자'가 되겠다. 〈The Manchurian Candidate〉, 이 영화는 1962년 프랑크 시나트라, 재닛 리,[24] 안젤라 랜스버리[25]가 출연한 영화를 리메이크한 것이다. 매카시즘[26]과 관련된 부분 등이 각색이 되었지만 골자는 비슷하다. 의역하면 '세뇌당한 꼭두각시' 정도로 표현할 수 있다. 영화는 세뇌 및 최면을 거는 다양한 사례들이 소개되면서 1960년대에 이에 대한 관심을 증폭시켰다. '벤 마르코 소령'이라고 부르면 갑자기 최면 상태에 빠져서 최면자의 의도대로 행동하던 장면은 충격을 일으키기에 충분했다.

2019년 3월 19일 '서울대숲'의 페이스북 페이지에 올라온 서울대 학생의 전생 체험은 해당 페이지에 댓들이 1,000개 넘게 달릴 정도로 소소한 반향을 일으켰다. 해당 학생은 자신의 전생에 대해서 체험한 사례를 올렸는데, 1096년 십자군이 헝가리 '셈린'이라는 마을을 파괴한 사건에서 백인 여자였다는 체험을 말했다. 해당 학생은 이 일을 사전에 몰랐고 체험 후에 찾아보니 이런 역사적인 사실을 알게 되었다는 것이다.

---

24) 영화 〈싸이코〉에서 샤워하다가 죽은 여인 배역으로 유명.
25) 1980년대 제시카의 추리극장으로 국내에 많이 알려진 배우.
26) 매카시즘(McCarthyism) : 1950년부터 1954년까지 미국을 휩쓴 공산주의자 색출 열풍을 말한다.

필자도 비슷한 경험을 했다. 2018년 인도 첸나이에 위치한 'O&O Academy'에서 전생 체험과 엄마 배 속에서의 체험을 명상으로 경험하는 과정이었다. 필자는 2009년부터 현재까지 전 세계에서 진행되는 명상 및 심리 프로그램을 계속 체험하고 자격을 쌓아 가고 있다. 이 중에서는 이렇게 신비한 프로그램도 상당히 많은 편이다. 이것이 진짜 전생인지 아닌지는 중요하지 않다. 실제로 이런 프로그램을 통해서 경험해야 하는 것은 그러한 심상이 현재에 어떠한 영향을 미치는지를 확인하고 현재의 삶을 더 나은 방향으로 바꾸기 위한 것이다. 그러나 흥미 위주로 치부되는 국내 프로그램이 많은데 이는 상당히 안타까운 일이다. 호흡과 명상을 통해서 상당히 많은 것들을 변화시킬 수 있는데 예능 아이템처럼 치부되거나 흥밋거리로 전락하는 경우가 많다. 요가의 경우 몸과 마음을 수련하기 위한 프로그램인데 몸에만 초점이 맞추어진 형태로 대중화된 것 역시 반쪽만 체험하는 것이라고 할 수 있다.

최면과 관련된 부분에서 또 다른 흥밋거리가 상당히 많은데 그중에서 대중적인 것은 음식에 대한 것이다. 못 먹던 음식을 잘 먹게 되거나 그 반대가 되기도 한다. 사실 이것은 +- 이론처럼 간단한 것인데 그 이론을 몰라서 신기하게 보일 뿐이고 최면을 이렇게 신기한 상품 정도로 소비하고 있는 것이 안타까울 뿐이다.

## 최면의 실제 가치

우리나라에서 아무나 붙잡고 '내가 최면을 해 줄 테니 파트너가 되어 달라' 하면 아마도 빰 맞기 딱 좋을 것이다. 그러나 미국이나 유럽의 반응은 참 다르다. 우리는 최면을 배우기 위해서 영국이나 미국에서 수업을 많이 받았는데 주로 이런 수업은 호텔에서 열린다. 회의 룸에서 수업을 받고, 호텔 투숙하고 있는 사람들이 로비 등에 있을 때 다가가서 최면을 해 보겠으니 파트너가 되어 달라고 하면 거의 대부분은 흔쾌히 수락을 한다. 아마도 최면에 대한 인식이 우리처럼 흥미가 아니라 치료의 영역이라는 인식이 형성된 덕분이라고 생각한다. 이처럼 최면은 해외에서 치료로서의 가치가 더 크다.

최면은 '현재 의식의 비판적 사고를 우회해서 받아들일 만한 사고 체계를 구축하는 것'이다. 우리의 의식은 Conscious(현재 의식), Subconscious(잠재 의식), Unconscious(무의식)으로 구성되어 있다. 잠재 의식은 Positive Suggestion(긍정)은 잘 받아들이지 않고, Negative Suggestion(부정)은 잘 받아들인다. 그래서 점집에 가서 점을 본다고 할 때, 올여름에 '물조심' 같은 부정적인 말이 더 잘 꽂히는 것이다. Hypnosis(최면)은 바로 현재 의식이 방어하고 있는 기재를 우회하여 잠재 의식으로 들어가기 위한 방법이다. 잠재 의식은 습관, 감정, 게으름, 자기보호보존본능 등이 있다. 이 잠재 의식을 편집하면 자신의 한계를 뛰어넘을 수 있는 기회가 생긴다. 이것이 최면의 실제 가치와 목표이다. 우울증, 무기력함, 자기 부정성들을 해소할 수 있는 다양한 방법의 기법들이 존재한다.

이런 최면의 영역이 상업의 영역으로 들어오게 되면서 '고객의 의사결정에 어떻게 영향을 미칠 것인가' 하는 것이 인지 과학의 영역에서 활발히 연구되기 시작했고 각 영역의 틀에서 다양한 변화 발전을 하게 되었다. 예를 들어 '우리는 왜 마트에 가서 미친 듯이 물건을 담고 있지?'라는 의문을 짚어 보자면, 그것은 광고의 최면 효과 때문이다. 지속적으로 광고에 노출된 소비자들은 마트에 가서 아무런 의심 없이 제품을 쓸어 담고 계산하기에 바쁘다. 광고에서 좋은 제품이라고 말하는 것을 장시간 시청해 왔기 때문에 모든 의심이 사라진 것이다. 우리는 현재 의식이 합리적이고 분석적이라고 믿는다. 그러나 이렇게 상품의 광고를 통해 최면 상태[27]에 들어가면 스스로의 선택이 자신의 합리적인 선택이라는 환상에 빠지게 되는 것이다.

여기에는 반대 측면도 존재한다. 대중 매체의 경우는 고객의 상태를 수용하는 것이 아니다. 무조건 일방적인 방식을 채택하기 때문에 피드백이라는 것이 없다. 그래서 권력적이고 폭력적일 수 있다. 이러한 한계를 극복하는 방법은 대면을 통한 방법으로 극복되는 경향이 있다. 좀 더 쉽게 설명하자면 고객이 항상 옳지는 않다는 것이다. 내가 아주 좋은 치료를 제공하려고 하는데 고객의 선입견이나 트라우마로 인해 저항에 놓인 현재 의식이 거부하면 어떻게 되는가? 고객은 좋은 치료를 통해 건강해질 수 있는 기회를 상실하게 된다. 그래서 우리는 최면 기법을 활용하여 컨설팅과 교육을 통해서 고객 병원의 상담 역량을 올리는 데 기여하고 있다.

---

27) 더 효과적인 최면은 가수면 상태에서 벌어지는 것이 아니라 깨어 있는 의식 활동 상태에서 벌어지는 것이다.

## 윤리성을 담보해야 한다

필자나 우리 컨설턴트들이 항상 교육하거나 컨설팅할 때 강조하는 것이 있다. 바로 윤리성이다. 이러한 최면은 상대적으로 매우 강력하다. 고객의 현재 의식을 우회하여 잠재 의식으로 들어가는 것이기 때문에 상담의 성공률을 높이는 데 크게 기여한다. 우리 콜 컨설팅의 경우 교육 후 방문율이 2배 넘게 차이 나는 경우가 대부분이다. 그렇기 때문에 매우 중요한 것은 윤리성을 어떻게 담보할 것인가 하는 부분이다. 일반적인 상담 혹은 콜 교육은 효과가 미미하거나 없다. 그리고 우리는 친절 교육 따위는 필요가 없다고 생각한다. 고객은 친절을 원하는 것이 아니라 바른 선택을 했다는 확신을 원한다. 그리고 자신의 감정 풀이를 위해서 진료를 선택하는 사람은 우리 병원의 환자로 받아서는 안 된다. 작은 수익을 위해서 수많은 감정 노동에 희생되어서는 안 된다. 우리는 그런 환자 없이 초진을 채우는 것을 목표로 한다.

윤리성이라는 것은 무엇인가! 바로 우리가 제공하는 진료와 서비스가 최고의 것이라는 실제와 자부심이다. 우리가 제공하는 것이 좋은 것이 아님을 알면서도 기법으로서 환자들을 설득하는 방법은 오래갈 수도 없고 성공해서도 안 된다. 우리는 옳지 않은 일에 기여하고 싶지 않다. 우리의 목표는 우리 고객 의료 기관의 성공을 통해서 세상의 환자들이 더 좋은 진료를 받게 하는 것이다. 진료가 최고임에도 불구하고 매출이나 초진 수가 최선이 아닌 의료 기관이 너무 많다. 아주 좋은 의료 기관을 성공시키는 것이 우리가 의료계와 세상에 기여하는 방식이다.

## 환자들은 어떠한 함정에 빠져 있는가

대부분의 사람들은 자신이 어떠한 함정에 빠져 있는지를 알지 못한다. 소비하는 것이 어떤 가치를 갖는지를 오해하는 경우가 많다. 평생을 살면서 자기 자신에게 제대로 대접해 주지 않는 사람이 너무 많다. 가족을 위해서는 큰돈을 턱턱 쓰면서도 자기 자신을 위해서는 선뜻 작은 돈을 쓰는 것도 쉽지 않은 사람이 너무 많다. 이것은 훈련의 문제이다. 아주 어렸을 적부터 자기 자신에게 돈을 쓰는 연습이 되어 있지 않다. 여기에 오해도 있다. 명품 따위를 사는 것이 자기 자신을 위해 돈을 쓰는 것이 아니다. 그것은 자신의 몸을 위한 것이 아니라 자신의 허영을 위한 소비이다. 필자는 명품을 사는 것을 반대하는 것이 아니다. 자신의 허영에도 적당히 소비를 했다면 자신의 건강을 위해서는 얼마나 제대로 된 투자를 하고 있는지를 바로 알려 주는 것이 상담의 역할이다.

때로 원장과 상담실장 사이에 간극이 있는 것을 발견할 때가 있다. 자신의 삶을 쓸데없는 감정 소모를 통해 저항하면서 소비하는 경우가 많다. '내가 열심히 할 이유가 무엇인가.' 하는 부분이다. 상담실장이 '이런 원장을 위해서 열심히 해야 하나?' 하는 부분이다. 물론 오너와 리더는 매력이 있어야 한다. 나를 위해서 헌신할 수 있는 이유를 내가 스스로 충분히 만들어 줘야 한다. 하지만 직업 윤리라는 것도 존재한다. 나는 돈을 벌기 위해서만 존재하는 사람이 아니다. 내가 사회와 고객에게 기여를 하는 것은 오너만의 책임이 아니다. 우리는 상담하는 사람이 반드시 갖추어야 하는 직업 윤리적 측면을 강조한다. 누구나 '내가 세상을 조금 더 좋게 만들고 있다.'는 의식을 갖기를 바란다. 그러면서 돈도 많이 벌면 효율은 더 높아진다. 그리고 이것이 환자를 어떻게 더 행복하게 만들어 가는지를 이해해야 한다. 우리의 임무는 '환자의 저항을 넘어 어떻게 하면 환자를 더 행복하게 만들 것인가.'이다.

# 3-2
# 환자가 상담만 받고 가는 이유 그리고 트리거

## 공감이 중요한 이유

어떤 소아과 원장에 대한 이야기다. 소아과인데 기능의학을 하는 병원이었다. 환자에게 비타민을 처방했다. 우리나라 기능의학 병원들 중에 유독 소아과가 많다. 이 병원에는 식품영양학을 전공한 상담사가 상주한다. 원장의 진료가 끝이 나면 상담사가 아이의 영양상태와 필요한 영양소 등에 대해서 상세하게 설명하고 비타민을 먹도록 유도한다. 그런데 이 원장은 환자가 상담만 받고 그냥 가는 이유가 무척이나 궁금했다.

"환자가 원장님의 이야기를 이해 못하기 때문입니다."

"아니요. 그럴 리가 없어요. 내가 이야기를 하면 다들 이해했다고 이야기합니다."

"정말 그럴까요? 환자들은 자신이 이해를 못했다고 하는 사실을 말하기 꺼려 하는 경우도 많습니다."

"아니에요. 그럴 리가 없어요."

그래서 설문 조사가 시작되었다. 결과는 필자가 말한 대로다. 미토콘드리아와 인산염에 대한 스토리로 시작하는 원장의 설명을 환자들이 이해를 하지 못한 것이다. 그냥 돌아가는 환자를 붙잡아서 돌아가는 이유를 물었는데 그중에서 67%는 이해를 못했고, 나머지는 불쾌감을 느꼈다는 말이 돌아왔다. 결국 나머지 환자도 이해를 못했을 가능성이 높다. 필자는 친절이 중요한 요소로 작용한다고 판단하지 않는다. 그러나 불쾌감을 주어서는 곤란하다. 불쾌감과 친절함 사이에는 간극이 엄청 넓다.

친절함이 중요하다고 느끼지 않는 이유는 태도 때문이다. 여기서 태도라는 것은 상담사의 태도를 말하는 것이다. 상담사의 경우, 상담을 성공하는 기준이 결재에 해당한다. 그렇기 때문에 친절함이 지나치면 굴종이 될 가능성이 높다. 사람들은 정보를 판단함에 있어서 정보 자체의 데이터를 놓고 판단하지 않는 경향이 있다. 유명한 메라비언 법칙의 예를 들어 보자.

상당히 많이 인용되는 실험이다. 그런데 논쟁의 여지가 많다. 실제 실험이 사진을 보고 진행되었고 의사 전달에 있어서 어떤 것을 더 선호하는가 하는 실험이기 때문에 '비언어적인 요소가 내용보다 더 중요하다.' 이런 식의 설명은 견강부회(牽强附會)[28]하는 것이다. 필자가 주목하는 것은 구성적 요소이다. 물론 이것은 실험을 설계한 사람의 의도 내에서

28) 말을 억지로 끌어다 이치에 맞추려 한다는 사자성어.

볼 때의 규약이지만, 내용과 함께 다른 요소들 역시 의사소통에서 매우 중요한 위치를 차지한다는 것은 입증했다고 할 수 있다. 이 실험은 의도적으로 내용과 음성 혹은 시각적인 요소를 불일치시켜서 어떤 것에 더 비중을 두고 메시지를 인지했느냐를 본 실험이다. 예를 들어 '감사하다'라는 말인데 얼굴은 화를 내고 있다고 했을 때 무엇을 더 선호해서 의사를 반영하는가 하는 말이다.

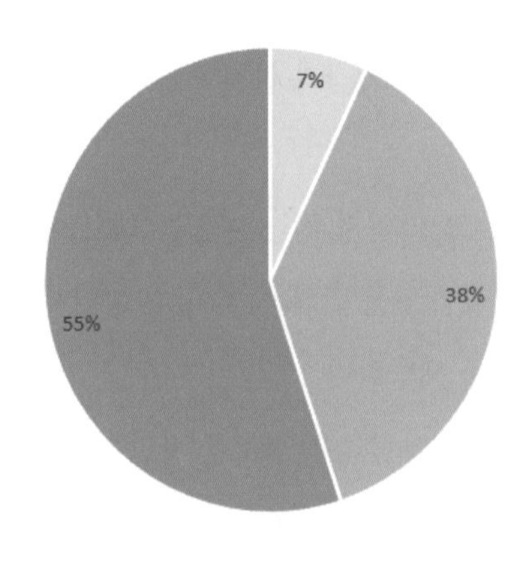


〈그림 7. 감정과 태도의 암시적 의사소통. 메라비언 A 1981〉

무엇이 옳은가를 가리기 전에 이 세 가지의 범주를 섞으면 어떻게 되는지만 판단하면 된다. 우리는 이런 식으로 판단할 기회가 없을 뿐이지 음성, 얼굴, 내용 등을 통합적으로 보고 판단을 한다. 그리고 내용이 우리에게 익숙하지 않은 것일 경우(예를 들어 진료에 대한 내용) 음성과 얼굴로 판단할 수밖에 없다. 우리는 상대방이 긴장을 하는지, 화가 났는지, 기분이 좋은지 말을 하지 않아도 알 수 있다. 왜인가? 바로 느낌이라는 것 때문이다. 뇌는 시각, 청각, 움직임 등을 모두 각각 분석하여 뇌가 새롭게 생성하는 이미지들을, 생존을 동반하는 감정 회로와 섞어서 판단하기 시작한다. 이것이 느낌의 출현이다. 느낌이라는 것은 인간 진화의 최종 단계에서 발생한 것으로 아주 고등한 뇌의 처리 기술로 인해 탄생한 것이다.[29] 우리는 특정 상황에 처했을 때 아주 작은 단서를 통해서 생사를 결정짓는 판단을 하게 되고 이것이 현대에는 모든 의사결정의 근거를 제공하는 느낌으로 발전하게 된 것이다. 합리적인 판단을 통해서 결정하는 것이 아니라 느낌을 통한 결정을 한 후 나중에 근거를 찾는 것이 인간의 속성이라는 것이 밝혀진 것이다. 시각, 청각, 내용 이렇게 세 가지 모두를 우리는 공감각이라고 부르고 이것을 잘 소화하는 것은 공감이라고 한다. 상담의 핵심은 ① 얼마나 내가 공감에 능숙한가, ② 나는 어떤 공감각을 제공하고 있는가. 이것이 우리가 상담사를 교육할 때 느낌을 전달하는 훈련을 하는 이유이다.

## 그래서 이유가 뭔데?

왜 환자는 그냥 갈까? 그래 알겠다. '우리가 이제까지 느낌을 제대로 전달하지 못했구나.'라고 생각해도 그 이유에 대해서 분석해 볼 필요가 있다. 문제는 극복을 어떻게 할 것인가 하는 것이니까.

---

29) The Emotional Brain(2006) : Joseph LeDoux, 조지프 르두는 뉴욕대학의 신경과학과 심리학과의 교수이다. 파블로프의 조건화를 이용하여 편도체가 뇌의 '두려움 중추'라는 것을 밝힌 연구로 유명하다. 《느끼는 뇌》라는 책을 통해 그간의 연구를 밝혔는데 느낌이라는 것이 인간의 가장 고등한 진화 결과라는 것을 증명하였다.

"돈이 모자라요."

"집에 가서 물어볼게요."

"아직 급하지 않은 것 같아요."

이런 대답이 돌아올 때, 우선 짜증이 확 난다.

'돈이 모자라면서 왜 왔니?'

'집에 가서 물어볼 거면 같이 오지 그랬니?'

'급하지 않은 것은 왜 니가 판단하니? 니가 의료인이니?'

이런 말이 목구멍까지 올라온다. 가끔 때려 주고 싶을 때도 있다. 뭐가 잘못된 것일까? 어떻게 해야 이런 난관을 극복할 수 있을까? 중요한 것은 해석이다. 남자와 여자 사이에 언어 사용에 대해서 실제 해석이 필요하다는 말이 있다. 오지 말라는 말이 정말 오지 말라는 말이 아니라는 말처럼 우리는 환자의 말을 제대로 해석하지 못한 것이다. 사실 이 모든 이유들은 모두 '아직은 당신 의료 기관을 신뢰하지 못해요.'라는 말이다. 그렇기 때문에 그럴싸한 핑계를 대는 것이다. 그런데 모든 상담사나 의료인들은 환자의 주머니 사정을 걱정하고 있다. 아니면 이런 사람은 오지 못하게 예약비를 받는 경우도 있다.

어렸을 적을 생각해 보자. 물론 이 책을 읽는 당신은 모범생이었을 것이다. 그렇더라도 한 번의 일탈은 있을 수 있다. 일탈이 아니라면 그냥 욕망만을 생각해 보자. 내가 정말 갖고 싶은 것이 생기면 우리는 어떻게 했는지 말이다. 최선을 다해서 돈을 구하고, 최선을 다해서 부모를 설득했고, 최선을 다해서 거짓말도 했다. 정작 중요한 것은 어떻게 욕망을 자극하는가 하는 문제이다. 환자의 경제 사정을 우리가 걱정한다고 고객의 주머니가 저절로 채워질 수 없다.

## 욕망과 저항 사이에 있는 트리거

우리 감정의 기저에는 욕망과 저항이 존재한다. 욕망과 저항은 하나의 거울과 같다. 예를 들어 보자. 우리가 부자가 되려는 이유는 무엇인가? 어떤 사람은 부자가 되어서 원하는 것을 마음껏 사고 싶어서 그럴 수도 있다. 또 어떤 사람은 가난하기 싫어서 부자가 되고 싶을 수도 있다. 후자라고 한다면 이것은 욕망인가 저항인가. 그래서 감정적인 깊이를 잘 이해할 필요가 있다. 인간이 움직이는 것에는 이유가 있고 그 이유가 욕망인지 저항인지에 따라서 다른 결과로 발전하기 때문이다.

그러나 항상 모든 것에서 욕망이나 저항을 추적하는 것은 쉽지 않다. 이것은 심리치료의 영역이기 때문에 환자를 응대하면서 이것까지 들어가기는 쉽지 않다. 그래서 필자는 컨설팅을 하면서 방아쇠라는 개념을 만들었다. 이 방아쇠는 상담 시 아주 유용하게 작동한다.

"환자가 우리 병원에 온 이유가 뭐지?"

"치료를 받으려고요."

이것이 가장 멍청한 대답이다. 이제 질문을 다시 해 본다.

"환자가 우리 병원에 지금 온 이유가 뭐지?"

"……음 글쎄요. 지금 시간이 되었나 보죠."

이것은 더 멍청한 대답이다.

사람은 그냥 행동하지 않는다. 반드시 지금인 이유가 있다. 그것이 수치심을 일으키는 무엇 때문이든 아니면 나의 욕구를 자극하는 무엇 때문이든 오랜 검토 과정을 거쳐서 혹은 오늘 본 광고를 통해서 지금 온 이유가 분명히 있다. 트리거는 이런 이유를 밝히는 과정에서 만들어진다. 치료를 받으러 왔다는 단순한 대답 안에는 이러한 이유가 들어 있지 않다. 모두에게 해당하는 답은 정확한 오답이다. 그 사람이 지금 온 이유가 반드시 있다. 그 이유를 추적하는 것이 트리거를 만들어 내는 중요한 지점이 된다. 예를 들어 보겠다. 다이어트 진료를 하는 의료 기관에 온 환자가 있다. 이 사람이 뚱뚱했던 것이 1년 전에도 3년 전에도 5년 전에도 그랬다면 왜 지금인가? 이 이유가 새로운 사람을 만나고 싶어서인지 누군가에게 창피를 당해서인지는 모르지만 각자의 이유가 있다. 이것이 트리거다.

사람은 도망가려는 습성이 있다. 인간은 진취적이기보다는 현재에 안주하고 싶어하는 경향이 강하다. 그렇기 때문에 더 발전하지 못하는 것이다. 막상 시도를 하려고 출발선에 서면 자신을 끌어내리려고 하는 경향도 강하다. 그래서 핑계를 대는 것이다. 돈으로, 혹은 힘의 부족으로, 혹은 시간이 없다는 핑계를 대면서 자신의 뒤로 숨는다. 트리거는 그럴 때 쓰라고 만드는 것이다.

## 연습, 우리의 주의는 어디에 있는가!

우리는 모니터링을 상당히 많이 하는 편이다. 컨설팅을 하면 거의 대부분 모니터링을 하게 된다. 그런데 유명한 의료 기관에 가도 긴장하고 떠는 상담사를 자주 만나게 된다. 안타까운 일이다. 목표는 오직 돈이고 매출이다. 이런 컨디션으로 어떤 느낌을 고객에게 전달하고 있을까? 물론 지금 당장은 매출이 될 수 있다. 그러나 긴장한 상태에서 내가 고객을 읽는 것이 아니라 내가 고객에게 읽히고 있다면 우리가 제공하는 경험이 고객에게 무엇으로 기억될 것인가!

필자는 상담사들에게 삶의 깊은 영역을 보게 교육한다. 상담사와 의료진이 가지고 있는 인생의 욕망과 저항을 깊이 관찰해 보면 그 사람이 고객에게 어떤 느낌을 전달할지 알 수 있다. 그리고 연습을 시킨다.

필자가 원하는 최고의 상담은 나의 주의가 나에게 없고 상대방에게 있는 것이다. 이런 상태는 내가 잘하고 있는지 아닌지, 결과가 어떻게 될지를 걱정하는 단계가 아니다.

당신은 고객에게 어떤 '에너지'로 존재하는가!

# 3 - 3
# 환자가 올 때마다 같은 것을 물어볼 때 해야 할 것

## 당신 의료 기관의 오늘 하루는 어떠신가요?

"혹시 환자가 와서 같은 것을 물어볼 때가 많지 않으세요?"

"환자가 다 그렇지요 뭐."

필자가 진료실에서 원장들과 나누는 대화 중 늘 있는 것이다. 원장들은 이것을 별로 심각하게 생각하지 않는다. 대부분 환자들의 속성이라고 생각을 한다. 중요한 것은 이것이 매우 중요한 시그널이라는 것이다.

① 환자는 이해를 하지 못하고 있다.

② 이해를 하지 못한다는 것은 이탈의 확률이 존재한다는 것을 말하는 것이다.

이런 환자가 많다는 것은 또 무엇을 말하고 있는 것일까? 환자의 LTV[30]가 낮은 것을 말한다. LTV는 부동산에만 있는 개념이 아니다. (고객의 생애 가치에 대한 설명은 전작에 상세하게 나와 있다.) 자 이렇게 LTV가 낮은 의료 기관의 문제는 무엇일까?

① 객단가라는 것이 늘 낮다.
② 마케팅 효율이 떨어진다.
③ 소개 비중보다 광고 비중의 환자가 높다.
④ 이것은 결국 고객 관리가 부실하다는 것이다.
⑤ 고객 관리가 부실하면 성장이 정체된다.

혹시 당신 의료 기관의 이야기 같지 않은가? 왜 이런 사태가 벌어질까? 바로 관심의 초점, 목표가 어디에 있는가를 여실히 보여 주고 있는 것이다. 신환이 중심인가? 아니면 구환이 중심인가? 생각해 본 적도 없을 가능성이 높다. 신환을 위해서 하는 것과 구환을 위해서 하는 것이 어떻게 다른지 생각해 봐야 한다. 전략은 상품의 구성을 보면 알 수 있다. 우리 의료 기관의 진료 상품[31]이 이제까지 아주 큰 변화 없이 계속되어 왔다

---

30) 고객생애가치(customer Life Time Value)는 고객과 회사의 관계를 통해 고객 전 생애 동안 회사가 얻을 수 있는 수입의 가치이다. 신규 고객을 확보하거나 기존 고객을 유지하고자 할 때 얼마나 비용을 들이는 게 적절한지 설명하는 개념이다.

31) 상품이라고 해서 감정이 상한 사람도 있을 것이다. 그러나 상품이다. 딸 같은 며느리는 없고 엄마 같은 시어머니도 없다. 의료기관이 고상하다는 관점을 가지고 있다면 더 성장하기 어렵다. 필자가 말하고 싶은 것은 동시에 다른 두 가지 관점을 가져야 한다는 것이다. 상품으로서의 관점과 진료로서의 관점이 양립할 수 있다는 생각을 가질 때, 의료기관의 규모도 키우고 진정 진료적 가치가 높은 의료기관을 만들 수 있다. 한 가지 관점으로는 늘 한계에 부딪힐 것이다. 당신은 어떤 벽에 부딪히고 있는가?

면 신환 중심이고 계속 변화를 거듭해 왔다면 구환 중심이다. 두 가지 모델이 다 제대로 갖추어져 있지 않다면 어중간한 의료 기관, 그냥 좀 이름 있는 의료 기관으로 남다가 사라질 것이다.

당신 의료 기관 고객에 대한 전략은 학습 모델로 설계되어야 한다. 고객을 어떻게 학습시킬 것인가 하는 부분의 모델 체계가 있어야 한다. 고객이 일정 수준 이상으로 성장해야 한다. 적어도 우리가 말하는 진료적 설명의 일부들을 지속적으로 학습하여 일정 수준의 의학적 지적 능력이 달성하도록 해야 한다. 그래야 다음 단계 모델로 성장할 수 있다. 계속 같은 것을 물어본다는 것은 처음 내원했을 때와 달라진 것이 없다는 것이고 치료의 성과에 대해서 의문을 품게 된다는 시그널일 수 있다.

### 의료 기관의 구성원이 쉽게 빠지는 함정

필자는 늘 관점을 중요하게 생각한다. 관점이라는 것은 곧 우리가 어디까지 갈 수 있는지를 알 수 있는 중요한 팩트다. 결국 관점이 현실을 만들어 낸다. 내가 바라보는 것이 중요한 이유다. 내가 바라보지 않는 것, 내가 생각하지 않은 것이 현실이 될 수 없다. 그렇다면 지금 당신의 관점을 이야기하자. 고객에 대한….

일단 초진으로 환자가 오면 우리의 목표는 무조건 결제다. 이것을 문제 삼는 것이 아니다. 필자는 컨설팅을 할 때 고객에 대한 모든 관점을 조정한다. 온라인 상담 혹은 전화 상담의 목표는 무조건 내원이다. 내원도 이루어지지 않았는데 전화를 붙들고 기운 뺄 이유가 없다. 필자가 말하는 것은 결제 이후의 문제이다. 결제가 이루어지고 나서 우리는 고객을 어떻게 관리하는가? 우리의 초점은 어디로 가는가? 바로 다음의 다른 초진으로 넘어간다. 이것이 문제이다. 주의를 분산해야 하는데 잡은 물고기에 대한 관점은 오로지 클레임이 없도록 넘어가는 것이다. 그렇다면 우리의 관점은 어디에서 끊긴 것인가.

초진이 오고 나서 이 환자가 재진으로 넘어갈 때, 그다음의 모델이 필요하다. 이 사람을 어떻게 만들 것인가? 이 사람은 어떻게 되어야 하는가? 이런 모델이 없다는 것은 신환이 재진으로 오래갈 수도 없고 이 사람이 소개를 할 이유도 없어진다. 이것은 오로지 매출에 초점이 맞추어져 있기 때문이다. 매출은 하나의 관점이다. 매출이 모든 것이 될 수 없다. 매출과 마찬가지로 고객에 대한 관점도 필요하다. 조금 더 나가자면 매출이 아니라 재무적인 관점이다. 매출은 재무적인 관점의 작은 부분일 뿐이다. 매출 관점은 100m 달리기이고 재무적 관점은 마라톤이다.

우선 우리의 착각은 결제부터 시작이 된다. 초진 환자가 결제를 하면 '아~ 이해를 했구나~' 이렇게 생각하는 것이다. 이것부터가 착각이다. 고객은 이해하지 않았다. 그리고 모든 결정이 이해를 동반해서 이루어지는 것이 아니다. 결정되고 난 후에 이해가 오는 것이다. 인간의 뇌가 그렇다. 증거를 살펴보자. 만약 이해가 완벽하게 되었다면 재진 환자들이 같은 것을 물어보는 것은 왜 그런가, 왜 그들은 끊임없이 흔들리고 의심하는가, 왜 그들은 이탈을 하는가, 우리의 관점이 달라져야 하는 이유이다. 그리고 끊임없이 그들을 학습해야 하는 이유이다. 그들은 이해가 다 되기 전에 결정한 것이다.

## TIP!! 어떻게 교육할 것인가

빛을 이용하여 세포를 자극하고 인위적으로 DNA 조작을 통해 측정하는 옵토제네틱스(optogenetics)라는 기술을 통해서 기억을 눈으로 보는 시대가 되었다. 영화에서 보면 상대방의 기억을 눈으로 보면서 정보를 빼내는 첩보 영화들을 본 기억이 있을 것이다. 이제 이것이 현실이 되었다. 뇌는 서파수면의 상태에서 이런 정보를 기억의 저장 장소로 이미지 형태로써 이동시킨다. 중요한 것은 뇌의 통화 단위가 이미지라는 것이다.

인간은 설명을 듣게 되면 뇌에서 그 내용을 이미지화한다. 이것을 개념화라고 한다. 신장에 대한 설명을 들으면 특정 신장을 이미지화하는 것이 아니라 자신의 뇌에 기본적으로 형상화하고 있는 신장의 이미지를 떠올리게 되고 이 과정이 바로 개념화되는 과정이다. 그러니까 우리가 질환과 치료 과정에 대한 설명을 하면 개념화하는 단계를 거쳐서 머릿속에서 이미지로써 구성하는 기억 체계로 넘어가게 된다. 즉 새로운 사실을 받아들이거나 전달할 때 말이나 소리로 아무리 설명을 해도 상대방의 머릿속에서 한 번의 개념화 단계를 거쳐야 하기 때문에 학습이 쉽지 않다는 말이 된다. 그래서 우리는 이미지로써 설명할 필요가 있다. 또한 기억력이라는 것은 지속적인 학습을 통해서 지속성이 강해진다는 것은 이미 널리 알려진 것이다.

자 이제 모형의 틀이 완성되었다.

① 우리 의료 기관의 질환 치료에 대한 설명을 이미지화된 설명서로 만들어서 보여 준다. 프레젠테이션이 잘될 수 있도록 설명 파일이

나 판을 만들 필요가 있다. 그리고 텍스트로 되어 있다면 이것을 이미지화해야 한다. 그래야 개념화 시간이 짧아진다.

② 이 내용을 지속적으로 반복해서 알려 주어야 한다. 고객이 물어볼 때만 설명하는 것이 아니라 내원할 때 지속적인 설명을 통해서 반복 학습해야 한다. 그리고 이것은 모두 단계적으로 이루어져야 한다. 매번 올 때마다 같은 내용을 처음부터 끝까지 설명하는 것은 실패할 확률이 높다.

③ 이 내용은 충분히 흥미진진한지 확인해야 한다. 지루한 것은 환영받지 못한다. 좀 더 흥미진진하게 비유적인 설명을 들어서 내용을 완성하는 것이 중요하다.

## 고객 모형을 만들자

고객의 모형을 만들라는 말을 필자는 많이 한다. 전작에서는 실무를 하지 않는 상담실장이 있어야 한다는 내용을 실었다. 지금 이 책에서 또 하나의 직군이 필요하다는 것을 강조하고 싶다. 바로 하루 종일 고객의 데이터를 들여다보면서 사고(思考)하는 고객 CRM 담당자다. 이 사람의 업무는 하루 종일 고객의 데이터를 보면서 새로운 아이디어를 생산하고 이것을 평가하여 고객에 대한 사고를 현실로써 구체화하는 것이다.

이벤트를 하는 의료 기관들이 있다.

① 가격을 통해서 하는 이벤트 - 기초 수준

② 가격과 스토리를 묶어서 시즌 이벤트 - 초등학교 수준
③ 스토리의 논리가 정확해서 합리적인 수준의 이벤트 - 중학교 수준
④ 다른 업종의 기업이나 단체와 협력하는 캠페인 수준의 이벤트 - 고등학교 수준
⑤ 이벤트가 사람의 유형별로 나누어져서 시행되는 수준의 이벤트 - 대학교 수준

당신 의료 기관의 수준은 어디쯤 와 있는가? DB와 정보에 대한 이해도가 높아져야 한다. DB 마케팅은 기업이나 대형 유통 브랜드에서만 하는 것이 아니다. Data Base를 어떻게 판단하고 바라보느냐에 따라서 전혀 다른 구조를 만들어 낼 수 있다. 고객의 데이터를 한 번이라도 다양한 시각에서 본 적이 있는가? 고객의 마음을 얻기 위해서 '치료만 잘하면 되지.'라고 생각하지 않았는가? 고객은 모른다. 의료라는 것은 고객이 생산자보다 현저하게 낮은 정보에 노출되고 그 정보에 대한 이해력도 높을 수 없다. 이런 시장에서 고객을 우리 곁에 붙들기 위해서는 다른 의료 기관이 하지 않는 차원 높은 전략이 필요하다. 결국 관점이 달라져야 한다.

## 고객이 주는 신호에 민감(敏感) 아니면 예민(銳敏)?

민감하다는 '느낌이나 반응이 날카롭고 빠르다'는 뜻이고, 예민하다는 '무엇인가를 느끼는 능력이나 분석하고 판단하는 능력이 빠르고 뛰어나다'는 뜻이다. 민감이 아니라 예민해져야 한다. 고객이 같은 내용을 계속

물어본다는 것은 아직 이해가 되지 않았다는 것이다. 이런 신호가 나타났다면 우리 의료 기관에서의 고객 여정에 대한 로드맵이 없다는 말이다. 고객이 어떻게 우리를 경험해야 하는지에 대한 관점이 없다면 그냥 공장에 불과하다.

"Insanity:doing the same thing over and over again and expecting different results."(같은 일을 하면서 다른 결과를 기대하는 것은 미친 짓이다.) 아인슈타인의 말이다. 정말 적절한 표현이다. 우리는 오늘 무엇을 다르게 할 것인가! 어제와 다른 오늘을 어떻게 만들 것인가!

'나는 오늘 어제보다 얼마나 더 위대해질 수 있지?' 내가 항상 아침마다 외우는 문구이다. Plan, Do, See. 계획하고, 실행하고, 평가하고 그리고 이것을 계속하고. 이것이 모든 것을 변화시키는 오늘의 할 일이다. 당신 의료 기관의 오늘 하루는 어제보다 얼마나 더 위대해지고 있는가?

# 3 - 4
# 클레임과 클레임 너머

## 어디까지를 블랙 컨슈머로 보는가

의료 기관마다 태도가 불량한 고객들을 응대한 기억들이 있다. 이런 고객 대처하기를 모두 난감해한다. 때에 따라서는 블랙 컨슈머[32]를 어디까지로 정의할 것인가 하는 부분이 저마다 다르다. 여기서 중요한 것은 '저마다 다르다'는 것이다. 필자가 이 책에서 계속 강조하는 것은 관점이다. 여기서 꼭 염두에 두어야 하는 것은 기준점이 없으면 구분될 수 없다는 것이다.

자 우선 분류가 중요하다. 어디에 선을 긋느냐에 따라서 전혀 다른 해석이 가능하다. 중요한 이슈 몇 가지를 제시한다.

32) 서비스를 받는 것이 목적이 아니라, 상습적인 업무 방해와 공격으로 보상만을 요구하는 고객.

### 1) 고객에 대한 분류가 있는가

우선 블랙 컨슈머 관련된 이야기를 하기 전에 '전체적인 고객의 등급이나 구분이 있는가.' 하는 것을 묻는다. 중요한 고객은 어떤 사람인가, 우리에게 돈을 많이 쓰는 사람인가 아니면 소개를 많이 하는 사람인가, 이것은 우리의 재무 구조 분류와 고객 분류를 해 보아야 알 수 있다. 이것에 따라서 우리 진료 상품의 구성도 달라져야 한다. 그래야 이익에 대한 최대 효과를 누릴 수 있다. 분석 없이 '내가 원하는 것은 수익이 높은 거야.'라는 구호일 뿐이다. 우선 '블랙 컨슈머를 우리는 어떤 기준으로 정의하는가' 기준을 정하라. 모든 고객 분류도 해 보면 좋다.

### 2) 이 분류는 '정확한지' 판단하라

정의에 따라서 전혀 달라질 수 있다는 것을 알아야 한다. 표 1에서 보는 바와 같이 의료 기관마다 정의는 모두 다를 수 있다. 이것은 의료 기관의 역량에 따라서 혹은 그간의 경험에 따라서 블랙 컨슈머를 어떻게 처리하는지에 따라 달라질 수 있다. 이것을 잘 정의하지 못하면 두 가지 문제가 발생할 수 있다. 너무 과도하게 블랙 컨슈머의 범주에 몰아넣으면 수익에 지장을 초래할 수 있다. 너무 작은 범주로 넣는다면 감정 노동에 너무 많은 에너지를 소모하여 다른 고객의 응대에도 영향을 끼친다. 그래서 균형점을 찾는 것이 중요하고 대응 프로세스를 지속적으로 업데이트하여 역량을 강화하는 것이 몹시 중요하다.

| 의료 기관 | 블랙 컨슈머에 대한 정의 |
|---|---|
| A 의원 | - 진료 분야의 전문 지식을 바탕으로 환불을 요구하는 고객<br>- 상담사의 응대 태도 및 지식에 꼬투리를 잡는 고객<br>- 생떼, 억지 주장, 정신적 피해 보상 요구 |
| B 한의원 | - 성희롱 및 욕설 등 언어폭력 행위 고객<br>- 반복적인 전화로 업무 방해 고객 |
| C 치과 | - 정해진 별도의 정의는 없으며 블랙 컨슈머에 대한 판단은 총괄 실장이 담당 |
| D 병원 | - 심한 인격모독이나 과도한 보상 요구<br>- 진료와 상관없는 불만 제기 |

**〈표 1. 호원앤컴퍼니 고객 의료 기관 블랙 컨슈머 정의〉**

그리고 꼭 한 가지 짚고 넘어가야 하는 것은 우리가 너무 고객의 니즈에 부합하지 못하는 점은 없는지를 살펴야 한다. (물론 악질 블랙 컨슈머를 말하는 것이 아니다.) 고객의 클레임에 귀를 기울이면 발전할 수 있는 요소들을 찾을 수 있다. 고객이 요구하는 것들 중에서 합리적으로 판단되는 것은 대폭 수용하여 개편하는 것이 필요하다. 그러나 대부분은 자신에게 맞게 고객들을 끌고 가려는 경우가 많다. 이 기준을 정하기는 쉽지 않은데 균형점을 찾고 다른 의료 기관들의 사례나 프로세스를 보면서 정해야 한다. 그리고 고객의 요청 등을 놓고 검토하는 시간이 반드시 필요하다.

## 우리 의료 기관의 현재는 나의 모습이다

필자의 회사가 컨설팅을 할 때 인적 자원에 대해서 두 명을 중요하게 판단한다. 한 명은 중간 관리자이다. 일명 총괄 실장이 어떤 사람인가

하는 것이다. 대부분의 의료 기관 원장들은 직원의 퇴사 원인을 월급으로 이해하는 경우가 많다. 물론 이런 경우도 있다. 하지만 대부분은 중간 관리자 문제인 경우가 많다. 중간 관리자가 어떤 사람인가에 따라서 의료 기관의 운명이 좌우된다. 직원에게 영향을 미치는 것은 중간 관리자이고 중간 관리자에게 영향을 미치는 사람은 누구인가?

우리가 2012년부터 2015년까지 4년을 컨설팅한 한의원이 있다. 이곳은 수도권에 위치한 의료 기관이다. 프라이버시를 위해서 한의원명은 말하지 않겠다. 우리가 이 한의원에 수주를 받은 것은 페이닥터 시스템에 대한 것이었다. 나이가 지긋한 원장은 이제 은퇴 시나리오를 만들어야 할 시기였다. 그리고 가장 힘들어하는 것이 페이닥터 시스템이었다. 페이닥터를 앉히면 매출이 하락하는 통에 그렇게 할 수 없었다. 우리는 8개월 만에 페이닥터 시스템을 안정화시켰다. 대표 원장은 화목토 3일 진료를 하고 봉직의는 6일 진료를 하는 시스템이다. 정작 문제는 다른 곳에 있었는데 이 한의원이 1년에 8번 정도 고소를 당한다는 것이다. 대표 원장의 말투가 소송의 원인이었다. 직원과 싸우고 환자와 싸우고 하는 통에 바람 잘 날이 없었다. 덕분에 우리는 의료 기관이 당할 수 있는 모든 소송을 처리해 보는 쉽지 않은 경험을 했고 리더십이 의료 기관에 얼마나 중요한지를 체험하게 되는 귀중한 시간이 되었다. 의료 기관을 크게 발전시키고자 한다면 발전의 범위에 스스로도 포함해야 한다. 나를 제외한 모든 것만 발전하는 것은 없다. 우선 나부터 발전을 해야 우리 의료 기관이 성장을 한다. 모든 직원을 관리하는 것은 중간 관리자이고 그 중간 관리자를 관리하는 사람은 당신이다. 쉬운 길로만 가려고 하면

영영 쉬게 된다.

블랙 컨슈머 이야기를 하다가 중간 관리자와 리더십 이야기를 하는 이유는 중간 관리자가 블랙 컨슈머 대응에 핵심이기 때문이고 중간 관리자를 잘 관리하고 유지하는 핵심은 바로 당신이기 때문이다.

## 블랙 컨슈머 대응의 몇 가지

### 1) 경미한 클레임의 경우

'사람', '시간', '장소' 이 세 단어를 기억하라. 대부분의 클레임은 이 범주를 교체해서 해소할 수 있다. 고객의 감정을 변화시킬 수 있는 요소를 변경해서 다른 에너지를 전달하면 되는 경우가 많다. 이런 경우 실력 있는 중간 관리자의 응대가 필요하다. 그리고 서로 간에 이해가 잘 이루어진다면 오히려 좋은 관계로 발전하는 경우도 있다. 세상 사람들 모두 내 말을 주의 깊게 잘 들어주는 사람이 없는 것은 동일하다.

### 2) 법적인 대응이 필요할 때

① 방문이나 전화를 통해서 업무를 마비시키거나 힘들게 할 때 : 업무 방해죄, 주거 침입죄

② 인터넷에 비방을 올리는 경우 : 정보통신망법위반죄, 형법상 명예 훼손죄

③ 직원을 자꾸 자르라고 할 때 : 강요죄

④ 직원이나 나에게 위압감을 줄 때 : 협박죄, 공갈죄

이 경우는 대부분이 겪는 문제들이다. 이런 경우 '법률구조공단'을 이용하면 도움이 된다. '법률구조공단'은 정부에서 운영하는 무료 법률 상담 서비스이다. 다만 대기 시간이 걸릴 수 있다. 이럴 경우 '로톡'이라는 서비스를 이용하는 것도 도움이 된다. 상담 비용이 저렴하다. 15분 단위로 상담할 수 있고 변호사를 선택할 수 있다.

수많은 의료 기관이 겪고 있는 문제 중에서 인터넷상의 비방 글을 통한 공격이 있다. 이런 경우도 대응이 가능하다. 우선 두 가지 전략이 필요하다. 네이버를 통해 신고하면 된다. 다만 네이버는 기본적으로 비방이라고 하더라도 판단이 애매하기 때문에 우리의 피해가 무엇인지 아주 구체적으로 밝혀야 한다. 그리고 글을 쓸 때 감정적으로 쓰면 안 된다. 합리적인 글쓰기가 필요하다.

네이버 신고만으로 대부분은 이런 비방 글을 내릴 수 있다. 광고 회사들의 대부분은 이런 글을 내릴 수 없다고 이야기한다. 하지만 대부분은 내릴 수 있다. 정확한 글쓰기가 필요할 뿐이다. 광고 회사의 경우 담당자가 익숙하지 않기 때문에 실패하는 것이다. 신고 글을 읽는 것도 사람이다. 그렇기 때문에 글쓰기에 따라서 결과가 달라진다.

두 번째 방법은 내용 증명 발송이다. 이 내용만 하더라도 지면이 많이 모자라기 때문에 작성법에 대해서는 따로 말하지 않겠다. 자주 이런 일이 발생하는 경우라면 변호사를 통해서 내용 증명 작성 과정을 두 번 정도 해 보면 도움이 된다. 그렇게 되면 내용 증명을 발송하는 방법은 거의 이해가 된다. 중요한 것은 인터넷 보고 적당히 하지 말라는 것이다. 나중에 역공의 빌미가 되기 때문에 반드시 변호사와 두 번 정도 진행해 볼 것을 권한다. 그리고 내용 증명에 대한 배달 증명을 반드시 하라는 것이다. 내용 증명을 받았는지에 대한 증명이라고 할 수 있는데 간혹 내용 증명을 못 받았거나 보지 못했다고 오리발을 내미는 경우도 있다.

내용 증명까지 받으면 내리는 경우가 99%이다. 우리는 독특한 상황 때문에 재판까지 진행해 본 귀중한 경험을 했으나 이 책의 독자들은 여기까지만 해도 대부분 해결될 것이다. 이 과정에서 중요한 것은 감정을 건드리지 않아야 한다는 부분이다.

## 클레임이 주는 시그널

필자가 강조하고 싶은 것은 때로 성장에는 통증이 따른다는 것이다. 성장을 위해서는 변화가 필요하다. 당신이 늘 혁신하려는 사람이라면 클레임으로 인해서 고민이 되지 않을 것이다. 대부분은 미리 준비가 되어 있을 것이기 때문이다. 자기 스스로와 적당히 타협하지 말아야 한다. 적당한 선에서 타협하고 만족하는 것이 우리를 그저 그런 사람으로 만들어 버린다.

클레임하는 사람보다 더 무서운 것은 말 안 하고 사라지는 사람이다. 이런 사람의 비중이 더 많다는 것을 잊지 말아야 한다. 고객의 클레임은 그 한 사람의 목소리가 아니다. 사라진 수십 명의 목소리를 대변한다고 생각하라. 그래야 우리가 발전할 수 있는 시그널을 놓치지 않을 수 있다. 반복되는 클레임에 예민해져야 한다. 다만 아주 심한 사람은 조기에 잘라야 한다. 우리 마음의 평화를 위해서….

## TIP. 감정 노동을 하는 사람을 위한 '자비심 연습'

**출처 : 《다시 떠오르기》 의식문화사 90~91p**

자비심 연습

자기 자신에게 정직해지는 것이 남들에 대한 자비심으로 이어진다.

목적

세상에 자비심을 증가시키기 위함. (책에 나온 목적)
감정 노동 전문가의 마음의 평화를 위함. (필자가 제시하는 목적)

기대효과

스스로 평화로워짐.

방법

이 연습은 어디든 사람들이 모여 있는 곳(비행장, 상가, 공원, 해변 등)에서 할 수 있다. 눈에 띄지 않게, 좀 떨어져서 해야 한다. 같은 사람에 다섯 단계 모두를 연습한다.

첫째 단계 : 그 사람에게 주의를 쏟으면서 혼잣말로 한다. "나와 똑같이 이 사람도 자기 삶에서 행복을 찾고 있다."

둘째 단계 : 그 사람에게 주의를 쏟으면서 혼잣말로 한다. "나와 똑같이 이 사람도 자기 삶에서 고난을 피해 보려 하고 있다."

셋째 단계 : 그 사람에게 주의를 쏟으면서 혼잣말로 한다. "나와 똑같이 이 사람도 슬픔과 외로움과 절망을 겪어 알고 있다."

넷째 단계 : 그 사람에게 주의를 쏟으면서 혼잣말로 한다. "나와 똑같이 이 사람도 자기의 욕구를 충족시키려 하고 있다."

다섯째 단계 : 그 사람에게 주의를 쏟으면서 혼잣말로 한다. "나와 똑같이 이 사람도 삶에 대해 배우고 있다."

필자는 한 사람을 대상으로 이 연습을 오래한다. 최대 30분을 한 적도 있다. 신기하게도 그 사람에 대한 분노가 눈 녹듯이 사라진다. 용서하라는 것이 아니다. 최대한 나의 감정을 평온하게 만드는 것이 먼저이다. 자신의 삶과 일에서 많이 써 보기를 권한다. 장담한다. 무조건 된다.

# 3-5
# 초진 몽타주 페르소나의 본질

## 곰과 나그네

세상 사람들이 많이 읽는 이야기에는 메시지가 담겨 있다. 사람들이 많이 읽어서 그 서설이 메시지로 힘을 가지게 된 것인지 아니면 메시지가 있어서 그 이야기가 힘을 가지는지 애매할 때가 있다. 나는 전자라고 생각한다. 인간이 많이 읽어서 공동의 개념이 설정이 되고 학습을 통해서 전파되면서 많은 수의 인간 개체가 그 이야기에 힘을 부여하게 된다. 그래서 이야기에는 힘이 있다.

세계적으로 유명한 이야기 중에 《삼국지》만 한 것이 없다. 나관중이라는 사람이 쓴 소설인데 정사와는 조금 차이가 있다. 실제 나관중은 실존 인물이라고 할 수 없다. 당시 중국 실정은 우리나라 마당놀이처럼 변사가 장터에서 이야기를 해 주는 시스템이었다. 그중 한 명이 나관중이라는 사람이다. 삼국지는 1,000년을 이어 온 이야기이기 때문에 사실은 민중이 만든 소설이라고 해야 옳다. 그래서 나관중은 민중의 다른 이름이다.

동양의 삼국지만큼이나 서양 사람에게 인기 있는 이야기는 바로 이솝 우화이다. 헤로도토스[33]에 따라면 이솝(아이소피카의 영어식 발음)은 곱추이고 매우 못생겼다는 기록이 있으나 생애에 대해서는 잘 알려지지 않았다. 이솝 우화 자체도 삼국지와 마찬가지로 다양한 견해가 있다.[34] 이솝의 생애 이전의 이야기가 인덱스에 들어오는가 하면 이솝의 사후에 나온 이야기 역시 이솝 우화에 들어가 있다.

perry index는 널리 알려진 이솝 우화에 번호(index)를 붙인 것이다. 오늘 소개할 것은 65번 곰과 나그네이다.

두 친구가 함께 여행하고 있었다.
그때 곰 한 마리가 갑자기 그들의 길 앞에 나타났다.
그들 중 한사람은 재빨리 나무를 타고 올라가서 가지에 몸을 숨겼다.
다른 한 사람은 공격당할 것을 알고 땅에 납작하게 엎드렸다.
그리고 곰이 다가와서는 주둥이로 그를 건드렸다.
그리고 이리저리 그의 냄새를 맡았다.
그는 숨을 멈추었다.
왜냐하면 곰은 시체를 건드리지 않는다고 들었기 때문이다.
곰이 멀리 가고 나자, 다른 나그네가 나무에서 내려왔다.
그리고 농담 삼아서 그의 친구에게 곰이 그의 귀에다가 무엇이라고 속삭였는지

33) 서양 문화에서 역사학의 아버지로 여겨지는 사람이다. 기원전 400년대의 사람이다. 저서로는 《역사》가 있다.

34) 기원전 6세기의 사람으로 추정된다.

물었다.
"곰이 이런 충고를 하더군." 그의 동무가 말했다.
"위험이 다가왔을 때 너를 버리는 친구와는 결코 다니지 말라고."
- 불행은 친구들을 시험한다.[35]

이렇게 곰을 만났다는 것까지 상정할 필요 없이 우리는 일상에서 서로에게 필요한 가치를 위해서 얼마나 타인을 배려하는지를 스스로 알 수 있다. 자사[36]의 저서로 일컬어지는 대학(大學)의 8조목에 보면 수신제가(修身齊家)를 '나의 이기심을 극복하기 위해 타인과 만나다'라고 해석하기도 한다.[37] 친구라는 것은 어떤 의미인가를 알 수 있다.

내가 이렇게 친구에 대해서 서설이 긴 이유는 우리가 지금부터 논의해야 할 주제가 바로 '우리의 조직과 고객의 관계를 어떻게 설정할 것인지' 하는 문제이기 때문이다.

## 친구처럼 다가가 전문가로 설득하기

'친구처럼 다가가 전문가로 설득하기' 이 문구는 세일즈 전문가인 쉬플리코리아의 김용기 대표가 칼럼의 제목으로 사용한 문구이다. 이 문구는 아주 적절한 표현이다. 물론 세일즈 분야에서도 기술 영업이나 수

---

35) 원문 번역을 그대로 옮겼다.
36) 子思, 공자의 손자로서 사서의 하나인 중용의 저자로 알려져 있다. 공자 학단의 후신을 이끌던 증자에게 배웠다.
37) 가(家)를 어떻게 해석하느냐에 대한 문제이다. 넓게 보면 내가 보고 있는 지인까지를 포함할 수 있다. 여기서는 타인으로 해석한 것이다. 해석은 시대에 따라서 달라질 수 있다.

주 영업에 해당하는 일에 대한 표현이겠으나 세상의 모든 것은 본질적으로 세일즈가 아닌 것이 없다. 세일즈라는 것은 본질적으로 거래를 말하는 것이다. 거래의 본질은 상호 교환이다. 공급이 적었던 시대에는 세일즈가 아주 단순했으나 공급의 과잉 시대로 넘어가면서 세일즈가 보다 더 치밀해졌고 과학적인 사고가 더해진 것이다. 의료 기관이 무슨 세일즈인가라고 생각할 수 있고 제약회사 영업 사원 등으로부터 기존의 세일즈 문화에 젖어 있는 사람의 경우 세일즈를 비굴하다고 생각할 수 있으나 생각을 바꾸어야 한다. 의료 기관이 공급 우위의 지위를 점유하던 시대는 이미 끝나 버렸고 변하지 않으면 생존이 불가능하다. 그리고 이런 현상은 앞으로 더 가속화될 것이다. 의료인의 숫자는 지속적으로 늘어 갈 것이기 때문이다.

그래서 우리는 고객의 입장에서 생각하는 관점으로 바꾸어야 한다. 의사결정 구조를 인지하면서 고객의 입장에서 볼 줄 알아야 한다. 그렇다면 환자의 의사결정에 영향을 미치는 정보에는 어떤 것이 있을까?

① 우리 의료 기관이 해 주는 말
② 경쟁 의료 기관이 해 주는 말
③ 고객 자신이 알고 있거나 믿고 있는 것
④ 고객과 비슷한 문제를 안고 있는 사람들이 하는 말
⑤ 질환 자체에 대한 정보(제3의 정보)

자 그럼 여기서 우리 의료 기관이 제공하는 정보는 몇 가지인가 번호를 매겨 보자. 대부분의 의료 기관은 1번뿐이다. 확실한 고객 설득을 위해서는 이 모든 정보를 제공되는 것이 매우 중요하다. 우리는 컨설팅을 할 때 경쟁 의료 기관 모니터링을 고객 의료 기관의 직원들을 교육하여 한 팀으로 진행한다. 직접 체험하게 하는 것이다. 그러면 2번의 정보를 알 수 있다. 그리고 3번은 고객에게 질문하면 된다. 진료와 상담 이전에 고객에게 물어봐야 할 것은 바로 이것[38]이다. 인간은 자신이 알고 있는 것을 정답으로 알고 그것을 준거로 삼아서 비교를 하기 때문에 그 사람이 알고 있는 정보를 최대한 우리가 알고 대처해야 한다. 4번은 기존 고객들이 알고 있는 정보로 우리도 알고 있는 정보인데 잘 활용하지 않는다. 이것을 활용하는 연습이 되어야 한다. 그리고 5번은 객관성을 갖는 정보로서의 지위를 부여하도록 가공하여 제공할 수 있다.

결국 의사결정이라는 것은 어떻게 이루어지는가? 냉장고를 사러 가서 점원에게 물어보기보다, 옆집 '철이 엄마'한테 물어보는 것이 우리의 의사결정 속성이다. 합리적이지 않다는 말이다. 얼마나 고객 과의 관계를 친밀하게 느끼게 할 것인가. 얼마나 상대방의 입장에서 생각할 수 있는가 하는 것이 바로 우리의 선결 과제이고, 신뢰 구축 단계를 거쳐 가면서 전문가로서 스텝을 맞추어서 정보를 제공하는 것이 실패 없는 설득의 기본이다.

## 고객에 따른 어프로치와 정보

우리는 2005년 미국 미니애폴리스에 있는 Service Quality Institute에

---

38) 고객 상담 과정에서 우리가 얻어야 할 정보와 제공해야 할 정보는 체계적으로 설계되어야 한다.

서 '서비스 유형별 응대법'이라는 교육을 이수하였다. 이후 한국의 의료 기관에 맞게 개발하였고 에니어그램[39]과 함께 고객의 상담 설득 기법으로 발전시켰다. 이 프로그램은 세일즈 기법들을 더해서 완성도 있는 컨설팅 기법으로 정착되면서 많은 의료 기관의 환자 관리 테크닉으로서 자리잡게 되었다. 이 프로그램의 장점은 잠시의 대화를 통해서 고객의 유형을 판단할 수 있고 그것을 통해서 고객에게 맞는 응대를 함으로 성공률을 높일 수 있다는 것이다. 여기에서 중요한 것은 CRM(Customer Relationship Management), 관계 관리이다. 그리고 유형에 맞는 어프로치다.

에니어그램이나 MBTI 그리고 DISC의 경우 유형이 너무 많고, 고객을 앉혀 놓고 성격 분석을 먼저 할 수도 없다. SQI Index는 이런 시간을 간소화시킨다. 고객의 유형을 1분 안에 판단하고 어프로치 패턴을 정한다. 그리고 앞서 전술한 다섯 가지 정보를 가공한 프리젠테이션을 통해 설득한다. 물론 고객이 문을 열고 들어오는 순간부터 In-put해야 할 정보와 Out-take해야 할 정보 차트가 있다. 순서에 따라서 행동해야 하는 프로세스가 정해져 있는 것이다. 이 순서로 어프로치와 정보 전개가 이루어지게 되면 모든 것이 순차적으로 진행이 가능하다. 바로 여기서 중요한 것이 이성적인 프로세스에 앞서는 감정적인 동기화라고 할 수 있다. 이 모든 것들을 업무적으로 진행하게 된다면 감성과 감정이 없는 세일즈로 끝나게 된다. 그래서 고객의 관점과 입장에서 응대하는 것이 무엇보다 중요하다. 이것을 이렇게 글로 전달할 수밖에 없는 것이 무척 안타깝다.

잠시라도 고객의 입장에서 생각해 보자. 내가 만약 무엇인가 서비스

39) 우리는 에니어그램을 조직 관리에 사용한다.

를 구매하기 위해서 방문했다면 어떻게 의사결정할 것인가. 내가 '선호하는 감성(4가지 유형 접근)'으로 내가 알아야 하는 '거의 대부분의 정보(5가지 정보 프리젠테이션)'를 나열해서 브리핑해 주는 곳에서 빠르게 의사결정을 하게 되지 않겠는가 하는 말이다.

## 페르소나의 본질

우리는 어느새 일을 하면서 본질을 잊고 있다. 상품 기획의 본질은 돈을 가지고 있는 사람이 무엇을 원하는가이다. 물물교환을 하던 시대에는 내가 원하는 물건을 가지기 위해서는 그것을 가지고 있는 사람이 원하는 것이 무엇인지를 아는 것이 기본이었다. 화폐가 생기면서 왜곡이 생긴 것이다. 본질은 고객이 원하는 것이 무엇인지 아는 것이다. 왜냐하면 우리와 같은 치료를 하는 경쟁자가 너무 많기 때문이다. 고객은 왜 우리 의료 기관에서 꼭 치료를 받아야 하는가를 내 입장이 아니라 고객의 입장에서 설득할 수 있어야 한다. 그러기 위해서는 '고객'이라는 먼 단어가 아니라 여기에 영혼을 불어넣을 필요가 있다. 친구의 정의는 누구보다 나의 본질을 잘 아는 사람이다. 우리가 얼마나 고객의 본질을 잘 이해하는 사람인가 생각해 볼 일이다. 476번 고객님에게 없는 감성을 어떻게 불어넣어 한 명의 사람으로서 내 앞에 세울 것인가. 이것이 페르소나[40]의 본질이다.

---

40) 마케팅에서도 브랜드 이미지 설정을 위한 중요한 도구로 쓰인다. 페르소나 선정과 적용 분야 최고 전문가인 아델 레벨라(Adele Revella)는 전자책인 《구매자 페르소나 선언(Buyer Persona Manifesto)》에서 페르소나(Persona)를 '실제 구매자와 직접 인터뷰한 내용을 바탕으로 당신이 마케팅하는 류의 제품을 사거나, 살지도 모르는 실존 인물의 몽타주'라고 정의했다. - 나무위키인용.

# 3 - 6
# 북극에서 냉장고를 파는 상담의 특징

## 레드썬!!!

현대자동차는 2012년 2세대 i30를 광고하기 위해서 최면에 대한 아이템을 사용하였다. 이 광고는 법적인 제재를 이유로 온라인에서만 광고되었다. 이 광고는 총 두 편으로 1편은 최면에 걸리는 과정을 그대로 보여 주는 광고이다. 광고라기보다는 최면이 진행되는 과정을 그대로 보여 주는 내용으로 구성이 되었다. 흥미롭게 볼 수 있는 광고다. 2편은 유저가 직접 체험해 볼 수 있는 과정으로 되어 있다. 최근에 유튜브에서 이런 형식의 최면 영상들이 많은데 이 광고를 따라한 게 아닌가 싶다.

James Vicary[41] 박사는 1957년 뉴저지의 Ft.Lee 극장에서 tachistoscope

41) 잠재 의식 광고를 개척한 사람이다. 다만 나중에 그의 실험이 신뢰할 수 없다는 반론이 제기되기도 하였고, 본인 스스로도 이 실험 자체가 가지는 확신성에 대해서 신뢰성이 의심될 수 있다는 의견을 나타내기도 하였다. 그러나 이 부분은 실험에 대한 부분일 뿐, 이 실험을 계

라는 장치를 설치하여 1/3000초라는 짧은 시간 동안에 메시지를 화면에 보여 주는 연구를 진행하였다. 너무나 짧은 시간 동안의 노출이기 때문에 관객들은 이러한 메시지가 있었는지를 알지 못했다. 영화 〈피크닉〉[42] 상영 중에 "DRINK COCA COLA"와 "HUNGRY? EAT POPCORN"라는 메시지를 보여 줌으로써 콜라의 판매량은 18.1%, 팝콘은 57.8% 증가했다. 이것은 인식하지각 메시지라고 하는데 이 이론은 1969년 아폴로 11호 우주선 비행사의 정신력 강화 훈련에 도움이 되면서 인지 학문의 범위로 편입이 되었다. 인식하지각 이론은 2014년 세계적인 학술지인 Science에 소개되면서 비로소 과학적인 인증을 받았다고 할 수 있다.

최면에도 이런 인식하지각을 통한 기법들이 존재한다. 그리고 대중매체에서 소개하는 것들은 자극적인 것이 주목을 받기 때문에 예능의 차원으로 다루어진다. 최면에서 보면 인덕션이라는 것이 있는데 책의 서문과 비슷하다. 최면에 들게 하기 위해서 하는 사전 기법인데 이것만 오래 시간을 들여서 하는 경우가 많다. 예를 들어 시계추를 좌우로 흔들어서 최면에 들게 하는 기법들이다. 하지만 최근의 최면 가이드의 수준은 더 발전하였다. 아주 단순한 인덕션으로 쉽게 최면에 빠지게 된다.

최근 인공지능과 관련한 수많은 이야기들이 많다. 완전한 인공지능이 이루어지면 지각변동이 일어날 것 같은 공포를 느낀다. 이세돌 9단과 구

---

기로 대부분의 나라에서 이런 형태의 광고가 금지되었다. 아이러니하게도 실험에 대한 신뢰성 의문이 제기 되었음에도 불구하고 특정한 경우에 이러한 메시지가 영향을 미칠 수 있다는 반증이 되었다.

42) 1955년의 미국 작품으로 조슈아 로건이 감독이었고, 매력적인 킴 노박의 리즈 시절을 볼 수 있는 영화이다.

글 딥마인드의 대결에서 uncanny valley[43]를 경험했다. 그리고는 연일 언론에서 AI의 발전이 고도화되면 인간의 일자리가 상당수 없어질 것이라는 공포스러운 이야기들이 나왔다. 하지만 정작 사람들의 일자리를 빼앗는 것은 수준 높은 AI가 아니다. 사실 낮은 수준의 AI가 낮은 수준의 노동이 행해지는 시장을 빠르게 잠식하고 있다는 것을 알 수 있다. 최면도 마찬가지다. 앞서 소개한 메시지 기법이 아니라도 어디에서든 우리는 최면을 볼 수 있다. 최면이라는 것을 앞장에서 전술하였듯이 의식의 저항을 극복하기 위해 왜곡을 만들어 내서 잠재 의식으로 침투하기 위한 것이다. 이런 경우는 아주 흔하다. 우리는 광고에서 매일 연예인들과 만난다. 광고주가 앞다투어 모델을 쓰는 이유가 무엇인가. 그 연예인이나 모델이 가지고 있는 사람들의 느낌과 이미지를 자신들의 제품에 동기화하기 위한 것이다. 이것도 역시 최면이다. 아주 깊은 레벨의 최면은 치유를 위해서 사용된다. 예능이 아니다. 그러나 레벨이 낮은 단계의 기법으로 진행되는 대화 최면은 상담이나 대화 혹은 이미지를 통해서 사람들의 잠재 의식으로 접근이 가능하다. 나도 처음에는 치유를 위해 최면을 배웠으나 지금은 교육과 컨설팅에 접목하여 상담의 퀄리티를 높이는 단계로 성장시켰다.

## 수준 높은 상담사의 공통점

필자가 의료 분야로 들어온 것이 2021년 현재 20년이 되었다. 그동안 여러 상담사들을 만났다. 여기서 상담사는 의료 기관의 상담실장을 말

43) 로봇이론으로 정작 인간과 아주 가까워졌을 때 사람이 불쾌감을 느끼게 된다는 것.

한다. 이들 중에서는 일정 수준 이상 도달한 경우가 많다. 대략 필자가 20년 동안 그 수준에 도달한 사람을 본 숫자는 20여 명 정도 되는 듯하다. 이제 이들도 나이가 제법 되었다. 제일 나이 많은 사람이 이제 50이 되었다. 그러나 아직도 현역에서 활동하고 있다.

이들 중에서 신기한 친구가 하나 있다. 바이오메카트로닉스 학과 출신인데 의족이나 의수를 만드는 학문을 배우는 것이다. 졸업 후에 병원에서 근무를 하다가 퇴사하고 보험 회사에서 2년을 근무하였다. 필자와 만난 것은 보험 회사를 퇴사하고 로컬 의료 기관에 입사하면서 알게 되었다. 마침 우리가 컨설팅하고 있던 곳이었다. 처음에는 여러 가지 어색하고 했으나 3개월 만에 적응을 끝내더니 매출에 대해서 논의를 하는데 이런 멘트를 날리는 것이 아닌가.

"이번 달 매출은 얼마나 해야 하나요?"

매출 목표를 설정할 때 한 번도 들어 보지 못한 말이다. 이때 설정한 목표가 달성되지 못했다면 소개할 필요도 없을 것이다. 이 상담사와 협의한 매출 목표는 90% 이상 달성되었다. 100% 매출의 90%를 달성했다는 말이 아니라 12개월 중에 10개월 만에 매출 목표가 달성되었다는 말이다. 사실 이런 경우는 많지 않다.

또 다른 상담사는 전술했던 지금 50이 된 상담사다. 피부과 컨설팅할 때 만난 상담사다. 이 친구는 프로세스로 일하는 사람이다. 지점의 총괄 실장이기도 했던 이 친구는 거의 지점의 모든 요소를 다 파악하고 있다. 손안에서 한 로컬 지점을 운영할 수 있는 수준이다. 상담 실력은 전자의 친구가 더 낫다. 하지만 매출은 이 친구가 더 높다. 타인을 이용해서 매출을 올릴 수 있는 수준이다.

이외에도 이런 유형의 상담사들은 특징이 있다. ① 친절하지 않다. 그렇다고 불친절하지도 않다. ② 아쉬움이 없다. ③ 자신감이 하이 클라스다. ④ 절대 매달리는 상담을 하지 않는다.

자 이전에 '친구처럼 다가가라'고 했는데 친구는 우리에게 정말 친절한가? 친절이 아니라 친근이다. 나를 잘 알기 때문에 친근한 것이지 친절한 것이 아니다. 우리는 교육에서 친절하라고 가르치지 않는다. 진료 상담[44]부터 상담사의 상담까지 모든 영역에서 친절보다 중요한 것은 친근함을 내포하고 있는 정확한 타격이다.

뛰어난 상담사들은 Hypnosis(최면) 교육을 받게 되면 "60%는 제가 하고 있었던 것이네요. 나머지 40%는 생각도 못 한 거예요. 이론적인 이유를 알게 돼서 더 자신 있게 쓸 수 있겠어요." 맞다. 신기하게도 실력 있는 상담사의 대부분은 Hypnosis 기법을 쓰고 있다. 다만 이론적인 토대가 없으니까 힘이 약한 것이다. 여기에 이론 적인 가치를 부여해서 자신 있게 쓰도록 만들게 된다. 우리의 교육은 시간을 단축하는 교육이다. 축지법이다. 초급은 중급으로 중급은 상급으로 만들어 준다. 본질을 건드려 주기 때문이다.

---

44) 우리는 의료인의 진료 상담에 대한 설계와 코칭도 진행한다. 대부분의 진료 상담은 매우 어렵고 환자를 이해시키지 못한다. 때로는 너무 친절해서 문제다. 시나리오 개발, 프레젠테이션 가이드, 태도까지 변화하면 보다 완벽한 상담이 된다. 내가 상대방에게 끌려가느냐, 상대방이 내게 끌려오게 하느냐에 대한 문제다. 상담사만 교육한다고 완벽해지지 않는다. 진료실과 상담실 상담이 매칭되어야 한다.

## Hypnosis 기본 틀

Hypnosis는 세 가지의 틀로 구성된다. Intention(의도), Context(맥락), Ideo Dynamic(관념 역학) 이렇게 세 가지[45]다.

### 1) 의도

'의도가 모든 것이다.'라는 말이 있다. 의도는 그만큼 강력하다. 나의 레벨을 어떤 곳에 놓느냐 하는 것이다. 우리는 상대적으로 모니터링을 많이 가는 편이다. 100명 중에서 의도가 강력한 사람이 몇 명이나 될까? 3명 정도 된다. 나머지는 대부분 눈치를 보거나 목소리가 떨리거나 한다. 사람에게는 누구나 느낌이 있다. 이것은 인간이 가지고 있는 고유한 능력이다. 느낌을 얻기 위해서는 대뇌피질 전반이 활동을 해서 얻어내는 것이다. 누구나 화가 났는지 무서워하는지 모르지 않는다. 정보의 비대칭 속에서 인간은 이 느낌을 가지고 결정을 하는 비율이 높다. 의도가 떨어져 있으면 어떤 것도 달성되기 어렵다.

### 2) 맥락

맥락이라는 것은 인테리어, 소개 문구, 복장, 말투, 프레젠테이션 등에 다 묻어 있다. 맥락이라는 말 자체가 '정말 말이 된다.' 이것이다. 우리가 흔히 '맥락이 없다.' '맥락 없는 말이다.' 등으로 표현하는데 이럴 때 사용하는 말이다. 이것을 얼마나 말이 되게 '맥락'이 있도록 설계하느냐 하는

---

45) 우리의 교육은 이렇게 세 가지 분야에서 '정신과 에너지', '준비 상황과 태도', '기술과 기법'으로 완성시킨다. 이 세 가지가 통합되어야 빠른 성장이 가능하다. 대부분은 '기술과 기법'이거나 '친절'에 초점이 맞추어진 교육이 많은데 이것은 크게 효과를 보기 어렵다.

부분이 적어도 33%의 확률도 중요하다는 말이다.

### 3) 관념 역학

관념에 자극을 주는 단어, 문법, 프레임 등을 말한다. 이른바 사람들이 많이 말하는 기법 정도로 이해하면 된다. 인간의 언어에는 특정한 힘이 있다. 단어와 문장이 가지는 힘이 있다. 그것을 최대한 활용하는 것인데 이것은 특정한 문법의 체계를 가지고 있다.

이 세 가지를 조합해서 진료와 상담실의 상담 시나리오가 설계되고 평가된다. 컨설팅을 하는 경우 주기적인 평가를 통해서 퀄리티를 유지하고 관리한다.

## 열심히 하면 된다, 잘하면 된다는 무슨 뜻일까?

"어떻게 하면 상담의 성공률을 높일 수 있을까요?" 이 물음에 "좋은 사람을 뽑으면 된다"거나 "열심히 하면 된다."는 대답은 정답이 아니다. '좋은 사람을 뽑으면 된다.'는 말은 운에 기댄다는 말이다. 물론 좋은 사람을 뽑는 시스템은 존재해야 한다. 하지만 조직이 가지고 있는 상담 전략이 없다면 늘 기복을 겪어야 한다. 기본적으로 좋은 사람을 뽑아도 그 사람을 훈련할 수 있어야 한다. 그래야 균일한 퀄리티가 유지된다. 그래야 균일한 재무 구조가 유지된다.

'잘하면 된다.'나 '열심히 하면 된다.'는 말은 목표가 없다는 말이다. 목표가 없다는 말은 어디로 갈지 알 수 없다는 말이고 어디로 갈지 알 수 없다는 말은 결과가 담보되지 않는다는 것을 의미한다. 이 말은 결국 '잘 되면 좋고 아니면 어쩔 수 없고.' 정도의 말이다.

고객은 합리적이지 않다. 고객의 말이 항상 옳지도 않다. 고객은 떼를 쓰고, 때로는 건망증이 심하며, 때로는 억지를 쓰기도 한다. 그런데도 우리는 '합리적인'이라는 단어에 갇혀서 계속 이런 감정 노동에 시달려야 하는가? 우리의 역량이 강화되어야 하는 이유다.

챕터 4

# 재진 확대 고객 관리 전략

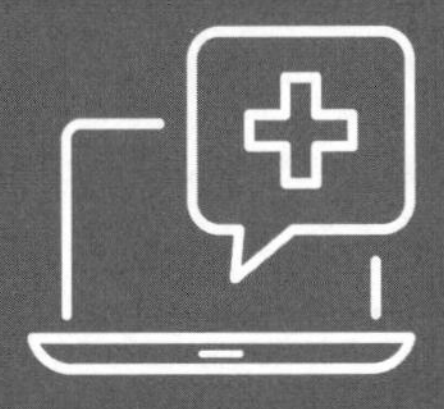

# 4-1
# 단골을 만드는 로직

## 당신은 단골이 몇 명이나 되나요?

"원장님 병원에 단골 고객이 몇 명이나 되나요?"

이 질문에 확실하게 숫자를 말한 원장을 아직 본 적이 없다. 초진 수 혹은 일 내원 수 그것도 아니면 월간 내원 수는 알지만 고객을 분류하는 기준이 마땅치 않은 의료 기관의 대부분은 이 질문에 답할 수 없다. "측정할 수 없으면 관리되지 않고 관리되지 않으면 개선할 수 없다."는 피터 드러커의 말은 무엇과 비교할 수 없는 명언이다. 중요성을 더없이 강조해도 다 강조되지 못할 만큼 측정이 중요하다. 그리고 어떤 것을 측정할 것인가 하는 것이 바로 관점이다.

'단골'의 어원은 무엇일까? '단골'이라는 단어는 18세기부터 기록되었다. '단골'의 본래 의미는 '무당'이다. '무당'은 크게 신이 내려서 된 '강신무(降神巫)'와 신내림과 상관없이 대를 물려서 내려온 '세습무(世襲巫)' 두 부류가 있다. '강신무'는 북부 지방에, '세습무'는 남부 지방에 흔하다. 바로 이 세습무를 '단골'이라고 부른 것에서 유래한 것이다. 특히 전라도 지방에서 유래된 것으로 '늘 정해 놓고 찾는 무당'이라는 의미가 '단골'에 생겨난 것이다. '단골'은 한자어가 아닌 순 우리말이다. 이 의미가 조금 더 확대되어 '단골서리(벼슬아치가 늘 관아의 일을 부탁하여 시켰던 이조 또는 병조의 서리)'로 늘 정해 놓고 찾는 사람의 의미가 더해졌고, 여기서 더 확대되면서 '단골말(늘 정해 놓고 하는 말)', '단골 음식' 등으로 적용 범위가 커지게 되었다. 18세기의 《인어대방(隣語大方)》[46]에 보이는 '단골'이 바로 이와 같은 의미로 쓰인 것인데, 이렇게 보자면 ① 늘 정해 놓고 찾는 무당, ② 늘 정해 놓고 찾는 사람이나 장소, ③ 늘 정해 놓는 것, ④ 늘 찾아오는 사람의 의미를 차례로 지니는 것으로 볼 수 있다.[47]

단골을 영어로 번역하면 'regular'이다. 'regular'의 어원은 라틴어 'regula'이다. 이 단어는 규칙과 관련이 있다. 형용사로는 '규칙적인'이라는 의미가 있고, 명사로는 '고정 선수', '고정 출연자'의 의미가 있다. 현재는 영어사전에서 '단골'의 의미로 해석해 주고 있다.

이렇게 보자면 단골의 의미는 '규칙적인 내방 고객' 정도로 해석할 수

46) 18~19세기에 조선과 일본에서 사용된 조선어-일본어 학습서이다. 정확한 발간 연도는 불명이며, 동일한 이름의 여러 이본이 존재한다.

47) 출처 - 국립국어원.

있고 '규칙적인'의 성격을 보다 넓은 의미로 보자면 불규칙성을 가지는 내원 고객들 역시 큰 기간으로 한정하면 재방문하는 고객의 의미로 해석할 수 있다. 다만 어디까지를 기준으로 볼 것인가를 판단하려면 자신의 의료 기관에 맞는 기준을 정해야 한다. 자 우선 기준의 의미 하나만 짚어 보자.

## 규칙성의 기준

규칙을 어떻게 정할 것인가? 방문의 기준으로 보자면 말이다. 전작에서 현대백화점의 'The Rule Of Two'를 소개한 적이 있다. 한 번 방문한 사람과 두 번 방문한 사람의 재방률이 현격하게 차이가 난다는 것에 착안하여 첫 방문 고객을 두 번째 방문하게 만들기 위해서 다양한 수단을 동원한다는 것을 말하는 것이다.

모든 조직에 해당하는 것이 아니라, 의료 기관의 경우는 어떤지 살펴보는 것부터 해야 한다. 그래서 Data Marketing이 중요한 것이다. Data Marketing은 후술할 것이고, 여기서 중요한 것은 기준과 구조를 만드는 것이다. 큰 전제로 볼 때 '단골'의 Depth를 어떻게 구성할 것인가를 정해야 한다. '단골 1', '단골 2', '단골 3'이든지, 'vip', 'vvip', vvvip' 등 단어는 정하면 되는 것이다. 다만 정신을 담을 수 있는 단어로 하면 더 좋겠다. 구성을 나누어서 그 단어에 맞는 기준을 넣어 주는 것이 중요하다.

이렇게 기준을 만들어서 단어를 만들고 나면 큰 틀에서 규칙성이 생긴 것이다. 그리고 나서는 '레버리지' 계획이 나와야 한다. 고객의 수준이 점차 발전해야 하는 것이다. 이것이 바로 '빌드업'이다. 지렛대(올리는 방법)를 이용하여 어떻게 레벨업(레벨은 단골 1, 단골 2 등)할 것인가 하는 것이다. 올리는 방법이 구체적으로 구성되면 하나하나 쌓아 가는 과정을 '빌드업'이라고 표현한다. 여기서 중요한 것은 레벨의 기준과 그 레벨에 도달하는 방법을 구축하는 것이 핵심이다. 자동차로 보면 엔진이라고 표현할 수 있다.

내원 이전 시점부터 변곡점을 하나씩 선정하여 지점을 설계하고, 내원을 기점으로 의사결정 구간에 단계를 만들어 놓는다. 각 단계별로 어떤 액션을 통해서 고객을 그다음 단계로 넘겨서 진료 수락의 단계로 넘길 것인가에 대한 전술이다. 그리고 한 번 내원할 사람을 어떻게 두 번, 그리고 계속 내원하게 할 것인가 하는 전체 적인 전략이다.

복싱을 할 때 '라이트 훅으로 어디를 가격할 것인가.' 하는 것이 전술이라면, '13라운드까지 상대의 힘을 빼고 난 후 역습한다.' 이것은 전략이 된다. 두 가지 모두 갖추어지는 것이 중요하다. 상담의 역량을 강화하는 것이 전술이라면, 고객의 서비스 정책이나 프로그램 등이 전략이 될 수 있다. 전술은 있는데 전략이 없다면 장기적인 관점 자체가 없기 때문에 단골은 어떠한 혜택도 없이 방치되는 과정 속에서 점차 이탈하게 된다.

## 경험 디자인?

디자인에 대한 개념이 점점 확대되면서 이제는 경험 디자인이라는 개념이 생겼다. 주로 인터넷 환경이나 앱환경에서 많이 이야기가 된다. 그러나 서비스에도 이런 개념을 도입하면 큰 발전을 이룰 수 있다.

큰 틀에서 보면 모든 것은 서비스이다. 서비스가 아닌 것이 없다. 인터넷에서 화장품을 구매했다고 하면 ① 인터넷 사이트에서의 경험, ② 상담사와의 통화에서 느끼는 감정, ③ 택배의 도착 과정의 정보 전달과 신속함, ④ 포장 등 설명서의 세심함과 충실함, ⑤ 화장품의 품질(용기까지 포함해서) 등이 경험의 흐름이다. 물론 이것보다 더 세부적으로 나눌 수 있다. 그렇다면 당신 의료 기관의 환자들이 경험하는 모든 과정을 이제 백지에 적어서 나열해 보자. 얼마나 많이 이런 순간들에 개입하고 있는가? 아니면 이런 과정 자체를 디자인하고 있는가?[48)]

우선 내원 이전부터 시작해 보자. 내원 이전에는 어떤 경험을 하는가? 인터넷 사이트의 품질, 정보의 가독성, 디자인의 품질 등이 경험할 수 있는 것들이다. 블로그의 이미지도 역시 포함된다. 그리고 전화해서 비교한다. 이렇게 되면 전화 상담의 품질 그리고 온라인에서 평가 등도 경험의 콘텐츠로 보아야 한다. 여기에 더 고려해야 할 것은 경쟁자와의 비교 체험이다. 우리가 이런 경험들을 디자인 하기 위해서는 경쟁자의 품질도 평가해 봐야 한다. 경쟁자의 서비스 품질의 정도를 알면 우리 진료 서비스의 경험을 디자인하는 데 아주 유용하게 작용한다. 이런 과정 모두를 평가해 보고 있는지 생각해 보자. 측정하지 않는 것은 관리되지 않는다. 관점이 도달하지 못하는 것은 존재하지 않는 것이기 때문이다.

내원을 해서도 이러한 경험은 이어진다. 주차부터 입구에서의 첫인상, 인사를 하는 상호 교류의 에너지, 설문 등 Outtake 하는 정보의 수취 방법까지도 경험의 일부이다. 그리고 검사하는 과정에서 벌어지는 모든 액션과 그 정보를 취합해서 진료와 상담 과정의 모든 것이 포함된다. 이

48) 이것을 MOT로써 설계한 적이 있었으나 최근에는 이런 것들이 무시되는 쪽으로 후퇴하고 있다.

모든 과정이 계획되고 디자인되고 있는가? 필자는 항상 관점이 제일 중요하다는 것을 말한다. 우리가 목표라고 하는 것은 무엇인가? 바로 도달해야 하는 것이다. 나로부터 출발하여 도착해야 하는 어느 지점이다. 에너지의 차원으로 보자면 '나로부터 나아감'이라고 할 수 있다. 관점도 역시 '나로부터 내가 보고 있는 곳으로 나아감'이다. 내가 보는 것은 나를 그곳으로 안내해 준다. 그렇기 때문에 관점이라는 것은 매우 중요하다. 우리가 어디에 신경을 쓰고 어디를 살펴보고 있는가 하는 것이 우리가 도달하는 곳의 품질을 결정해 줄 것이기 때문이다. 결코 어떤 경우에도 내가 계획하고 생각하지 않은 일이 벌어지는 경우는 거의 없다.

## 분류, 기준 그리고 또다시 관점

매출을 어떻게 분류할 것인가? 진료 항목으로 분류할 수 있다. 또 어떤 분류가 가능한가? 고객별 분류가 가능하다. 또 어떤 분류가 가능한가? 초진과 재진으로 분류할 수 있다. 여기서 초진은 순수 초진이다. 6개월 이상 내원이 없었어도 재진이다.[49] 또 어떤 분류가 가능한가? 초진도 광고인지 소개인지 분류가 가능하다. 재진도 매출 기준에 따라서 분류가 가능하다. 재진을 다시 소개를 많이 한 사람과 그렇지 않은 사람으로 분류가 가능하다. 분류는 기준에 따라서 얼마든지 나누어질 수 있다. 이것을 할 수 있는 만큼 많이 나열해 보는 것이 중요하다.

그리고 기준점에 대한 것도 여러 가지로 바꾸어서 시도를 해야 한다.

---

49) 간혹 전자차트 기준 때문에 혼동하는 경우가 있어서 부연설명하는 것이다. 한 번 내원했던 모든 사람은 재진이다. 다만, 고객이 스스로 내원했던 것을 기억 못 하고 오는 경우는 초진으로 분류할 수 있다.

한 번 정해진 기준을 계속 고수하는 것이 아니다. 시기에 따라서 달라져야 한다.

앞서 '빌드업'에 대한 개념을 정리해 주었는데, 이제는 '볼륨업'에 대한 기준을 정리하자. '빌드업'은 미시적 관점이고 '볼륨업'은 거시적 관점쯤 된다. '빌드업'이 한 명의 고객 서비스 여정을 구성함으로써 '단골'을 만들어 가는 과정이라면, '볼륨업'은 이런 사람을 어떻게 많이 만들어 낼 수 있는가 하는 개념이다. 여기서 필요한 것이 바로 프로세스이다. '빌드업'의 문제는 결국 리소스의 문제로 귀결된다. 한 명, 한 명에게 정성을 쏟으면 빌드업이야 되겠지만 이것은 결국 리소스를 투입해야 하는 문제로 귀결된다. 결국 사람을 더 뽑아야 한다면 고정 지출이 늘어나게 된다. 이것을 최소화하는 것이 바로 프로세스이다. 다음 내용은 프로세스에 대한 관점을 정리하는 것이다.

# 4-2
# 매출을 높이는 고객 분류법

## 이성적 논리의 실체

2000년대 초반에 선배로부터 책 한 권을 선물 받았다. 《로지컬 씽킹》이다. 오카다 게이코와 데루야 하나코의 저서이다. 출판사는 일빛이다. 2019년에 개정판이 나왔다. 대학교 선배이고, 사회 선배이고, 스트리밍 웹비즈니스 온라인 머천다이징 분야에 있던 나를 의료계로 이끌어 준 사람이다. 이 선배는 지금 블록체인 기술에서 선두에 있는 기업의 이사로 일하고 있다. 이 책은 한마디로 새로운 지평을 열어 주었다. 그 이전에는 생각을 별로 해 보지 못했던 것을 정리해 주었다.

내게 새로운 세계를 열어 준 것은 MECE(Mutually Exclusive Collectively Exhaustive)라는 것이다. 이 개념은 상호 배제와 전체 포괄이라고 해석할 수 있다. '겹치지 않으면서 빠짐없이 나눈 것', 즉 완벽한 분류와 구분을 말한다. 필자는 이 개념을 기획자들에게 많이 이야기를 한다. 웹사이트를 기획할 때도 역시 MECE는 매우 중요하다. MECE는 글쓰기를 할 때도 중요하다. 레벨이 서로 맞는 글쓰기를 할 때도 이 개념으로 설명을 한다.

최근 '코딩'이 많은 주목을 받고 있다. 아이들 교육에서도 이 '코딩'을 많이 다루게 되었다. 이유는 바로 MECE이다. 생각코딩연구소라는 곳이 있는데 필자는 2015년도에 생각코딩에 대해서 교육을 받았다. 홍진표 씨가 대표이사로 있는 생각플러스의 연구소이다. 홍진표 대표의 《생각코딩》이라는 저서도 읽어 볼 만한 책이다. 여기서 교육하는 '생각코딩'이 일부 중고등학교에서 정식 과목으로 채택되기도 했다.

브레인 스토밍이라는 기법도 한 번쯤 들어 봤을 것이다. 이 기법은 많이 사용되고 있으나 잘 사용하는 경우가 드물다. 이 기법은 대표적인 '오스본 기법'을 시작으로 9개의 파생 기법들이 존재한다. 모두가 이성적인 의식을 사용하여 운영하는 기법들이다.

이렇게 기업이나 조직에서 사용하는 것 말고도 심리나 명상에서도 사용이 된다. 필자는 2009년 Avatar Course[50]를 했다. 2009년과 2010년 사

50) 미국의 교사이자 심리학자인 해리 팔머에 의해서 1986년 만들어진 코스로 4개의 과정으로 구성되어 있다. 자기 계발의 프로세스화라는 개념에서 아주 우수하고 효과 좋은 프로그램이다. 'Avatar'이라는 단어는 인도의 범어에서 온 것으로 보디사트바(보살)의 영어식 표현이다. 불교식 가르침을 내포하고 있으나 종교적 교리는 없고 수행적 관점만을 가지고 있으며, 이것을 수행이 아닌 교육으로 승화시켰다. 4개의 코스는 아바타, 마스터, 프로, 위저드 코스가 있고, 2개의 인사이드 코스로는 인턴과 통합 코스가 있다. '사이언톨로지'와 라이센스 및 상표권 침해 등에 대한 소송이 오래 이어졌다.

이에 모든 상위 레벨 코스와 인턴 코스까지 했다. 이 프로그램은 자기 개발의 관점에서 아주 우수한 프로그램이다. 특히 트라우마를 스스로 치료할 수 있고 자신의 한계를 확대하는 것에 있어서 다양한 관점을 제공한다. 이 프로그램의 마스터 코스에는 Thoughtstorm(생각태풍)이라는 기법이 있는데 기존의 브레인 스토밍이 이성적인 기법인 데 반해서 생각태풍은 매우 직관적 기법이다. 이 기법을 배우는 과정을 통해서 필자는 많은 도움을 받았다. 기존의 브레인 스토밍에서 채워지지 않던 2%가 채워지면서 완성된 형태의 브레인 스토밍을 하게 되었다고 판단한다. 좌뇌가 담당하는 것이 직관이자 감정이고 우뇌가 담당하는 것이 이성이라고 하는 데카르트의 명제가 옳다고 생각해 왔는데 안토니오 디마지오는 《데카르트의 오류》라는 저서에서 이런 데카르트의 명제는 틀렸으며 이성과 감성(직관)은 함께 개발되고 발전되는 것이라는 사실을 증명하였다. (이성이 발달된 사람이 직관(감성)도 발달된다, 혹은 감성(직관)이 발달된 사람이 이성도 발달된다.) 그럼에도 우리는 그릇된 명제에 사로잡혀서 '나는 이성적인 사람이다.' '나는 감성(직관)적인 사람이다.'라는 관점 하나만을 취한다. 믿는 대로 경험한다는 것이 얼마나 맞는 말인지를 체험하게 되는 사례라고 할 수 있다.

이렇게 한쪽 날개만으로는 똑바로 앞으로 갈 수 없듯이 직관과 이성의 관점을 모두 갖춘 방향으로 기획해야 한다.

지금까지 이렇게 길게 설명한 이유는 분류,[51] 구분,[52] 분석[53]을 위한 것

51) 종류에 따라서 가름. 출처 - 네이버사전.
52) 일정한 기준에 따라 전체를 몇 개로 갈라 나눔. 출처 - 네이버사전.
53) 얽혀 있거나 복잡한 것을 풀어서 개별적인 요소나 성질로 나눔. 출처 - 네이버사전.

이다. 정리를 잘하는 사람과 그렇지 못한 사람의 차이는 바로 이런 분류이다. 얼마나 잘 나누느냐 하는 것이 기본이다. 어떤 것을 잘 이해하는 것도 잘 분류를 했느냐가 기본이다. 힘든 일을 할 때도 그것을 쉽게 할 수 있는 것은 바로 나누어서 작게 만드는 것이다. 세상 모든 것의 기본이 바로 작은 단위로써 나누어서 보는 것이다. 여기서 중요한 것이 바로 MECE이다. 얼마나 중복 없고 빠짐이 없는가 하는 것을 염두에 두고 해야 한다. 그리고 여기에 부족한 2%의 직관이 필요하다.

## 고객을 어떻게 분류할 것인가

고객을 분류하는 것이 매우 중요하다. 여기서 중요한 것은 고객만을 분류하는 것이 아니다. 고객의 패턴도 함께 분류해야 한다. 고객의 패턴이라는 것은 방문 횟수, 객단가, 주기 등을 포함한다. 변수가 많아지면 분류의 기준이 더 많아질 수 있으므로 아주 중요하다. 고객 자체만 놓고 보면 단순하지만 변수가 들어가면 더 많은 고려 사항이 생긴다.

기본 4단계 :

① 얼마나 작게 분류했는가?

② 얼마나 의미 있는 단위로 묶었나?

③ 얼마나 의미를 잘 부여했는가?

④ 얼마나 이름을 잘 붙였는가?

이것이 우선 기본 단위의 질문이다. 액션이 끝나면 항상 질문한다. 그리고 이 질문에는 어떻게 해야 하는지 흐름이 잘 담겨 있다. 특히 4번의 경우는 중요하다. 필자는 김춘수의 〈꽃〉이라는 시를 아주 좋아한다.

*내가 그의 이름을 불러주었을 때*
*그는 나에게로 와서*
*꽃이 되었다.*

의미 부여에 대한 완벽한 표현이다. 구분을 하고 그 구분에 명확한 이름을 부여해 주는 것은 매우 중요하다. 그래야 명확해지고 의미가 담기기 때문에 목표도 분명해진다.

Why, How와 같은 질문을 다시 넣어서 살펴보는 것이 중요하다. 우리가 만들어 놓은 기본 구분에 다시 질문을 통해서 고도화하는 작업이다.

고객의 매출 기여를 천만 원으로 구분을 했다고 하면 '왜 천만 원인가?' 하는 질문이 반드시 따라야 한다. '왜 천만 원이 기준선이어야 하지?' '왜 이 고객은 천만 원을 쓴 것이지?' 고객이 10명을 소개했다고 하면 '왜 이 고객은 10명을 소개했지?' 등이 된다. 그리고 마지막에 '어떻게'를 질문한다. '어떻게 이런 사람을 많이 만들어 낼 수 있지?' 여기에 필요한 것이 바로 직관이다. 이성으로 채워지지 않는 영역에는 상상과 직관이 필요하다. 이성은 로직 구조를 가지고 있기 때문에 인과가 없으면 답이 나오지 않는다. 이 구간은 직관과 상상으로써 설계하고 평가하는 과정을 거쳐야 앞으로 나아갈 수 있다.

만약 개원한 지 2~3년이 되었다고 한다면 반드시 고객을 분석해야 한다. 그러면 우리 병원의 매출 구조를 개선할 수 있는 방법이 보인다. 그 후로부터는 지속적인 분석이 필요하다.

## 보이는 것과 보이지 않는 것

'보이는 것과 보이지 않는 것은 무엇이 다른가?'

한 발 더 들어간 질문을 한다.

'우리 의료 기관의 이슈 중에서 내가 볼 수 있는 것과 볼 수 없는 것은 무엇인가?'

이 질문에 답을 해야 한다. 내가 보는 것은 우리 의료 기관의 모든 것인가? 내가 볼 수 없는 것은 없는가? 내가 볼 수 없는 것이라서 무시하고 있는가? 결국 내가 볼 수 없는 것은 관심이 없는 것이다. 내가 관심이 없는 것은 내가 볼 수 없고 알 수 없다. 그래서 관점이 중요하다. 내가 모르는 것은 보아도 의식이 머무르지 않기 때문에 기억에 남지도 않는다.

이와 같은 분석에 빠져 있는 것이 무엇인지 살펴보자면 바로 '관계'이다. '갑자기 오던 사람이 왜 오지 않지?' '이 사람은 아주 만족스러워 하는데 왜 소개를 하지 않지?' 등 관계를 통해서 파생될 수 있는 질문들이 많이 있다.

전작에서 필자는 NPS(Net Promoter Score)의 개념을 정리하면서 '소개하지 않는 사람은 만족하지 않은 것이다.'라는 다소 거친 표현을 하였다. 그 개념을 조금 더 보강하자면 소개 자체가 두렵거나 성향의 차이가 있다는 것을 인정해야 한다. 물론, 타인은 아니고 가족을 소개할 수는 있겠다. 가족을 소개하는데 가족 이외에 소개를 하지 않는 사람은 성향을 고려해야 한다.

'우선 고객에게 무엇을 주고 있지?'라는 질문을 해 봐야 한다. 그리고 '기여도가 높은 고객에게는 무엇을 주고 있지?'라는 질문도 해야 한다. '감사해요' 이것이 다는 아닐 것이라고 말하고 싶지만 인사도 제대로 안 하는 경우도 많다. 이것을 정리하자면 LTV(Life Time Value)가 정리되어야 한다. 이 사람이 평생을 얼마나 기여할지 알 수 없으니 본전 생각만 나는 것이다. 프로모션으로 무엇을 제공할지, 그리고 그 제공하는 것이 적당한지를 알고 있어야 성공할 수 있다.

관계에서 Take and Give를 제대로 하는 것도 발전이다. 여기에는 물질적인 Give와 인정에 대한 Give를 포함한다. 이것이 Give and Take로 발전하면 더없이 좋겠다. 주는 것을 먼저 하려면 고객의 LTV 산출이 필요하다. Give and Take도 아무나 하는 것이 아니다.

고객 분류도 열심히 해 보고, 다양한 Give도 해 본다면 내게도 꼭 알려 달라. 당신의 신선한 분류와 Give를 알고 싶다.

# 4-3
# 재진 고객 볼륨업 전략

## 합리적인 고객

우리는 항상 프로젝트를 진행할 때 마다 최종 소비자(환자)에 대한 인터뷰를 진행한다. 이때 늘 재미있는 경험을 한다.

"우리 의료 기관에서 진료(수술) 받은 이유가 뭐죠?"

"글쎄요…."

"여기서 진료 받기 이전에 생각하셨던 기준이 있을 거잖아요? 그게 뭘까요?"

"가격도 있고, 의료진의 실력도 있고, 장비도 있고 그렇죠."

"그러면 그것 중에서 최종 선택을 하게 된 이유가 뭐죠?"

"글쎄 뭐. 원장님이 실력이 좋아요."

"실력이 좋다는 것을 어떻게 느끼신 걸까요?"

"그게…."

물론 마지막 '그게….' 이 부분은 고객들 모두 대답을 하기는 한다. 그런데 재미있는 사실은 명확하지 않고 합리적이지 않다. '저 정도를 가지고 다른 곳과 비교해서 명확하게 다르다고 느낀 부분이 뭐지?'라는 생각이 든다. 그리고 대부분 이때 설명하는 것은 자신의 생각이 아니라, 상담할 때 들었던 내용으로 자신의 선택에 대한 합리화를 하는 것이다.

앞에서 고객의 선택은 합리적이지 않다고 설명했다. 우리는 어떤 형태로 선택을 하는가? 그것은 바로 느낌의 발현이다. 우리는 합리적으로 선택하는 것이 아니다. 그냥 느낌으로 결정한 후에 그 결정을 합리적으로 포장하는 것이다. 다음은 인간이 느낌을 산출하는 과정이다.

① 감각입력 처리
② 생존 반응 표출
③ 신체 피드백 동반
④ 브레인 피질 의식의 각성 상태 개입
⑤ 기억의 관여
⑥ 느낌의 생성

느낌이라는 것은 동물과 개별되는 인간의 고유 능력이다. 이것은 5번에서 차이가 난다. 기억이라는 것은 여러 가지 종류가 있는데 최종 단계의 기억은 작업 기억[54]과 일화 기억[55]이다. 동물은 작업 기억의 역량이 떨어지고 일화 기억의 유지 시간이 10분 이상을 넘지 않는다.[56] 이렇게 기억을 처리하는 역량의 차이 때문에 인간이 가지는 느낌이라는 고유한 영역이 생성된 것이다.

여기서 짚고 넘어가야 하는 부분은 이 모든 것이 한쪽 방향으로 흐르는 기전이라는 사실이다. 그 말은 기억의 차이에 따라서 전혀 다른 결과를 만들어 낸다는 것을 이해해야 한다. 같은 상황을 보고서도 자신의 기억의 차이에 따라서 전혀 다른 느낌을 만들어 낼 수 있다. 이것이 각 개인이 우주를 만들어 내는 과정이다. 우리는 같은 공간을 공유하고 있을 뿐 서로 다른 우주 안에 사는 것과 같다. 이 원리는 인간의 뇌를 통해서 새로운 우주가 생성되었다고 하는 Second nature[57]의 이론이다.

---

54) 작업 기억(working memory)이란 감각 기억을 직접 처리하는 과정으로, '뇌의 메모장'이나 '마음의 칠판'으로 비유할 수 있다. 출처 - 나무위키.

55) 일화 기억(episodic memory)은 명시적 기억(declarative memory)의 한 종류로서, 자전적 사건들(시간, 장소, 감정, 지식)에 관한 기억이다. 이것은 어느 특정 시간과 장소에서 일어났던 과거의 개인적인 경험의 모음이라고 할 수 있다. 예를 들어, 당신의 여섯 번째 생일 파티 때 있었던 일을 기억한다면 이것이 일화 기억에 해당되는 것이다. 일화 기억은 특정 시간과 장소의 여러 요소들을 떠올리게 해 주면서 시간을 거슬러 올라가게 도와준다.

56) 고양이가 쥐를 쫓다가 그냥 가는 경우는 기억 저장 길이의 한계 때문이다. 호랑이 같은 경우 2~3일까지 가는 경우도 있다.

57) 제럴드 에델만(Gerald Maurice Edelman)의 저서 《Second nature》(제2의 자연 혹은 제2의 우주)에 따르면, 제2의 우주는 자연스럽게 세상을 바라보고 자연스럽게 생각하는 우리의 의식을 말한다. 사회 생물학이 이야기하는 것처럼 전적으로 생물학적 진화의 결과물도 아니고, 고전철학자들의 견해처럼 몸과 분리되어 존재하는 것도 아니다. 의식은 뇌활동의 결과가 아니라 뇌활동과 함께 수반되는 것이기 때문에 생물학적 기반을 벗어날 수 없지만, 의식 그 자체는 인간의 사회 문화를 구성하는 독특한 것이다. 즉 인간을 둘러싼 제1의 자연, 우주와 인간의 의식을 통해 구성된 제2의 자연, 우주가 공진화하여 인간의 의식 세계가 구현된 것이다.

기억을 지나간 이후에 느낌이 생성된다는 것은 선행에 대한 준거 기준이 되는 것을 말한다. 즉 앞서의 경험이 기준점이 되는 것이다. 인간이 잘 우기게 되는 이유는 바로 이러한 준거 기준의 기억으로부터 출발한 후에 느낌이 나타나기 때문이다. 그래서 우리가 최대 많은 질문을 해야하는 이유이다. 여기서 준거라고 하면 ① 다른 의료 기관에서 한 경험, ② 자신이 읽은 책, ③ 검색한 내용, ④ 지인에게 들은 내용 등이다. 결국 인간은 자신이 사전에 알고 구축해 놓은 것을 준거로써 진실이라고 믿게 되는 것이다. 그래서 혼돈이 생긴다. 그렇기 때문에 아주 꼼꼼하게 사전 조사를 실행하는 것이 매우 중요하다. 상대방이 어떤 준거를 가지고 있는지를 알아야 하기 때문이다.

이번 장에서 설명할 것은 기존의 고객 판단의 준거 틀을 바꾸는 것이 아니기 때문에 생략한다. Hypnosis 기법에는 기존 기준점을 대체하는 기법들이 존재한다.

이렇게 우리가 얼마나 이성적이지 않은지를 이해했을 것이다. 인간의 합리성은 결코 선택에 영향을 미치지 않는다. 합리성은 자신의 선택에 대한 정당화일 뿐이다. 그래서 우리는 FGI(Focus Group Interview)를 한다고 해서 완벽한 답을 얻을 수 없다. 인터뷰와 함께 우리는 관찰 기법을 사용한다.

## 즐거운 관찰과 질문

미국의 한 마트가 실시한 관찰이 있다. 마트에서 밀크 쉐이크를 사 가는 사람들을 추적 관찰한 결과 이 사람들은 다른 도시로 출근하는 사람들이었고 아침 식사 대신에 밀크 쉐이크를 먹는 것이었다. 이 마트는 이 관찰 결과를 가지고 무엇을 했을까? 아침 식사를 편하게 대신할 수 있는 세트 메뉴를 개발하여 히트를 쳤다. 이렇게 관찰은 중요하다.

우리는 고객의 행동을 관찰하는 다양한 방법을 사용한다.

① 고객 설문지 분석
② 상담 녹음 청취
③ 상담 참관
④ 치료 과정 참관
⑤ 기획 회의(계획수립)
⑥ 고객 인터뷰
⑦ 기획 회의(평가 후 5번으로)

이런 과정을 통해서 우리는 계속 지켜본다. 고객의 행동 양식을 지켜본다. 왜? 고객이 답하는 거의 대부분의 것들은 자신도 합리화한 잘못된 대답이 많기 때문이다. 의료 기관에 물어본다. "고객이 우리의 어떤 부분에 끌려서 계속 내원하는 걸까요?" 여기서 나오는 대답은 거의 잘못된 것이다. 예를 들어 볼까? 앞서 마트에서 점원이 물었다. "왜 우리 밀크 쉐이크를 사 가시는 걸까요?" 대답은? "맛있어요."다. 사실 더 본질적인 질문이 앞에 있다. "왜 여기서 밀크 쉐이크를 사시나요?"이다. 그런데 이런 질문이 쉽게 나오지 않는다. 그래서 우리는 바다를 유영하는 고래처럼 느긋하게 관찰을 즐겨야 한다. 그리고 끊임없이 질문을 던져야 한다.

이런 관찰(질문을 포함하여)의 결과는 무척 중요하다. 고객 설명 자료의 변화, 인테리어 공간의 변화, 공간에 비치하는 과자 종류의 변화,[58] 상담 내용의 변화, 고객의 자기 관리 체크 포인트 변화 등 이루 말할 수 없을 정도로 많다. 비용은 이런 곳에 지출해야 한다. 투자 대비 효율의 가치가 크다. 이유가 무엇일까? 남들이 하지 않는 일이니까 그런 것이다. 남들도 하는 것을 해서는 변화가 크지 않다.

## 콜드 리딩에서 핫 리딩으로

전작에서 콜드 리딩에 대해서 설명한 적이 있다. 고객에 대한 정보를 잘 모를 때 쓰는 기법이다. 웜 리딩은 고객에 대해서 어느 정도 알 때 쓸 수 있는 기법이다. 핫 리딩은 고객에 대해서 잘 알 때 쓰는 기법이다. 자, 모든 고객들을 처음에는 잘 알 수 없다. 1년 정도 되면 잘 알 수 있다. 그런데 정말 그런가? 1년이 지나도 피상적으로 보면 그 사람에 대해서 알 수 있는 것은 없다. 관심이 없는 사람에 대해서는 10년을 알아도 잘 모른다. 그 고객은 무엇을 좋아하는가? 그 고객은 왜 우리를 선택하였는가? 그 고객은 왜 계속 우리에게 오는가? 그 고객은 왜 우리에게 와야 하는가? 그 고객에게 얼마를 써야 ROI(Return On Investment, 단 LTV 관점으로)가 맞는 것인가? 이 모든 질문에 답해야 한다. 만약 이 질문들에 답할 준비가 되어 있지 않다면 CRM(Customer Relationship Management)

58) 우리가 관찰했던 사례 중에서 제일 재미있는 것은 사람들이 비치하는 과자의 종류도 내원을 선택하는 동기가 된다는 사실이다.

프로세스를 전면 수정해야 한다.

## 관계라는 것은

'당신은 얼마나 이타적인 사람인가?' 이 말에 답을 해 보라. 무조건 퍼주라는 말이 아니다.[59] 내가 얼마나 타인의 관점에서 나를 바라볼 수 있느냐 하는 것을 말하는 것이다.

의료 기관이 CRM을 잘하기 위해서는 우선 투자 마인드가 제일 중요하다. 고객 관리에 비용을 투자할 정도가 되어야 한다. 그리고 그다음은 전략적인 사고가 가능해야 한다. 적어도 판단력이 있어야 한다는 소리다. '고객 관리를 잘하는 직원 하나만 잘 뽑으면 되지.' 이런 것은 환상이다. 적어도 내가 기본적인 방향에 대한 판단이 있어야 한다. 그리고 마지막은 헌신이다. 직원이 우리 의료 기관에 그리고 나에게 헌신할 수 있어야 한다. 그렇다면 직원이 어떻게 헌신할 수 있는가? 그것은 내가 얼마나 타인에게 이타적인가 하는 기준에 맞추어서 변화된다. 이 내용은 5-2에 나온다.

---

59) 그리고 무조건 퍼주는 것이 이타적인 것도 아니다.

# 4-4
# 어떻게 소개를 만들어 낼 것인가?

## 인맥이 좋은 사람은 누구?

2005년 중앙일보는 재미있는 취재를 했다. 각 분야에서 엘리트 3만 1,800명의 직장 연줄망을 분석하여 기사를 냈다. 재미있는 사실이 몇 가지 있다. 공직(꼭 공무원을 말하는 것이 아니라, 공식적인 자리를 말한다)에 있던 사람이 인맥이 가장 넓다는 것이다. 어공(어쩌다 공무원)이 훨씬 강력한 인맥을 가진다는 것이다. 늘공(늘 공무원)은 자리를 옮기는 비중이 떨어지지만 어공은 자리를 빈번히 옮기기 때문에 인맥도 넓을 수밖에 없다. 그러니 정치인을 따라갈 인맥 마당발은 없다. 재미있는 것은 정치인을 제외한 대중문화 분야에서도 마당발을 찾아봤는데 이순재, 강부자, 정한용, 최불암, 강신성일 등이었다. 이들은 모두 국회의원 경력을 가지고 있다. 그리고 다양한 협회의 장을 지냈다. 국회의원이 먼저

되고 나서 협회장이 되었는지, 협회장이 될 정도의 인맥이 있어서 국회의원이 되었는지 선후 문제는 각자 다를 수 있지만 정치인 경력이 있다는 공통점이 있다.

그리고 세대별로 보면 나이가 많은 세대의 독점 성향이 강하다 보니 젊은 세대로 갈수록 인맥의 폭이 좁아진다는 것이다. 직업 네트워크로 보면 1950년대생 이전의 경우 평균 70명, 1950년대생은 평균 12명, 386세대는 9명이었다. 점점 줄어드는 것이다. 이것은 독점의 해체를 의미하고 있다.

학교별로 보자면 인맥의 숫자로 비교해서 순서대로 고려대, 서울대, 연세대, 한양대 순이었다. 고려대 출신이 조직 생활에 잘 적응한다는 일반적인 인식이 사실일 수 있다는 결과다. 그러나 우리의 고객 비중은 정치인도 많지 않고, 좋은 대학 출신이 많지 않을 수 있다.

"한번은 치료가 잘된 환자에게 '소개 좀 해 주세요~.'라고 했다가 민망한 적이 있어요. '아는 사람한테 병원 소개하는 거 아닙니다.'라고 딱 잘라서 말하는 거예요."

우리 고객의 말이다. 호기 좋게 소개를 요청했는데 이런 쌀쌀맞은 답변이 돌아오면 말 그대로 싸대기 맞은 느낌 비슷하다. 주로 '강남 사람들은 환자 소개를 하지 않는다.'는 속설이 있다. 이런 경우는 두 가지 경우를 놓고 판단해 보면 사실과 다를 가능성도 있다.

첫째, 사실 그 의료 기관이 소개받을 준비가 되어 있지 않은 경우다.

다른 의료 기관은 강남에서도 소개 비중이 많은 경우가 있다. 이것은 해당 의료 기관 자체의 문제일 수 있다.

둘째, 소개 성향 자체가 없는 사람들만 확인한 후 강남의 환자 성향을 일반화한 경우다.

사실 사람이 모두 소개를 잘하는 것이 아니다. 그 사람의 소개 성향이 없는 것을 가지고 오해를 한 경우이다. 결국 샘플 사이즈가 작은 경험으로 일반화하는 오류를 범한 것이다.

필자는 사실과 다르다고 판단한다. 물론 전체 강남 인구를 놓고 조사하거나 한 것이 아니므로 필자 역시 일반화하는 것은 곤란하지만 일부 지역의 성향 차이가 난다는 증거를 본 경우가 별로 없다. 오히려 어떻게 소개를 이끌어야 하는지 모르는 경우가 많다. 그렇다면 성향의 차이라고 보고 접근해 보자. 어떻게 성향 차이를 확인할 수 있을까?

간단하게 확인하는 방법은 스몰 토크를 할 때 '잘 가시는 음식점 중에서 괜찮은 곳 소개 좀 해 주세요.'라고 물어보는 것이다. 혹시 먹는 것에 관심이 없는 사람일 가능성도 있으니 고객이 관심 있어 할 만한 것을 정해서 추천해 달라고 요청하는 것이다. 그러면 그 사람의 소개 성향을 쉽게 파악할 수 있다. 소개 성향이 강한 사람은 자신이 알고 있는 것을 아낌없이 알려 주려고 노력한다. 그렇지 못한 사람은 자신이 만족하고 있음에도 불구하고 잘 이야기를 하려고 하지 않는다. 이것이 어떤 이유인가 하는 것을 알 필요는 없다. 심리 치료를 하는 것이 아니므로….

## 이제 다음 단계로

자 이제 우리의 수준을 조금 더 올려 보자. 다시 처음으로 돌아가서, 무엇인가의 프로세스를 설계하기 위해서 처음에 할 일은 분류라고 말하였다. 먼저 고객을 분류하는 작업을 하는 것이 먼저다. 이것은 XYZ의 축을 가진다. X는 고객의 매출, Y는 고객의 접촉 기간, Z는 고객의 성향(성향에 따라서 고객의 여정은 갈래가 생긴다. 한 가지 길만 만들어서는 곤란하다는 말이다), 또 나눌 것이 무엇이 있을까? 소개 인원 수, 그리고 가능성 여부(전술했던 소개 성향 질문으로 파악해 보자.) 이런 식의 단계를 설정한다. 그리고 나서 여기에 선을 그어 보자. 시간의 흐름을 통해서 어디서 출발해서 어디로 가야 하는지 여정을 만드는 것이다. 로드맵이 별게 아니다. 순서를 정하면 그게 로드맵이다. 고객의 발전 단계를 만들어도 좋고, 게임이론의 레벨업 기준점을 만들어도 된다.

페르소나 마케팅이라는 말을 한 번은 들어 봤을 것이다. 뭔가 그럴싸한 말처럼 들린다. 검색해 보면 주로 사례로 소개되는 것이 '나이키'와 '룰루레몬'이다. 결국 페르소나라는 것은 아바타와 비슷하다. 고객의 유형 중에서 우리가 주력해야 할 가상의 인물을 설정하는 것이다. 나이, 직업, 가족관계 등등을 놓고 우리의 주력 고객이 누구인가 하는 것을 정하여 집중하는 것을 말한다. 이것은 아주 강력한 기법이기는 한데 다만 실수를 범할 수 있는 오류 몇 가지를 짚고 넘어가자.

① 만병 통치약이 아니다.

세상에 어떤 것도 그것 하나만으로 모든 것이 해결되는 것은 없다. 단지 집중의 문제를 언급하는 것이다. 100% 집중이 아니라 80%쯤 집중이다.

② 생명력을 불어넣어야 한다.

가상의 인물이라고 해서 정말 아바타처럼 아이콘이나 장난감처럼 생각하면 안 된다. 가상의 인물일 뿐 실제의 사람처럼 느낄 수 있어야 한다.

③ 출발은 항상 우리 고객으로부터.

우리가 원하는 입장만을 생각해서 고집하지 말고 기반을 현실에 두고 출발해야 한다.

비전을 설계하는 네 가지 기준점[60] 중에서 배치되는 두 가지 점이 있다. '크고 위험해야 한다.'는 것과 '꿈을 꾸면 안 된다.'는 것이다. 얼핏 보면 배치되는 말처럼 들린다. 이것은 교집합을 말하는 것이다. 이런 것처럼 생명력을 불어넣는 가상의 인물이지만 그 기준점의 변수들은 모두 현실에서 추출해야 한다는 것이다. 그래서 먼저 우리 고객을 분류해 본 후에 공통점을 모아서 가상의 인물을 창조하는 것이 중요하다. 이 기법은 합리성과 직관성을 동시에 사용해야 효과가 있다. 그리고 페르소나 설계에 도움이 될 만한 원칙이 몇 가지 더 있다. ① 고객의 목적이 무엇인가, ② 고객의 사회적, 가정적인 역할은 무엇인가, ③ 고객의 입장에서 우리 진료를 어떻게 바라보는가(잔인할 정도로 철저한 고객의 관점), ④ 가설과 증명의 과정을 계속할 용기와 에너지가 필요함.

60) BHAGs : Big Hairy Audacious Goals - 짐콜린스.

우선 우리 고객의 유형을 분류하자.

## 그리고 또 다음 단계

① 페르소나를 정의했고 고객의 레벨을 설정했다고 가정해 보자.

② 이 말은 고객의 LTV까지 정의되었다는 것이다.

③ 이제 고객은 2가지 다른 여정이 있다. 소개로 보자면 가족만 소개하는 자와 가족이 아닌 다른 자도 소개하는 자.

④ 이것은 우리의 진료와 서비스[61]를 돌아보게 한다. 왜? '우리 진료가 가족을 소개할 정도가 되는가?'라는 질문에 답하라. 중요한 것은 우리 고객 중 소개 비중이 어떻게 되는가 하는 것이 중요하다. 한두 명 케이스를 가지고 부풀리지 말고 냉정하게 보자.

이 장에서 우리가 원하는 것은 바로 소개이다. 무조건 소개를 늘리는 것이 목적이 아니다. 우리에게 중요한 고객을 늘리는 것이 목표이다. 그런 면에서 '페르소나의 정의 + LTV 계산 + 고객 여정 설계'가 통합적으로 완료되는 것이 중요하다. 그래야만 골치 아픈 고객이 많아져서 낭패 볼 일이 없다.

이제 몇 가지 팁을 알려 줄 것이다. 작은 팁이지만 아주 유용하고 정확

---

61) 사실 '진료와 서비스'는 서비스로서 같은 말로 인식되어야 한다. 의료진들은 항상 서비스와 진료를 구분하려고 한다. 진료가 서비스가 아니라고 생각한다. 직업을 계급으로, 진료를 성역으로 생각하는 사람들이 있다. 세상의 모든 사람은 타인을 위해 서비스하며 살아간다. 모든 사람은 다른 사람을 위해서 살아가는 것이다.

하다. 먼저 소개해 준 고객이 있다면 소개받은 환자를 진료하고 치료하는 과정에 대해서, 소개해 준 고객에게 정확하게 브리핑을 해 주어야 한다. 이것은 몇 가지 장점이 있다. ① 소개를 받은 사람이 만족하지 않았을 때, 그것이 우리의 잘못이라고 생각하게 되는 것을 차단해 준다. ② 새로운 사람을 소개해도 될 것 같은 안도감을 준다. ③ 자신의 행동에 대한 명확한 판단을 제공하기 때문에 다음에 소개해야 할 사람에 대한 인지를 넓혀준다.

소개를 받고 나서 그 상황을 소개해 준 사람에게 인지시켜 주는 경우가 많지 않다. 이 브리핑만 잘해도 소개율이 올라간다. 생각보다 많이.

소개해 준 사람에게는 반드시 보답이 필요하다. 반드시 원장이 진심을 담아서 감사 인사를 해야 한다. 당연하게 받아들이면 당연하게 다음 소개는 발생하지 않을 수 있다. 그리고 단계별로 보답을 설계해야 한다. 거래가 성사된 이후에 하는 것이 아니라, 소개가 발생한 시점에 감사 인사와 함께 작은 선물을 하고, 치료를 시작해서 결제를 하게 되면 다시 다른 선물을 준비한다. 그리고 치료의 경과에 대해서 중간이나 끝에 한 번 더 소개해 준 사람에게 브리핑을 해 준다. 그리고 보답의 범위는 항상 LTV의 관점 안에서 하되 기여도에 따라서 차등을 주면 된다.

어찌 보면 소개는 영업과 같은 것이다. 영업을 잘하는 팀과 그렇지 못한 팀은 차이가 많은데 그중 한 가지는 '영업이 쉬운가 어려운가' 하는 것이다. 영업 사원이 잘 팔려면 쉽게 설명할 수 있도록 준비가 되어야 한다. 소개를 잘하게 만들기 위한 자료나 재료 등을 잘 준비해서 고객이 영업 사원같이 밀어붙인다는 느낌을 받지 않도록 기술적으로 제공해야 한다.

## 볼륨업이란 무엇인가

세상의 모든 볼륨업은 세력화라고 할 수 있다. 세력화라는 것은 '나와 같은 생각을 가지고 있는 사람을 얼마나 많이 만들어 낼 것인가.'라고 할 수 있다. 우선 내가, 그리고 직원들이, 3단계는 고객들이, 마지막은 세상이 어떻게 생각해야 하는지를, 진료의 관점에서 내가 진료하는 질환의 관점에서 세력화하는 과정이다. 결국 우리의 목표는 당신이 진료하는 질환에 대해서 세상은 어떻게 봐야 하는지를 당신의 관점으로 관철해 가는 과정이다. 이것이 바로 볼륨업에 대한 필자의 관점이다.

# 4-5
# 월 매출 7억 원 이상의 로컬 경영 무엇이 다른가

## 위기를 돌파하는 힘

코비드19로 인해서 대부분의 의료 기관이 어려움을 겪고 있다. 신환의 흐름에서 제일 중요한 것은 시장의 반응이다. 전술한 바와 같이 사람의 의사결정은 이미지로 결정된다. 우리가 느낌이라고 부르는 것이 우리의 의사결정을 대신한다. 단지 우리가 합리적으로 결정한다는 착각에 빠져 있을 뿐이다.

2015년 메르스로 인해서 사람들의 반응이 달라졌다. 물론 지금의 코비드 사태에 비할 바가 아니다. 하지만 이때를 잘 돌아보면 S 병원의 대처가 문제가 되었다. 감염 관리 등이 철저할 것이라고 믿었던 대형 병원에서 2차 감염이 발생한 것이다. 이것은 전체 의료에 대한 판단에 영향을 미치게 된다. 대중의 검색 동향이 달라졌다. 질환에 대한 검색 비중이 메르스 이전과 이후 크게 달라졌고, 2019년 12월 현재 메르스 이전의 검색량을 회복하지 못했다.

이러한 경향은 코비드19 사태에도 반영이 되었다. 코비드19의 환자 수에 따라서 초진에 영향을 미치고 있다. 코비드19 사태 초반에는 치과와 이비인후과 등의 호흡기 계열 치료를 하는 의료 기관이 대부분 타격을 입었다. 그러나 코비드19 환자의 숫자가 변하고 정부의 방역 대응에 따라서 양상은 2년 동안 계속 변화했다. 2021년 겨울이 되면서 치과의 초진 반응은 80% 이상 회복되었다. 2022년 1/4 분기에 오미크론의 영향으로 코비드19 환자 숫자가 극에 달할 때에 대부분의 의료 기관이 타격을 입었으나 치과는 큰 영향을 받지 않았다. 다만 코비드19 초기에 영향을 받지 않은 치과의 경우 2022년 1/4 분기에는 대부분 타격을 받았다.

이렇게 사회 전체에 영향을 미치는 경우에는 당연히 모든 의료 기관에 영향을 미치게 된다. 일반적인 상황에서도 시장의 반응에 따라서 달라질 수밖에 없는데 이런 상황을 돌파하기 위해서는 광고와 소개의 환자 비중 밸런스를 맞추는 것이 무엇보다 중요하다.

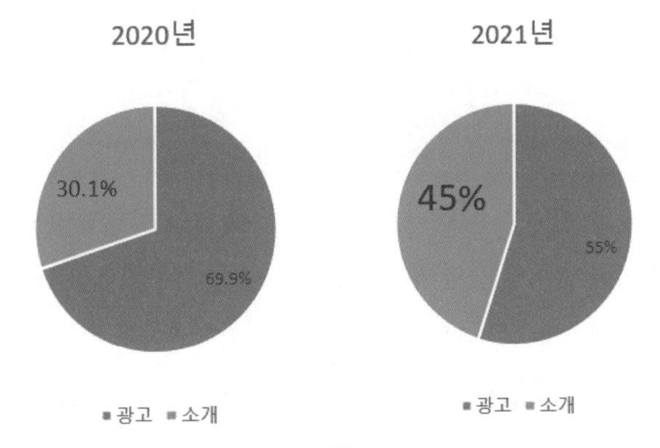


〈그림 8. 2020년과 2021년의 N그룹[62] 의료 기관의 초진 환자 유인 비중〉

N그룹의 평균 비중이다. 대략 1년이라는 기간 동안 15.1%의 변화가 있었다. 이것은 매우 큰 비중이다. 그리고 이것은 확정적인 마인드의 변화를 나타내 주는 것이다. 필자가 고객 의료 기관과의 첫 미팅 때 주로 듣는 말이 있다.

"이 질환은 환자가 소개를 잘 안 합니다."

물론 그런 질환과 시술 시장이 있다. 그러나 2/3는 시장과 관련이 없다. 내부적인 전략과 전술이 바뀌고 의료 기관이 시장을 바라보는 관점이 바뀌면 환자의 비중은 1년 만에 색깔이 바뀌게 된다. 소개 환자가 많아져야 하는 이유는 설명하지 않아도 알 것이다.

계절성이 있는 비급여 질환 시장에서 급여와 비급여의 비중이 중요하듯이 비급여 분야에서 광고와 소개는 이와 비슷한 작용을 한다.

---

62) N그룹은 컨설팅을 신규로 시작한 분류이다.

## 머니 게임

시장을 장악하기로 결정을 했다면 얼마의 자금이면 가능할까? 일본의 시나가와 클리닉이 일본의 라식 시장을 장악하는 데는 8개월의 시간이면 충분했다. 8개월 동안 투자금 300억 원을 회수했으니 한 달 매출이 대략 짐작이 갈 것이다. 매출 계산에서 비용은 제외하고 300억 원을 회수한 것이다. 결국 모든 게임은 돈으로 귀결된다. 만약 당신이 자신의 시장을 장악하겠다고 결정했다고 하자. 그러면 대략 광고비는 얼마나 들어갈까? 한 달에 2억 5천만 원을 잡고 12개월이면 30억 원이다.

우리나라 인터넷에 도배를 한다고 가정을 하고 금액을 산정하면 한 달에 2억 5천만 원이다. 그 이상의 비용은 발생하지 않는다. 온라인만 계산한 것이다. 월 매출이 2억 원이든, 10억 원이든 온라인을 모두 잡는 것에는 그 이상의 비용이 발생하지 않는다. 가장 빠른 방법은 온라인을 모두 장악하고 경쟁자들이 없어지기를 기다리는 것이다. 1년도 걸리지 않는다. 이것이 가장 빠르게 시장을 장악하는 방법이다. 적당하고 순진한 생각은 버려라. 시장을 쓸어버리지 않으면 새로운 경쟁자가 나타나서 계속 나를 괴롭힐 것이고 시장의 비용 가치는 교란되어 단가를 유지하기 어려울 것이다.

## 힘과 가치의 양 날개

시장은 힘으로 모든 것을 해결할 수 없다. 돈만 가진다고 모든 것을 장악할 수 없다는 말이다. 자금을 가지고 시장을 장악할 수는 있다. 하지만 진료적 가치가 없다면 시간이 지날수록 장악력을 잃어버리게 된다. 직원을 관리하는 것도 마찬가지이다. 돈만 많이 주면 된다는 생각을 가지고 있다면 그것은 오산이다. 퇴사하는 대부분의 직원은 급여 문제보다 관계 문제가 훨씬 크다.

반대로 진료적인 능력이나 선한 가치를 가지고 진료를 한다고 해서 시장에서 우위에 설 수 있는가? 그것은 정말 어리석은 생각이다. 환자는 진짜와 가짜를 구분할 만큼의 정보를 가지고 있지 않다. 그러니 진료만 잘하면 된다는 생각을 가지고 있다면 다음 생을 기약해야겠다. 이번 생에는 불가능할 것이다. 직원에게 잘해 주면 된다, 인간적으로 해 주면 모두 잘할 것이라는 것도 착각이다. 대부분 직원을 인간적으로 대해 준다는 의료 기관이 시간이 지나면 어려움을 겪는 경우가 많다. 중요한 것은 어느 한쪽을 고집하는 것이 아니라. 밸런스를 맞추는 것이다. 상업적인 전략도 필요하고 진료적 가치도 가지고 있어야 한다. 직원을 인간적으로 대해야 하지만 평가는 제대로 해야 한다. 열심히 하는 것이 아니라 제대로 하는 것이 필요하듯이 열심히 한 직원이 아니라 제대로 한 직원이 평가에서 우위에 있어야 한다. 그래야 우수한 직원을 보유할 수 있다. '인간적인' 한 가지의 날개로는 멀리 갈 수 없다. 다만 동네에서 날아다닐 뿐.

## 어떻게 전염이 될 것인가?

프로세스의 모든 과정을 이해하면 좋겠으나 지면이 적으니 하나만 이야기해 보자. '어떻게 소개를 더 많이 만들어 낼 것인가?' 그것은 전염성이 필요하다. 말콤 글래드웰의 《티핑 포인트》를 보면 아이디어 전염성에 대해서 나온다. 원칙은 다음과 같다.

① 불필요한 세부사항을 제거하고 아이디어 단순화(배경)
② 의미 부여를 할 수 있는 포인트를 정교하게(단어 배열)
③ 이해하기 쉬운 메시지로 변환(짧은 문장)

여기에 페르소나가 필요하다. 우리의 주요 고객층은 누구인가? 그 사람에게 어떤 메시지를 전달할 것인가? 이런 정돈이 된 이후에 마케팅에 적용해야 한다. 그렇지 못한 사례를 우리는 많이 본다. 의료 기관에서 1,000명에게 똑같이 발송되는 의미 없는 문자 메시지가 그것이다. 그러니까 반응률이 떨어지는 것이다. 페르소나의 몽타주도 한 명일 수 없다.

## 경영의 모든 활동을 점수로

필자는 재무 구조와 경영 활동 전반을 점수화하는 것을 선호한다. 모든 것을 수치화하는 작업은 시간이 오래 걸린다. 수치화하기 어려운 것들도 있기 때문이다. 그러나 불가능한 것은 없다. 그리고 처음부터 완벽한 것은 없다. 우선 경영의 모든 영역을 서로 연결하는 작업이 필요하다. 마인드맵처럼 서로의 연관 관계부터 설계해야 한다. 이렇게 설계된 것들을 점수화하여 정리하면 전체적인 윤곽이 잡힌다. 이 숫자들이 서로 연계성을 갖는 것이 중요하다. 이렇게 BSC가 완성되면 어떤 장점이 있을까? 수익이 오르고 떨어지는 정확한 원인 파악이 가능하다. 성과를 측정하는 이유는 위기를 돌파하기 위한 것이고 더욱 성장하기 위한 것이다. 프로세스라는 것은 경영 전체의 과정을 숫자로 이해를 해서 왜곡이 없게 만드는 과정이다.

## 당신이 성공한 이유와 실패한 이유

레벨은 그냥 도달하는 것이 아니다. 거저 얻어지는 것은 하나도 없다는 것을 알아야 한다. 그리고 나만 잘해서 나온 결과가 아니라는 것도 알아야 한다. 만약 당신이 성공을 했다고 치자. 그러면 그 성공에 연관된 것은 얼마나 많은가? 나만 잘한 것이 아니라 경쟁자도 못해야 하는 것이고 시장의 상황도 그것에 맞춰져야 가능한 것이다. 계속 성공하려면 무엇을 알아야 할까? 지금 당신이 선 자리에 어떻게 해서 도달했는가를 제대로 밝혀야 가능하다. 로컬에서 2억 원의 매출을 달성했다고 치자. 그런데 왜? 그것이 가능했는지를 정확히 알지 못한다면 다시 떨어지거나 그 위로 더 올라가지 못할 수 있다. 내가 도달한 현재의 위치에 어떻게 도달했는지를 정확하게 모른다면 언제고 실패할 수 있다는 것을 알아야 한다. 매출 7억 원 정도를 그래도 성공한 로컬로 이야기할 수 있는데 그것도 알아야 가능하고 프로세스화해야 할 것들도 아주 많다. 거저 얻어지는 것은 어디에도 없다. 그리고 매출보다 더 중요한 것은 수익이다.

# 4-6
# 당신이 진료하는 이유가 고객을 확대한다

## 우리는 언제 실패하는가

우리 회사는 고객에게 우호적인 평가만 듣지는 않는다. 일을 하는 방식이 고객 지향적이지 않다는 평가다. 고객이 원하는 것보다 우리가 원하는 것을 고집하는 경우가 많다. 그러다 보니 마케팅 방향에 대해서 서로 옥신각신하는 경우가 많다. 우리가 이렇게 변한 것은 이유가 있다. 과거에는 고객 지향적이라고 할 만했다. 여기서 오해가 있는데 이것은 사실 고객 지향적이 아니다. 사실은 수익 지향적이라는 말이 옳다. 고객보다 돈이 먼저 보이는 것을 말한다. 괜히 고집을 부려 봐야 '을'만 손해다. 진짜 고객 지향은 싸우는 것을 주저하지 않는다. 진짜 고객 지향은 고객이 원하는 것만 주려고 하지 않는다. 그래서 우리는 돈보다 더 중요한 고객의 미래와 우리의 자존감을 지키려고 노력한다. 그리고 이것은 결국 우리의 미래를 지키는 방법이라고 믿는다.

우리가 실패한 경우는 다음의 두 가지 경우이다.

① 고객이 원하는 대로만 한 경우
② 고객의 변화 없이 직능적인 수행만 하는 경우

사실 고객은 매우 성급한 경우가 많다. 우리가 고객을 제대로 파악하기 전에 결과를 원하는 경우도 많다. 그런데 문제는 이런 프로젝트의 경우 기간 한정 매출이 높은 경우가 많다. 그래서 앞서 말한 것과 같이 돈에 눈이 멀게 되면 오히려 돈과 멀어지게 된다. 고객이 지금까지 성공하고 실패한 원인을 제대로 파악하기 전에 절대적인 결과라는 것은 불가능하다.

우리는 할 수 있는 것과 할 수 없을 것을 명확하게 구분한다.

**Q** "직원들이 말 잘 듣게 바꿔 주세요."
**A** "원장님이 먼저 바뀌셔야 하는데 괜찮겠어요?"

**Q** "대행사만 이쪽으로 바뀌면 매출이 바로 올라갈까요?"
**A** "시간이 필요합니다. 기존에 하던 것을 모두 무시하고 광고하면 오히려 초진이 떨어질 수 있습니다. 이 지역에서 선생님 경쟁 상대를 파악하는 것도 시간이 필요합니다."

A "키워드 광고 최적화를 하는 것도 반응을 보면서 하는 것이기 때문에 시간이 필요합니다."

이런 대화가 오가면 다음 미팅이 없는 경우가 많다. 우리가 강조하는 것은 마케팅 방식의 근본적인 변화이다. 기다리는 광고에서 찾아가는 광고로 변해야 하고, 초진 수만 세는 광고에서 재진과 소개 수를 늘리는 마케팅으로 변하는 것을 주장한다. 처음에는 변화가 없을지 몰라도 시간이 지나면 바닥부터 변화를 겪는다. 이런 과정에서 의료진과 직원들의 변화는 필수다. 우리는 스스로를 '씨앗을 심는 사람들'이라고 표현한다. 우리는 의료 시장에 우수한 의료 기관이 많아지는 미래를 만드는 목표를 가지고 있다. 진료적인 성장으로 환자들에게 우수한 의료를 제공하고 노동 시장에서 우수한 인력을 양성하며 최고의 대우로써 인재를 보유하는 존경받는 의료 기관을 많이 양성하는 것이 우리의 목표다. 이것이 우리가 대한민국 의료에 기여하는 방식이다.

## 당신이 목표하는 것은 무엇인가

우리는 '존경받는 의료 기관을 많이 양성한다.'는 목표를 만들기까지 꽤 오랜 시간이 걸렸다. 그리고 처음에 의료 시장에 들어왔을 때, 아무것도 모르고 돈에 대한 욕망을 추구하던 시절도 있었다. 시간이 지나고 비로소 지금의 목표를 이루어 가는 과정이 되어서야 우리는 왜 의료 시장에서 존재하고 있는지를 깨닫게 된다. 존재적 가치를 세우지 않고 더 높은 곳으로 갈 수 없다.

필자는 항상 묻는다. '당신은 왜 진료를 하고 있습니까?' 이 질문은 매우 중요하다. 물론 처음에는 중요하지 않다. 처음 사회에 나와서 진료를 하게 되면 이런 질문은 허공에 떠다니는 허황된 질문에 가깝다. 우선 모든 사람은 자신의 욕망을 충족해야 할 필요가 있다. 그 과정에서 우리는 가면을 쓴다. 우리의 사회는 겉과 속이 다른 인간으로 살 것을 강요하는 경향이 있다. 아주 오랜 시간 동안 경쟁에서 이겨야 살 수 있다는 것을 가르쳐 놓고 사회적으로 그런 욕망을 드러내지 않는 것이 '젠틀'한 것이라는 가면을 모두에게 씌워 놓았다. 이 과정에서 우리는 사회의 노예가 되었다. 우리의 사회는 새로운 것을 창조하는 사람이 아니라, 그저 사회가 돌아갈 정도의 사람을 만들어 내는 것에 익숙해져 있기 때문에 우리는 항상 사회적인 노예의 일원으로 사는 것에 아주 익숙해져 있다. 그래서 변화를 두려워한다. 식민지 시절에 노예제 폐지를 반대하는 노예들이 많았다는 것은 이미 잘 알려져 있다. 우리는 창조적인 작업을 할 수 있는 상태가 아닌 심리적인 노예 상태에 있다. 우리가 변화를 두려워하는 것이 바로 그 증거이다.

필자는 항상 물질적인 욕망을 채우라고 말한다. 물질적인 욕망을 채워 보지 않고 그다음 단계로 갈 수 없다. 최대한 사치도 해 보고, 최대한 좋은 것도 사 보고, 할 수 있는 것을 해 보자. 부처님은 모든 것을 버리고 출가를 했지만 이제는 세상에서 가장 좋은 금옷을 두르고 계신다. 세계에 온통 부처님의 집뿐이다. 예수님은 마구간에서 태어났으며 자신의 목숨도 타인들을 위해 바쳤지만 이제는 모든 사람이 우러러보는 위치에서 계신다. 부처님처럼 예수님의 집도 전 세계 어디에나 있다. 사실 두

분 모두 부동산 갑부이다. 그러니 금욕은 더 많이 가지려는 세상의 농간일 뿐이다. 일정 수준 이상 가져 보지 못한 사람은 항상 갈증이 있다. 그러한 갈증에서 벗어나는 길은 충분히 목을 축이는 것이듯이, 충분히 물질적인 욕망을 채우고 난 이후에는 당신이 왜 진료를 하는지 진지하게 생각해야 한다. 충분히 목을 축인 이후에도 계속 욕망만을 채운다면 더 큰 행복을 포기하는 것이다.

그래서 당신은 물질적인 풍요를 받고 무엇을 세상에 내줄 것인가. 또는 당신이 세상에 이루고자 하는 결과는 무엇인가. 이것이 정리되지 않으면 어느 순간 매너리즘에 빠지게 되고 당신의 의료 기관은 정체가 될 것이다.

## 조언

우선 진료에서 최고가 되면 좋겠다. 다만 자뻑을 말하는 것이 아니다. 객관적인 지표로서 최고가 되어야 의미가 있다. 인간은 얼마나 착각을 잘하는 존재인가! 우리는 얼마나 자존감이 아닌 자신감을 강요받는 사회에 살고 있는지 알아야 한다. 진료적인 측면에서 늘 새롭게 발전하는 최고가 되어야 한다. 진공관이 최고로 발전하던 시기에 이미 트랜지스터가 개발되어 있었고, 새로운 기술과 개념은 늘 기존의 것이 완성 단계에 있을 때 개발되어 왔다. 그것이 인류의 역사다. 우리가 믿고 있는 가치를 늘 상회하는 개념이 존재한다는 것을 잊어서는 안 된다. 그래서 자신감이 아닌 자존감을 갖는 겸손함이 세상을 변화시키는 것이다. 왜냐하면 자신감은 더 높은 존재와 만나면 자기 비하가 되고 더 낮은 존재와 만나면 거만함이 될 수 있기 때문이다.

진료적인 측면에서 늘 새로운 것을 추구하는 노력이 필요하다. 여기서 파트너는 매우 중요하다. 직원도 파트너이고, 페이닥터 원장도 파트너다. 내가 모든 것을 할 수 없으니 권한 위임이 중요하다. 권한 위임이 안 되는 사람은 결코 발전할 수 없다. 성공하는 사람은 '내가 잘하는 사람'이 아니다. '다른 사람을 잘하게 만들 수 있는 사람'이 성공하는 것이다. 그래야 많은 일을 한꺼번에 처리할 수 있다.

그리니 연구도 하고 논문도 쓰고 책도 내야 한다. 환자들과 직원들에게 존경받아야 한다. 그러려면 내가 먼저 직원과 환자를 존중해야 한다. 직원의 급여도 업계 최고로 줄 수 있어야 한다. 그러면 직원이 떠날까 걱정하지 않아도 된다. 물론 돈만으로 사람을 잡을 수 없다. 내부 시스템을 오래 다니고 싶은 의료 기관으로 만들어야 한다. 서로 간의 갈등을 관리하는 것도 중요하다.

Pain Point를 찾아서 적절하게 관리하자. Pain Point라는 개념은 여러 가지 해석을 할 수 있다. '우리 의료 기관이 늘 힘들어하는 것', '직원들의 갈등 포인트' 등이다. 결국 경영이라는 것은 갈등을 잘 관리해서 병목이 생기지 않게 만들고 자본과 자산을 잘 관리하여 재무적 세력화를 이루는 과정이다.

시장의 재편이라는 멋진 목표를 세우는 것도 중요하다. 적절하게 돈이나 좀 벌고 말 것이라면 아주 적나라하게 돈만 추구하는 것이 낫다. 어설픈 자랑질이나 도덕심을 아예 버리고 돈만 추구하는 것도 나쁜 것은 아니다. 그러나 어느 정도 그런 욕망이 채워졌다면 세상을 바꾸는 것에 대한 새로운 관심을 갖는 것도 좋다. 그래야 지치지 않는다. 그리고 필자가 더 바라는 것은 세상을 바꾸고자 하는 당신의 세계관이 구축되는 것이다.

## 만약 다음 세상이 있다면

만약 저세상이 있다고 가정했을 때 당신은 무엇을 가져가고 싶은지 적어 보자. 무엇인가? 명성인가 돈인가 아니면 사랑인가. 아쉽게도 아무것도 가져갈 수 없다. 당신이 아끼는 어떤 것도 가져갈 수 없다.

얼마전 아는 분께서 갑자기 돌아가셨다. 이름만 대면 알 만한 대기업에서 '모르면 간첩'이라던 이분은 평상시에 버리는 것을 참지 못하셨던 분이다. 돌아가시고 나니 정말 짐이 엄청 많았다. 주인이 없으면 모든 것은 짐일 뿐이다. 부인께서 그 짐을 치우는 데 1년이 걸리셨다. 그래도 아직 짐이 있다. 가치를 모르는 사람이 보면 모든 것이 짐이다. 세상이란 내가 가질 수 있는 것이 많아 보이지만 정작 내가 가질 수 있는 것은 없는지도 모른다. 결국 남는 것은 이 사람이 타인에게 어떤 존재였는지에 대한 기억뿐이다. 시간이 지나면 이분을 기억하는 사람은 어디에도 없을 것이다. 우리의 인생이 그렇다. 지금 당신은 왜 진료를 하고 있는지 진지하게 생각해 볼 일이다. 만약 이미 그런 미래를 결정해 놓은 사람이라면 미래에 대한 거칠 것이 없는 자신의 목표에 헌신할 일이다. 필자는 당신이 정한 그 미래를 응원하고 지원하며 다음 세대에 정신을 남기도록 돕는 것을 소명으로 삼는 사람이다.

경제적 풍요를 달성하고, 사는 동안 행복하며, 이타심도 가지고 있는 사람으로서, 자신이 바라보는 질환의 정의를 세계에 심을 일이다.

## 챕터 5

# 매출 정체 탈출 전략

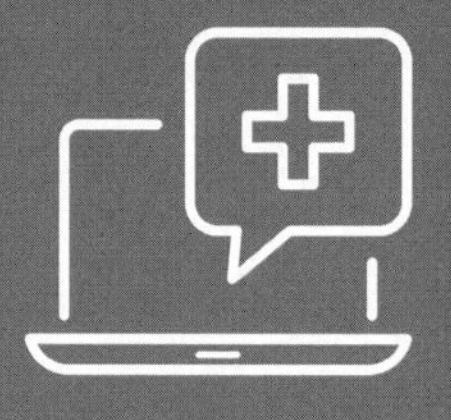

# 5-1
# Good to Great!

## 좋은 것은 위대한 것의 적

'Great의 반대는 Bad가 아니라, Good이다.'라는 명제는 내 머리를 탁 쳤다. '좋은 것은 위대한 것의 적'이라는 문구는 《Good to Great》[63]라는 책 첫 번째 장의 소제목이다. 좋은 것이 위대한 것의 적이라니 얼마나 합당한 말인가 말이다. 필자는 '짐 콜린스'를 좋아한다. 그의 연구는 경영의 역사에 남게 될 것이다. 오랜 연구 끝에 제목을 이렇게 지었으니 '짐 콜린스'는 시인의 마음으로 제목을 지은 것이 아니라, 메시지로 요약을 한 것이다. 대부분의 조직이 어느 순간 정체되는 가장 큰 원인은 오너십의 목표 지향적 정체이다. 오너 이외에 다른 이들이 잘못한 것도 있겠으

63) 한국에는 《좋은 기업을 넘어 위대한 기업으로》라는 제목으로 발간되었다. 이 책의 저자 짐 콜린스는 스탠포드 대학 출신으로 모교에서 강의를 했으며 '명강의 상'을 받았다. 전 세계의 경영 컨설턴트 중에서 몇 안 되는 구루로 평가받는다.

나, 최초의 출발점은 바로 오너십의 정체이다. 당신이 처음 진료를 시작했을 때를 떠올려 보라. 얼마나 간절했는지 말이다. 그러나 이제 좀 살만해진 지금은 어떠한가? 지금도 그렇게 절실한가?

이순신 장군이 위대한 이유는 전쟁에서 이겼기 때문이 아니다. 역사에 보면 한 번도 전쟁에 패하지 않은 장수는 여럿 있다. 김유신도 대표적인 인물이다. 이순신이 무패의 장수 중에서도 가장 높이 평가받는 이유는 ① 패배할 수밖에 없는 열악한 상황에서도 승리했다는 것, ② 전략과 전술 모두에서 우수했다는 것, ③ 훌륭한 인품 등이다. 당시 이원익과 이순신 사이의 편지에서 삼각함수의 흔적도 발견할 수 있다. 임진왜란 시에 조선 수군이 승리한 이유 중에는 판옥선 위에 탑재된 다양한 포를 이용한 포격 전투를 꼽는데, 이것이 그냥 바라보고 쏜 것이 아니라 수학적으로 계산하여 포격을 했다는 말이다. 그 당시의 수학적인 수준을 알려주는 것으로 실로 대단하다는 말밖에 나오지 않는다.

한산 대첩이 가장 많이 주목을 받고 있지만 명량 해전의 경우 13척으로 333척을 이긴 기막힌 전투였다.[64] 명량 해전 이전의 전투에서 이순신은 이길 수 있는 조건을 만들어 놓고 싸웠으니 이기지 못할 전투는 시작하지도 않았다. 그러나 명량 해전은 그런 조건을 완벽하게 갖춘 전투가 아니었다. 그야 말로 '필사즉생 필생즉사(必死則生 必生則死)'의 정신으로 승리한 전투이다. 죽기 살기라는 말로 이것은 중국의 《오자병법》에서 유래한 말이다. 오자는 76번을 싸워 64번 이기고 12번을 비겼다는 전설적인 명장이다. 중국에서는 손자와 더불어 오자로서 추앙받는다. 이

64) 12척이었으나 김억추나 송여종의 지원으로 추가되어 13척이 되었다.

오자 병법에 이르기를 '필사즉생 행생즉사(必死則生 幸生則死)'라 했으니, '반드시 죽으려 하는 자는 살고 요행히 살고자 하는 자는 죽을 것이다.'는 뜻으로 같은 말이다. 얼마나 간절했는지를 말해 주는 것으로 이보다 좋은 사례는 없을 것이다. 눈을 감고 한 번만 느껴 보자. 가족과 이웃을 일본 사무라이의 칼에 잃고 죽음으로써 땅을 지키려고 했던 간절함을 말이다.

우리는 이러한 간절함을 가질 수 없다. 전쟁의 상황도 아니기 때문이다. 그래서 한 번 더 물어보는 것이다. 개원을 처음 해서 간절하게 성공하고자 했던 때의 마음을 느껴 보기를 말이다. 눈을 감고 느껴 보자. 모든 감각을 차단한 상태에서 그때의 기억을 떠올려 보자.

필자는 비전의 중요성을 늘 강조한다. 비전이라는 것은 무엇인가? 만약 당신이 어느 날 산책을 하다가 하늘에서 빛줄기를 하나 보았다고 하자. 그 빛줄기를 타고 내 눈앞에 나의 미래가 펼쳐졌다고 하자. 그 미래에는 내가 꿈꾸던 아주 큰 의료 기관이 있고 그 의료 기관은 내가 만들었으며 진료적으로 아주 우수하여 존경받는다. 직원들은 모두 만족스럽게 근무했고 환자들은 아주 잘 치료가 되었다. 주변의 모든 사람들을 행복하게 만들어 주는 것을 보았다. 이렇게 실제 미래를 눈으로 본 것처럼 그리고 그려 내는 것이 비전이다. 그저 그런 문구 하나를 놓고 적당히 하며, '평생의 꿈'이라는 되지도 않는 말을 지껄이는 것이 아니다. 평생이라는 말로써 언제 될지도 알 수 없는 개꿈을 꾸는 그런 것이 비전일 수 없다. 내 가슴을 뛰게 하는 것이 무엇인지를 아주 명확하게 느껴 보자.

필자가 아는 어떤 원장은 지금 50대인데 캠핑이 삶의 낙이다. 그 동안 쉴새 없이 달려왔더니 캠핑처럼 밖으로 나가서 여유를 즐기고 싶다고 한다. 취미도 하지 말고 오로지 자신의 의료 기관에만 매진하라는 말을 하지 않는다. 내 의료 기관에서 '나는 즐거운가?' 이 말에 답해 봐야 한다. 이 원장은 이제 진료하는 공간이 지겨운 것이다. 내 마음이 즐겁지 않으면 무엇을 해도 답이 없다. 그래서 필자는 컨설팅을 할 때 항상 명상 세션을 함께한다. 목표를 세우고 즐겁게 매진할 수 있는 조건이 되지 않는다면 어떤 것도 오래 이어지지 않는다. 정신이 세워지지 않고 이길 수 있는 방법은 없기 때문이다.

## 나를 돌아보는 반나절의 시간

잠시 내가 시키는 대로 해 보자. A4 용지를 하나 꺼내서 가운데에 자신의 이름을 적는다. 그리고 자신이 맡은 역할을 선을 그어서 마인드맵처럼 그려 보자. 당신은 어떤 역할을 하고 있는가? 오너, 의료진, 아버지(어머니), 딸(아들), 권사, 거사(처사) 등등 어떤 것이든지 좋다. 내가 어떤 곳에서든 맡고 있는 역할을 나열해 보자. 그리고 그것에 점수를 매겨 보자. 점수는 나의 행복 점수이다. 그리고 그것에서 나의 목표는 각각 무엇인지 적어 보자. 또 다른 종이에는 내가 아는 사람의 이름을 모두 적어 보자. 그들과의 관계에 대해서 적어 보자. 계산적인 것도 좋고 정감 있는 것도 좋다. 모두 적은 후에 그 사람과의 관계에서 나의 목표는 무엇인지 적어 보자. 그리고 숙고(熟考)해 보자. 나는 어떤 역할과 어떤 관계에서 행복을 느끼고 있는가? 그리고 왜 나는 그것에서 행복을 느끼고 있는가? 만약 불행하다면 왜 나는 그것을 그대로 유지하고 있는가?

이러한 숙고를 통해서 더 헤매고 있다면 당신은 목표를 상실한 것이다. 우리의 삶은 길을 걷는 것과 같다. 어떤 방향으로 나아감이다. 그 나아갈 방향을 잃었을 때 우리는 잠시 멈추게 된다. 혹시 당신은 지금 매너리즘에 빠져, 이 길을 가다가 잠시 쉬고 있는 시간일 수 있다. 그 시간을 어떻게 보내느냐 하는 것은 매우 중요하다. 당신이 멈추고 있는 그 시간이 의도적인지 아닌지를 말하는 것이다. 그냥 앉아서 아무 목적과 이유 없이 쉬는 것은 어떤 것도 해소해 주지 못한다. 쉴 때도 목적이 있는 쉼이어야 충전이 된다. 온전히 쉬는 것을 하지 않고 불안함 속에 쉬는 것은 쉬는 것이 아니다. 먼저 온전한 쉼을 해야 한다.

## 당신은 어디에서 출발해서 어디로 가고 있는가?

조금 더 들어가 보자. 이제 모든 역할을 내려놓고 생각을 하자. 당신의 역할을 모두 내려놓은 당신은 누구인가? 그런 당신의 출발은 어디였는가? 그리고 지금은 어디쯤 와 있는가? 그리고 당신은 어디로 갈 것인가? 이런 주제로 10분만 눈을 감고 생각해 보자. 만약 당신이 눈을 뜨고 하고 싶다면 주변의 움직임을 잘 느껴 보자. 시간의 흐름을 같이 느끼면서 주변의 모든 움직임을 관찰하자. 자연의 움직임도 좋고 도시의 움직임도 좋다. 말을 하지 않고 그런 움직임을 느끼면서 시간이 흐름을 같이 느껴 보자. 눈을 뜨고 하려면 30분이다.

## 당신의 첫 번째 환자는 누구인가

당신이 마음에 담고 있는 첫 번째 환자는 누구인가? 이것은 첫사랑과 같은 것이다. 당신의 마음속에 담긴 첫 번째 환자를 말한다. 잘 치유되어 당신에게 고맙다고 말했던 환자이든, 그 사람이 잘 치유되어서 당신이 기분이 좋았던 환자이든 상관없다. 다만 클레임을 했던 환자나 기분 나빴던 환자를 제외하고 좋은 기억을 만들어 준 그 환자를 떠올려 보자. 그 사람은 왜 나에게 특별했는지를 느껴 보자. 그 환자와 만났던 그 순간을 떠올려 보자. 그리고 진료에 활력을 가졌던 그 순간들을 기억해 보자. 나는 지금 그때보다 더 나은 의료인이다. 그런 의료인으로서 그때의 감정으로 환자를 볼 수 있도록 그 느낌을 잊어서는 안 된다.

## 당신은 어떤 공간으로 존재하는가?

누군가와 함께 있을 때, 우리는 어떤 느낌을 받게 된다. 좋은 것이든 나쁜 것이든 말이다. 그렇다면 당신은 어떤 느낌을 주고 있는가? '원장님은 환자들에게 어떤 공간으로 존재하나요?' 필자는 묻는다.

"글쎄요. 공간이요?"

"조금 더 생각해 보세요. 어떤 공간에 들어가면 그 공간의 느낌이 있지요? 그렇다면 원장님은 환자들에게 혹은 직원들에게 어떤 공간으로서 느낌을 주고 있죠? 원장님과 함께 있을 때 상대방은 어떤 느낌을 받느냐 하는 말입니다."

'당신은 환자와 직원에게 어떤 공간으로 존재하나요?'

우리는 어떤 공간인가? 어떤 느낌과 향기로서 남는 사람인가? 오늘의 숙고 주제이다.

## 당신은 앞으로 어떻게 살 것인가?

이 책을 읽는 당신은 어떤 사람인가? 지금부터 앞으로 어떤 삶을 살아갈 것인가? 하는 질문을 던진다. 모든 사람의 목표와 성공 안에는 인생이라는 단어가 있다. 자신의 삶을 살아가는 과정 속에 모든 것이 있다. 그래서 한 번은 생각해 봐야 하는 주제로 남겨 주고 싶다. 우리의 관계는 어떤가? 당신이 변화시키고 싶은 것은 무엇인가? 당신이 세상에 던지고 싶은 화두는 무엇인가? 당신은 치료를 통해서 무엇을 세상에 주고 싶은가? 당신은 직장의 상사로서 직원들에게 무엇을 주고 싶은가? 누군가에게 칭찬을 받기 위해서 존재하는 것이 아니라 진정 당신이 이루고 싶은 목표는 무엇인가? 진료적으로 당신은 무엇에 행복한가? 만약 아주 잠시 완벽한 겸손의 상태로 존재할 수 있다면 당신은 어떤 의료인으로서 어떤 의료 기관을 만들고 싶은가?

물질을 말하는 것이 아니라 정신을 말하는 것이다. 나는 당신이 더 많이 줄수록 더 많이 얻을 수 있다고 믿는다. 멈추지 마라. 당신은 지금보다 몇 배는 더 성장할 수 있는 사람이다. 만족하지 마라. 당신은 지금보다 더 많은 것을 이룩할 수 있는 사람이다. 더 많이 이루고, 더 많이 벌고, 더 많이 베풀어서 세상의 빛이 될 수 있는 당신이 될 수 있다. 절대 멈추지 마라.

# 5-2
# KITA와 리더십 그리고 매력

## 김영철이 어떻길래~

〈춘향전〉, 〈홍길동전〉의 이 전(傳)은 실존 인물을 소설화한 것을 이르는 말이다. 여기서 소개할 내용은 〈김영철전〉이다. 김영철은 이른바 조선판 〈빠삐용〉이다.

이 시대는 병자호란의 시기이다. 만주의 여진족 중 건주에 있는 여진족을 건주 여진이라고 하였다. 누르하치가 만주를 통일한다. 만주족을 복속한 후 청나라로 이름을 고치고 명나라와 전쟁을 하는 와중에 지금의 심양으로 천도한 후 끝내는 중국의 명나라를 멸망시키게 된다. 누르하치는 전쟁에서 단 한 번 졌다. 그 한 번은 영원성(요동에 위치)이라고 하는 곳에서의 전쟁이다. 누르하치는 이 전쟁 이후 사망했다. 포탄을 맞았다는 말도 있고 울화병으로 인해 죽었다는 설도 있다. 이후 아들 홍타

이치가 계승했다. 병자호란도 홍타이치가 일으킨 것이다.

강한 청나라와 약해진 명나라 사이에 조선은 끼어 있는 처지였다. 광해군 시기였던 1618년 명나라는 여진을 토벌하기 위해서 군대를 일으켰고 조선에도 참전을 요청했다. 조선은 임진왜란 이후 전쟁을 할 상황이 아니었으나 임진왜란에 참전해 준 명나라에 의리를 지키기 위해서 군대를 파견했다. 김영철은 대대로 무인 집안으로 작은아버지와 함께 전쟁에 참전했다가, 갖은 고생을 하는 스토리가 바로 〈김영철전〉이다. 김영철은 세 개의 나라(청나라, 명나라, 조선)에서 세 명의 여자와 결혼(스스로의 선택이라기보다 그를 원하는 세력의 강제성이 강했다)하여 아들 8명을 두고 84세의 나이까지 군복무를 하고 죽었다.

〈김영철전〉을 읽다 보면 많은 사람들이 말도 안 된다고 말하고는 한다. 이렇게 운이 좋은 사람이 있는가? 죽을 것 같은 상황에서도 항상 김영철은 도와주는 사람이 나타난다. 명나라를 돕기 위해 참전한 그 전투에서 포로가 되었다. 포로가 되었던 일부 강경한 군사가 반란을 일으키려다 모두가 죽을 위기에 처했을 때도 청나라 장수인 '아라나'가 김영철이 자신의 죽은 동생과 꼭 닮았다고 하여 살아난다. 김영철은 모든 위기에서 이런 행운을 통해서 살아난다. 소설은 항상 윤색이 되기 마련이지만 한 가지 중요한 것은 이런 위기 속에서도 김영철은 항상 살아난다는 것이다. 더구나 이 소설은 실화를 기반으로 한 것이다. 김영철은 실로 인간적인 매력의 화신이었다.

당신은 누군가를 위해서 헌신하고 싶은 적이 있었는가? 필자는 두 번 있다. 한 분은 고등학교 2학년 담임선생님이셨던 '안복기' 선생님이고, 또 한 분은 인도에서 만난 명상 선생님 Anandji이다. 이 두 사람의 공통점은 타인을 신뢰한다는 것이다. 그리고 이분들은 아주 매력적인 분들이다. 외모나 이런 것을 말하는 것이 아니다. 그 사람의 태도와 눈빛, 그리고 느낌에서 풍기는 어떤 것이다. 항상 나를 지지한다는 느낌 말이다.

결국 사람은 무엇인가 종속되고 헌신할 것을 찾기 마련이다. 다만 그런 기회가 없을 뿐이다. 자신의 주군인 지백(智伯)이 조양자(趙襄子)에게 죽고, 그 주군의 두개골로 술잔을 만들었다는 말을 들은 예양(豫讓)이 조양자를 죽이려다 잡혀서 했다는 말이 있다. 士爲知己者死, 女爲悅己者容[출처 : 《전국책(戰國策)》] 남자는 자신을 인정해 주는 사람을 위해 목숨을 바치고, 여자는 자신을 웃게 하는 남자를 위해 화장을 한다.[65] 그러니 자신을 이해해 주는 어떤 존재를 만났을 때, 그것이 사람이든 조직이든 그 어떤 것의 형태와 상관이 없이 소속감을 느끼게 되고 헌신할 수 있다. 다만 그 정도의 차이를 만들어 내는 것이 그 사람과 그 조직의 성패를 좌우하는 것이다.

## 당신은 한 명의 인간으로서 그 사람을 대하고 있는가?

오해가 있다. 리더의 매력에 대해서 이야기할 때 항상 나오는 말이다. '화를 내야 하는가?' '화를 내면 안 되는 것이 아닌가?' '잘해 주다가 화를 한 번 냈더니 꼴이 이렇게 되었다.' 등등 방향의 차이만 있을 뿐 조직 관

65) 현대에서는 남자와 여자를 이렇게 구분할 수 없다. 당시에는 남자가 주로 사회적인 일을 하던 시대였기 때문에 이런 식의 표현이 사회화되었다. 현대로 와서는 '인간은 자신을 인정을 주는 사람을 위해 헌신하고, 자신을 웃게 하는 이성을 위해 꾸민다.' 정도가 합당하겠다.

리의 어려움을 이야기할 때 주로 나오는 것들이다. 물론 이 말은 양면성을 가지고 있다. 필자가 금과옥조로 여기는 책이 있는데 바로 '데일 카네기'의 《인간관계론》[66]이다. 이 책의 첫째 장 첫째 절은 "꿀을 얻으려거든 꿀통을 발로 차지 마라."라는 말로 시작한다. 이 책은 정말 필자에게 많은 영감을 주었다. 사람이 얼마나 자신에 갇혀서 합리적으로 판단하지 못하는지 알 수 있다. 그런 사람들을 상대로 이성적인 행동이 얼마나 부질없는지도 잘 알 수 있다.

그 반대의 관점도 살펴볼 필요가 있다. 경영에서는 KITA(Kick In The pAnts)[67]도 존재한다. '엉덩이를 발로 걷어차는 것'이다. 경영자의 대부분은 즉각적인 조치를 원하기 때문이다. 그런데 중요한 것은 균형의 어딘가이다. 잘해 줘야 한다는 강박으로 인해서 할 말도 못 하는 것은 실패할 확률만 높일 뿐이다. 어쩌다 한 소리 하면 공든 탑이 무너진다. 그렇다고 KITA만 써서는 곤란하다. 직원의 헌신은 기대도 할 수 없기 때문이다. 모든 것은 적절할 시스템[68]의 체계 위에 있어야 한다.

---

66) 만약 책을 보게 된다면 '씨앗을 뿌리는 사람' 출판사에서 나온 책으로 구입하기를 바란다. 역자는 '최염순' 소장이다. 여러 책을 읽어 보았으나 이 출판사의 번역이 제일 잘되었다.

67) 프레데릭 허츠버그가 《One More Time: How Do You Motivate Employees?》(한 번 더 도전하는 힘: 어떻게 동기를 부여할 것인가?)에서 소개한 개념으로 동기 부여의 제일 낮은 단계의 형태로 소개하였다. 중요한 것은 이것도 동기 부여의 개념하에 있다는 것이다. 이것이 하위 개념이라고 해서 무조건 배제해서는 안 되고 모든 동기 부여 수단을 적절하게 믹스해야 한다.

68) 이 부분은 꼭 짚고 넘어가야 한다. 시스템이라고 하면 모든 경우에 항상 같은 액션을 해야하는 것을 말하는 것처럼 들리나 보다. '모든 사람에게 똑같이 공평하게' 이런 표어가 있다면 이것은 민주주의를 위한 것이지 경영자를 위한 것이 아니다. 사람에 따라 다르고, 상황에 맞게 다른 것을 조절할 수 있는 관리자나 경영자가 반드시 필요하다. 그리고 민주주의도 모든 사람에게 똑같이 공평하지는 않다.

필자는 여러 개의 법인을 운영 중이고 컨설팅도 오래 해 왔다. 그러다 보니 항상 이런 균형의 어딘가를 찾기 위해 노력한다. 어느 정도의 답은 있으나 그것이 신의 말씀이나 자연의 법칙이 아닌 이상 항상 변화 발전이 필요하다. 그래서 시스템 구축이 항상 필요하다. 그러나 그럼에도 불구하고 리더의 인간적인 매력은 정말 중요하다.[69)]

우리는 PTD(Practice Target Diagnostic)이라는 조직 관리 분석 툴을 가지고 있다. 7년 이상을 연구해서 개발 완성하였고, 300여 의료 기관을 분석하였다. 이 분석 툴의 결과를 브리핑하면 "오래 근무한 직원들이 하는 말보다 더 정확한 진단."이라는 말을 많이 듣는다. 여기서 직원에게 이런 질문을 한다. '당신을 조직의 상사나 직원들이 한 명의 개인으로 배려하는가?'이다. 우리는 이런 질문을 직급에 나누어서 각 40여 개의 질문을 한다. 그리고 나서 이 질문들은 그룹으로 분류되어 생산성, 수익성, 고객만족의 지표가 되는데, 절대 지표로서의 가치는 떨어질지 모르지만, 네트워크 의료 기관에 진행해 보면 실수치와 비례한다. 특히 수익성과 비례하는 결과는 신기할 정도다.

한 명의 개인으로 배려한다는 것은 무엇을 말하는 걸까? 필자는 스스로의 의식 범위 내에 사회적인 관계에서 더 발전하여 한 명의 개인으로서 관계가 형성되어야 한다고 교육한다. 그 한 사람, 한 사람이 내 마음 안에 들어와서 소모품이 아닌 인간으로 자리하는 것을 말한다. 결국 헌신이라는 것은 서로에 대한 헌신으로써 가치가 생성되는 것이지, 혼자

69) 물론 우리는 이런 부분도 교육하는 프로그램이 있다. 다만 진지하게 변화를 추구해야만 효과가 있다. 자신은 변하려고 하지 않은 채 직원들만 변화시키려는 노력은 실패한다.

만의 사랑은 늘 끝이 좋지 않다.

필자는 이른바 동업자론을 교육한다. 말단 직원을 제외하고 중간 관리자의 경우 나는 얼마나 그 사람이 나의 동업자로서 인정이 되는가 하는 말이다. 의료인끼리만 동업자가 있는 것이 아니다. 그리고 정말로 수익적인 동업자를 말하는 것이 아니다. 누군가를 마음으로 인정하고 배려하는 것은 돈이 드는 것이 아니다. 그런데도 많은 사람들은 돈보다 마음을 더 아낀다. 직원이 헌신하기를 바란다면 나도 역시 신뢰와 헌신으로 대할 일이다.

우선 중간 관리자가 무엇보다 중요하다. 평직원의 경우는 중간 관리자의 역량에 따라서 달라지지만 결국 중간 관리자를 내가 어떻게 대하느냐에 따라서 그 영향이 말단까지 가게 된다.

또 한 가지 중요한 것은 갈등 관리인데 내가 아끼는 직원이 여럿이라도 그 직원들 간에 갈등이 생기는 경우가 많다. 이것을 해결할 수 있는 것은 '학습과 성장' 그리고 솔선수범이다. 갈등의 주된 원인은 '내가 옳다.'이다. 내가 옳다고 주장하는 사람은 사실 내가 옳다는 것이 아니라 '나만 옳다.'고 주장하는 것이다. 갈등은 터놓고 대면하는 것이 가장 효과적이다. 상사가 개입을 해야 하고 서로 한 발씩 양보시켜야 한다. 대부분 조직에서 갈등이 봉합되지 않는 이유도 역시 배려의 문제이다. 시끄럽지만 않으면 된다는 방식이 이런 문제를 만들게 된다. 갈등을 해결하려는 사람은 모두가 맞기도 하고 모두가 틀리기도 하다는 관점을 취하면서 유연한 태도를 가지는 것이 필요하다. 여기서 한 가지 주의할 것은 옳고 그름만을 따지는 행동은 결과만 악화시킬 뿐이다. 중요한 것은 얼마나 서로 양보를 시킬 것인가 하는 것이다.

## 조직의 헌신을 만들기 위한 구축 순서

### 1) 신뢰 정렬

우선 서로 간의 신뢰를 만드는 작업이 중요하다. 신뢰라는 것을 오해하는 경향이 많다. 신뢰할 만한 사람을 신뢰하는 것은 누구나 할 수 있다. 부족한 사람을 신뢰하면서 변화시켜 나가는 과정이 필요하다. 여기에서 양보가 중요하다. 나도 일부 양보하고 직원도 일부 양보하는 과정을 통해서 직원을 지속적으로 한 단계씩 성장시켜야 한다. 여기의 신뢰는 의료진과 직원, 직원들과 직원 등을 포함한다. 신뢰라는 말에 대해서 한 번 더 이야기하자. 신뢰라는 것은 노력하면 보상받는다는 신뢰이다. 신뢰라는 것은 노력한 사람이 보상받는다는 신뢰이다. 그리고 갈등을 직면하는 용기가 필요하다.

### 2) 목표 설정

상호 간에 인정이 되는 목표 설정이 필요하다. 매출 목표만이 목표가 아니다. 매출 목표를 이루기 위해서 단계적으로 밟아야 하는 과정이 있다. 그 단계들은 이루어 가는 과정의 목표들이 달성되어야 한다. 어찌 보면 직원들이 지속적으로 발전해서 더 높은 연봉을 받는 사람으로 성장시켜 가는 과정이라고 할 수 있다.

### 3) 평가와 보상 시스템 실행

평가와 보상 시스템의 완성이 아니라 실행이다. 완성은 시간이 걸린다. 우선 실행하고 나서 보완하는 것이 필요하다. 만들어 가는 과정에서 점차적으로 발전시키면 된다. 그러기 위해서는 재무적인 구조 설계가 먼저 필요하다. 이 부분은 마지막 장에 나온다.

### 4) 개인들의 하모니

모든 것을 잘하는 사람은 없다. 각 개인별로 다른 달란트를 가지고 있기 때문에 그것들의 개성들을 각기 발전시켜서 화합시키는 것이 중요하다. 획일화는 조직을 정체시키는 지름길이다. 틀린 것이 아니라 다른 것이라는 사실을 이해하고 발전시켜 가야 한다.

## 칭찬은 고래도 춤추게 한다

《칭찬은 고래도 춤추게 한다》, 필자가 리스펙하는 켄 블랜차드의 책이다. 우화를 만들 수준이 된다는 것은 경이적이다. 켄 블랜차드의 책은 모두 우화를 바탕으로 개발되는 편이다. 이 작가의 다른 책도 읽어 보면 도움이 될 것이다. 다만 적용하는 것은 다른 문제다. 읽기는 좋지만 적용하는 방법을 알려 주지는 않는다.

이 책에서 두 가지는 정말 유용하다. 초반에 고래의 쇼를 본 실패한 컨설턴트가 사육사에게 어떻게 저렇게 고래를 원하는 대로 움직이게 할 수 있냐고 묻는다. 그러자 사육사는 '신뢰할 수 있는 상황이 되게 하는 것이 먼저다.'라는 말을 해 준다. 먼저 신뢰를 주는 것이 먼저라는 것. 전술하였으나 기억시키기 위해 한 번 더 강조했다.

그리고 또 하나는 칭찬이다. 정말 칭찬은 고래도 춤추게 한다. 돈도 안 드는데 칭찬부터 좀 해 보면 어떨까 싶다. '당신은 지난 한 달 동안 직원들을 얼마나 칭찬했나요?' 진심이 묻어나는 칭찬만을 카운트해 보라.

# 5-3 매출 정체 탈출에 꼭 필요한 인재

## 타임머신으로 상상된 미래

2017년에 방영된 TVN의 〈내일 그대와〉라는 프로그램은 타임슬립을 하는 드라마이다. 주인공이 미래를 오가면서 사업도 하고 자신의 비밀을 파헤치는 드라마다. 여기에는 미래에서 가져온 물건들이 나온다. '내가 오리라면' '투명 스마트폰' 그리고 '발을 자동으로 조여 주는 운동화' 등이다. 우리가 아직 가져 보지 못한 것들에 대한 환상을 심어 주는 재미가 있다. 이런 최근 드라마 말고 아주 과거에도 타임머신[70]을 타고 과거와 미래를 여행하던 영화가 있다. 〈백 투더 퓨처〉다.

미래를 주요 주제로 하는 것은 1편이 아니라 2편이었다. 2편은 1989년

70) 물론 타임머신은 이론적으로는 가능하지만 빛의 속도를 넘기 위한 추진력을 얻는 것은 거의 불가능하다. 빛의 속도에 가까이 갈수록 질량이 거의 무한대로 늘어나기 때문에 현실적으로 어렵다.

에 상영되었다. 이 영화는 '마이클 J 폭스'를 세계적인 스타로 만들어 주었다. 마이클 J 폭스는 1991년부터 파킨슨병 투병을 하고 있고 2020년에는 배우를 은퇴했다. 2편과 3편의 제작이 조금만 늦어졌어도 주인공이 바뀔 수 있었다. 이 영화에는 미래를 소재로한 여러 내용이 등장한다.

그중에는 실현된 것도 많다. '무선 비디오 게임', '3D영화', '휴대용 태블릿 컴퓨터', '화상회의', '벽걸이 대화면 TV', '다중채널', '수경재배', '지문 스캐너' 등이다. 이것들은 모두 '정말 가능할까?'라는 생각을 하게 만들었지만 지금은 아주 대중화된 것들이다. 이제는 아주 일상 생활에서 가능한 것들이다. '지문 스캐너'만 하더라도 지역행정센터(동사무소)에 가면 인감을 발급받기 위해서 지문을 스캐닝한다. 이제는 집에 들어가는 문에도 '지문 스캐닝'이 적용된다. 스마트폰에 적용될 때만 해도 아주 고급기술로 취급을 받았으나 이제는 일상화되었다. '화상회의'도 코비드19로 인해서 일상화되었다. 우리 회사도 주요 회의는 모두 화상으로 진행한다. 우리는 회사의 구조상 2015년부터 구글의 행아웃을 사용하다가 시스코의 웹엑스를 한동안 사용했다. 지금은 다시 구글의 행아웃 업그레이드 버전인 구글 미트를 사용하고 있다. 원장들의 책 쓰기 수업 이후에 원고를 하나씩 검수할 때도 주로 사용하는데 끊김도 없고 퀄리티가 우수하다. 한때 화상회의 시스템은 구축하는 데만 1억 원 가까이 들었으나 지금은 시간의 제한이 있을 뿐 무료 버전도 쓸 만하다. 기술이 정말 많이 발전한 것이다.

이렇게 우리의 일상은 상상력을 통해서 현실로 나타난다. 이런 물건들뿐만 아니라 사람들의 직업도 많이 바뀌고 있다. 이제는 주변에 이발소를 많이 볼 수 없다. 2022년 기준으로 최근 9년 사이에 사라진 직업 중에는 '테니스라켓가공원'도 있다. 기술의 발전에 따라서 상당수 변화되는 것은 어쩔 수 없다. 반대로 새로 생기는 직업도 많은데 의료 분야에서는 '인간 공학 기술자', '의료용로봇전문가', '원격진료코디네이터', '헬스케어기기개발자', '유전학상담전문가' 등이 새로 등록된 직업 군이다. '빅데이터 분석가', 'SNS전문가' 등은 구분을 막론하고 모든 산업 분야에 채용되고 있는 직업군이다.

## 진정한 관찰자 총괄 실장

단어는 신선하지가 않다. 총괄 실장이라는 단어는 신선한 맛이 전혀 없다. 그래도 꼭 필요하다. 다만 조건이 있다. 상담을 하지 않는다는 전제가 있어야 한다. 그 말은 상담 실무에서 '자유로운'이라는 조건을 붙여야 한다는 말이다. 원장들의 딜레마는 무엇인가? 바로 실무 때문에 사고의 연속성이 계속 끊어진다는 것이다. 경영에 대해서 생각을 하다가도 환자가 와서 진료를 봐야 하면 뇌가 리셋된다. 환자가 갔다고 해서 생각했던 그 부분부터 다시 플레이되는 것이 아니다. 만약 생각의 꼬리를 잘 잡고 있다가 이어 준다고 해도 환자를 보는 그 시간에 다른 생각을 했다면 어떤 상상력이 가능했을지 알 수 없다. 이런 딜레마를 총괄도 똑 같이 가진 조직이 많다. 실장을 좀 오래 해서 상담도 잘하고 이제 월급을 더 주고는 그 외의 일을 맡기는 것이다. 원장 자신이 겪는 것과 크게 다르지 않다. 다만 내가 안 하고 다른 사람에게 맡긴 정도이다. 그러니 그냥 매출을 좀 잘 맞추는 사람 정도로 끝나게 된다. 이건 결국 악순환의 고리를 계속 가져가는 것과 같다. 매출이 조금 나아지는 정도는 할 수 있을지 모르나 시간이 지나면 다시 원위치로 오게 된다. 조금 더 발전했다가도 이벤트가 생기면 다시 떨어지게 된다.

사회적으로 대인 관계가 있어서 대기업의 임원으로 있다가 퇴직한 사람을 전문 경영인에 앉힌 경우도 종종 있다. 그러나 이런 경우는 커뮤니케이션에서 한계가 발생한다. 의료 시장을 전혀 모르고 진료 환경을 모르기 때문에 적응하는 데만 몇 년이 걸릴지 알 수 없다. 그리고 기업의 문화와 의료 기관의 문화가 다르기 때문에 직원들이 적응 하기 어렵거나 대기업 임원 출신의 경영인이 적응을 하지 못한다. 결국 내부에서 인력을 키워 내야 한다.

내부에서 사람을 키운다면, 상담을 오래 해 본 사람일 테고 의료 시장에 대한 안목이 있기 때문에 돌발 상황이 발생할 때도 해결할 수 있는 능력도 된다. 다만 이런 사람을 상담 실무 주지 않고 전체적인 균형과 사업을 돌볼 수 있는 안목을 키우는 것이 중요하다. 다른 분야의 전문 경영인이 안 된다는 말이 아니다. 총괄도 전문 경영인도 새로운 업무에 대한 적응을 할 수 있는 시간이 필요하다는 것을 이해해야 한다는 것이다. 이 두 케이스는 모두 전혀 새로운 업무를 하는 것과 다르지 않다. 어쩌면 직업을 완전히 다르게 바꾸는 것과도 다르지 않다. 이것을 오너 원장이 이해해 주어야 한다. 너무 성급하게 결과를 요구하면 안 한 것만 못하다. 사람이 성장할 수 있는 기반을 만들어 내지 않고 돈으로 해결하려는 습성 때문은 아닌지 돌아볼 일이다.

여기에 또 하나의 전제 조건이 있다. 바로 Empowerment(권한위임)이다. 어느 선까지 결정할 수 있는 권한을 줄 것인가 하는 것이다. 대부분의 의료 기관 역시 권한위임을 잘 못한다. 로컬의 경우 페이닥터를 구하는 것도 쉽지 않다고 한다. 그것은 욕심 때문이다. 돈은 적게 받고, 진료는 나처럼 해야 하고, 진료 이외에 관심도 가져야 하고, 손오공 머리털을 붙잡고 있는 것과 다르지 않다. 내가 잘해서 성공은 어느 정도 했고 그래서 병원 매출이 좀 된다고 치자. 이제는 내가 아니라 타인을 잘하게 해서 성공시켜야 하는 단계로 접어들었는데 나의 마인드는 아직 그대로인 것이다. 어떤 것도 포기하지 않고 새로운 것을 쥐려고 하니 손에 가득 물건이 들려 있어서 어떤 것도 못 하고 있는 것과 다르지 않다.

2000년대 옥션은 온라인 판매 시장의 선두주자였다. 물론 그 이후에 변화하지 못해서 침체를 겪었으나 그때는 훌륭한 회사였다. 그때 옥션이 다른 회사와 차별화된 이유 중에는 홍보팀도 있었다. 옥션의 구조는 좀 독특했는데, 이 홍보팀이 독자성을 구축하고 있었다. 광고도 집행하였으나 홍보를 적극적으로 활용하였다. 캠페인을 적극적으로 활용하여 언론에 보도를 시키고 이것을 광고비로 환산하여 보고하는 시스템이었다. 그리고 이런 광고와 홍보의 집행에 대한 모든 권한을 가지고 있었다. 대표이사가 사인을 해도 홍보팀에서 반려하면 집행되지 않았다. 광고와 홍보에 대한 최종 권한을 가지고 있었다. 물론 1년 예산이라는 범위 내에서 팀을 운영하는 것은 최종 결정권자가 대표이사이지만 광고와 홍보 분야의 집행만큼은 최종 권한이 홍보팀에 있었다. 바로 이것이 조직에 필요하다. 그 사람을 성장시킬 수 있는 것도 '권한위임'이라고 할 수 있다. 그러기 위해서 그에 맞는 사람을 앉히는 것이 바로 당신의 역할이다.

총괄에 대한 것은 전작에서도 말했으니 적당히 하고 이제는 CRM 실장이다.

## 고객을 물고 늘어지는 사람

'넷플릭스'가 국내에 상륙하면서 가장 먼저 뽑은 직군이 바로 마케터다. '디즈니+', '애플TV' 등이 국내에 출시되면서 쓸어간 직군이 바로 마케터다. 실제로는 CRM 전문가들이다. CRM이라는 단어가 일반에 익숙하지 않기 때문에 기사에는 모두 마케터라고 나오지만 실제로는 CRM 전문가이고 전술했던 것과 같이 '빅데이터 분석가'라고 할 수 있다. 해외에서는 이미 10년 전부터 성행했던 직업군이다. 고객 데이터를 놓고 마케팅 전략과 전술을 설계하는 사람이다. 단순하게 감이나 감성적인 기반이 아니라 데이터를 기반으로 하는 것이다.

최근 비급여 병원을 기반으로 다양한 직업군이 의료 기관 안으로 흡수되고 있다. '디자이너', '온라인 광고 담당자' 등이다. 물론 이런 직군도 의미가 있다. 하지만 대부분 실력이 있는 사람을 구하는 것이 쉽지 않다. 대부분의 디자이너와 온라인 광고 담당자들이 대행사가 힘들어서 병원으로 눈을 돌리는 경우가 많다. 물론 그렇지 않고 실력이 있는 사람도 있다. 그런 사람을 보유하려면 급여를 많이 주면 된다.

여기에 하나를 더 이야기하자면 바로 'CRM 실장'이 되겠다. 하루 종일 빅데이터를 놓고 씨름하면서 총괄과 씨름할 사람이 필요하다. 다양한 의견을 제시하면서 새로운 시도를 해 줄 사람이 필요하다. 비급여 병원에서 보내는 이벤트 문자들을 보면 대부분 감성적인 접근이 많다. 그것도 아니면 그냥 전단지 같은 문구뿐이다. 그런 것으로 유인은 어렵다. 물론 그런 이벤트가 사람을 모이게 한다. 그 요인은 사실 모두 가격이다. 가격으로 유인하는 것도 데이터를 참고해서 하면 훨씬 효율이 높아진다. 여기서 중요한 것은 어떤 데이터를 보게 할 것인가 하는 부분이다.

데이터를 보고 무엇인가 변화를 만들어 내기 위해서는 데이터를 모으는 일부터 시작해야 한다. 여기서 데이터는 새로운 것일 수도 있다. 그런 경우는 데스크에서 새로운 작업을 추가해 줘야 한다. 그리고 기존의 데이터를 가지고 가공을 해서 새로운 데이터로 변환해서 볼 수도 있다. 그렇게 하기 위해서는 처음부터 데이터를 수집하는 방법을 바꾸어야 할 수 있다. 이런 것을 모두 받아들일 준비가 되어 있고 정체되어 있는 현재를 탈피하고 싶다면 CRM 실장은 반드시 새로운 혁신으로 안내해 줄 것이다. 그리고 이 사람들에게 의료에 대해서 교육해야 한다. 당장 성과가 나오지 않더라도 몇 년은 기다려야 한다. 그리고 그런 사람과 소통할 수 있는 준비도 필요하다. 다만 이런 과정이 지나면 생각지도 못한 성과가 나온다.

## 농사적 마인드의 의료 기관 구축

정체기에 빠진 대부분의 의료 기관은 둘 중에 하나다. 자포자기했거나 아니면 성격이 급하거나. 거의 대부분이 그렇다. 운명으로 받아들인다면 어쩔 수 없다. 자기 팔자 소관 타령만 할 거라면 다음 생을 기약할 일이다. 그러나 그렇지 않다면 정말 농사를 하는 마음으로 접근해야 한다. 씨를 뿌리고 나서 바로 자라지 않는다. 성격이 급하면 일정 정도 성공할 수는 있다. 다만 그 이상의 성공은 다른 방식으로 접근해야 한다. 우물에서 숭늉 찾는 방식으로는 큰 모델을 만들기 쉽지 않다.

인재를 키우고 그 사람을 보유해야 한다. 어느 의료 기관은 이 분야의 사관학교라는 불명예를 가지는 곳도 있다. 키워서 다 남 좋은 일만 하는 것이다. 사람을 키우고 보유할 수 있는 기술이 있어야 한다. 그리고 남들이 하지 않는 것을 끊임없이 추구해야 성장이 정체되지 않는다.

# 5 - 4
# 나만 일하는 병원, 이제 협업하는 병원으로

## 조직 관리, 잘하려면?

2000년 초반으로 기억된다. 당시 우리은행 시스템을 구축했던 프로젝트의 PM이 강의를 했는데 수강 중이었다. 대부분의 내용은 시스템 구축에 초점이 맞추어진 내용이었다. 당시 우리은행 시스템이 아주 앞서 있었고, 해당 PM이 맡은 프로젝트가 늘 성공하는 통에 강의는 초반에 매진이 되었다. 시스템 자체를 설계했던 스키마[71]도 인상적이었으나 사람들의 관심은 사실 다른 곳에 있었다.

"질문이 있습니다. 프로젝트를 항상 성공시킨다고 알고 있는데 비결이 있을까요?"

71) 데이터베이스의 자료 구조.

한 수강자가 질문을 했다. 그러자 답이 돌아왔다.

“술을 자주 마십니다. 정말 자주.”

맥 빠지는 답변이었으나 그 PM이 차근차근 설명했다.

“사실 술을 자주 마시라는 말은 좀 상징적인 표현인데요. 제가 말하고 싶은 것은 그만큼 커뮤니케이션을 많이 해야 한다는 말입니다. 상대방을 잘 알지도 못하고 개인적인 관계도 쌓기 싫어하던 시절이 있었는데요. 늘 프로젝트는 결말이 좋지 못했어요. 지금처럼 관계를 만들기 시작하면서 프로젝트의 결말이 좋아졌습니다. 술을 꼭 마시라는 말은 아니고요. 할 수 있는 방법을 동원해서 커뮤니케이션의 절대량을 늘려야 합니다. 그리고 관계도 중요하고요.”

이때의 강의에서 아직도 기억에 선명하게 남아 있는 것은 바로 이 대목이었다. 그 PM의 말은 정말 옳은 표현이다. 관계를 만들기 싫어하는 건조한 성향이 자신을 고립시키고 프로젝트를 망치게 하는 경우가 많다. 내가 잘 알지도 못하고 피상적인 관계를 위해 헌신할 사람은 한 명도 없다. 그냥 돈을 받았으니 열심히 하라는 것은 헌신하지 말고 돈 받은 만큼 하라는 말과 같다.

필자는 새로운 파트장을 뽑으면 교육을 하면서 항상 하는 말이 있다. “2년의 시간을 줄 테니 그 안에 ‘당신이 내게 묻는 것이 아니라 내가 당신에게 묻게 하세요.’”라고 한다. 그리고 2년의 시간은 줄곧 상대방이 여러 가지 실수를 통해서 배우는 과정이라고 생각한다. 한 사람에게 교육을 하기 위해서는 10번 말하는 것이 아니라 ① 100번 말해야 한다. 내가 중요하게 생각하는 것과 상대방이 중요하게 생각하는 것이 다르기 때문이다.

우선 업무적으로 보자면 상대방의 업무를 내가 알고 있는 것이 중요하다. 그건 내가 ② 그 직원의 업무를 실제로 해 보는 것이다. 이것은 많은 것을 알게 한다. 그 직원이 잘못하고 있는 것은 무엇이고 내가 오해를 하는 것은 무엇인지 정확하게 알게 해 준다.

그리고 그 직원이 잘하는 것을 찾아서 칭찬해 주어야 한다. 아무거나가 아니고 ③ 내가 원하는 방향대로 잘 진행되었을 경우에 칭찬한다. 되도록이면 과하게 하라. 칭찬이 서툴다면 칭찬의 양보다는 '진심을 담아서' 감사함을 표현하는 것에 집중하라.

이 내용 모두는 바른 직원을 뽑는 것이 선행되어야 한다. 바른 직원이라는 것은 도덕성을 말하는 것이 아니다. 우리 직무에 필요한 요소와 내가 바라는 부분이 합해져서 인재상을 만들어야 한다. 추상적인 것을 말하는 것이 아니다. 만약 '이타성'이 중요하다면 왜 중요한지 정확하게 말할 수 있어야 한다. 환자를 다루는 대부분의 직무에서 '이타성'은 중요하다. 환자 입장에서 생각을 할 수 있어야 한다. 그리고 이러한 '이타성'이 과하지 않도록 '조직 지향성'도 중요하다. 이타적이지만 우리 의료 기관의 입장에서 이타적인 것이 좋은 것이지, 기준없이 퍼주는 것은 안 된다. 이렇게 인재상을 아주 구체적으로 생각을 하고 면접을 볼 때 세심하게 상대방의 성향을 살펴야 한다. 직원을 잘 뽑는 것이 안 된다면 먼저 바른 직원을 뽑는 법부터 연구해서 연습해야 한다. 무엇보다 중요한 것은 관심이다. 관심을 가지면 안 보이던 것이 보이기 때문에 사람에 대한 관심을 가지면 파악이 잘된다.

전술하였듯이 필자는 《카네기 인간 관계론》을 아주 귀한 책으로 여긴다. 책을 읽으면서 지금까지 부족했던 부분이 무엇이었는지 살펴보는 것이 좋겠다. 당신이 이제까지 잘못했던 부분이 무엇이었는지 《카네기 인간 관계론》을 보면서 되새겨 보자. 발전이 있을 것이다.

《카네기 인간 관계론》을 다 읽어도 안 된다면 또 읽고 또 읽어라. 그리고 타인의 마음에 귀를 기울이는 습관이 필요하다. 자신밖에 모르는 사람은 경영에는 영 소질이 없는 것이다. 경영이라는 것의 5할은 사람의 마음을 잘 파악하는 것이기 때문이다. 좋은 의료 기관을 만드는 5할은 사람을 키우는 것이다. 바른 사람을 뽑고 잘 키워서 오래 근무하게 하면 성공의 5할은 보장된다.

## 똑똑한 당신이 멈추어야 할 때

필자의 고객들은 대부분 똑똑하다. 우선 이제까지 대부분 좋은 성적을 받았고 나름 노력하는 삶이 몸에 배어 있는 사람들이다. 그러다 보니 지성적으로 준비가 되어있다. 다만 그것이 문제인 경우가 많다. 자신이 너무 똑똑하다 보니 다른 사람이 모두 멍청하다. 그런데 문제는 경영이라는 것은 성적처럼 답을 맞추는 것이 아니라는 사실이다. 공부야 내가 혼자 씨름을 해서 이기면 되는 것이지만 경영은 다차원의 문제이다. 이런 다차원적인 문제는 관계의 문제이다. 나와 타인 그리고 그 이외의 환자까지, 고려해야 할 계산식이 복잡해진다. 이런 것은 이제까지 많이 겪어 오던 것이 아니다 보니 대부분 골치가 아파진다. 그런데 문제는 어느 정도 수입이 Good한 상태를 유지한다는 것이다. 그러다 보니 적당한 선에서 타협이 이루어진다. 이것도 배우면 되는 것을 모르다 보니 타고난 성향 탓을 하거나 그도 아니면 '직원에게 잘해 봐야 소용 없다'로 귀결된다. 이것은 잘해 주고 말고 하는 2차원적인 문제가 아니라 기술적인 문제이며 감성적인 문제라는 것을 이해하지 못하는 것이다.

그러다 보니 대부분의 원장들은 두 가지 방식으로 진화된다. 하나는 적당한 상담실장을 하나 뽑아 놓고 그 사람에게 맡기는 것이다. 귀찮고 싫은 문제는 그 사람에게 떠넘기게 된다. 그러다가 시원치 않으면 자꾸 바꾸게 된다. 사람이 자주 바뀐다는 것은 연속성이 떨어지고 결국 조직 내부에 치명적인 손실을 안기게 된다. 결국 사람을 자주 바꾸는 것은 제자리걸음을 계속하게 되는 것을 말하는 것이다. 우리 조직을 잘 아는 사람은 내보내고 새로 교육을 하는 것이다. 그것의 주기가 조금 다를 뿐 계속 반복된다. 계속 반복된다는 것은 발전이 없다는 것을 말한다. 왜? 모두 적당한 수익이 문제다. 이 정도 수익에 만족하니까 그 정도 수준에서 계속 제자리걸음만 하면 되는 것이다.

두 번째는 자기가 모두 알아서 하는 것이다. 간단한 응대만 하는 마네킹처럼 세워 놓고, 중요한 것은 내가 처리하는 것이다. 어차피 말해도 못 알아듣고 적당한 선에서 내가 하는 것이다. 이것은 발전이 있을까? 없다. 물론 직원들이 변하지 않는 조직도 있다. 그러나 발전이 없다면 그도 별다를 바 없다. 귀찮게 안 하고 싫은 소리 안 해서 내보내지 않는 것도 꼭 좋은 것은 아니다.

여기 하나의 명제가 있다. '당신은 당신이 옳다는 것을 증명하기 위해서 얼마나 많은 것을 포기하고 있는가?' 당신의 방식이, 당신의 판단만이 옳다고 믿으면서 얼마나 제자리걸음을 하며 현재에 갇혀 사는가를 묻는 것이다. 당신이 옳다는 것을 증명하기 위해서 얼마나 많은 풍요로움을 포기하고 있는가? 자신의 내면을 잘 살펴보라.

## 타인의 욕망을 그려 보기

어떻게 하면 상대방을 내가 원하는 대로 움직일까? 전술하였듯이 바른 사람을 뽑는 데 우선 시간과 노력 그리고 자원을 써야 한다. 자원이라 하면 돈도 포함이다. 자, 이제 바른 사람을 뽑았다고 하자. 완전히는 아니라도 80% 정도라도 만족한다면 좋은 것이다. 완벽한 사람은 없으니까.

그다음은 상대방의 욕망을 살펴보는 것이다. 상대방의 욕망은 무엇인가? 결국 사람을 움직이게 하는 것은 욕망이다. 그 욕망이 생겨난 이유는 각자가 다르기 때문에 상대방의 이야기 즉 서사를 들어 봐야 한다. 그 사람은 어느 곳을 거쳐서 여기 이 자리에 와 있는지를 살펴봐야 한다. 성장 과정은 어떠했는지, 그 과정에서 무엇을 배워 왔는지가 중요하다. 배움이라는 것은 정규과정을 말하는 것이 아니다.

① 당신이 지난 직장에서 제일 힘들었던 일은 무엇이었나요?
② 당신은 그것에서 무엇을 배웠나요?
③ 당신이 성장하는 과정에서 제일 행복한 때는 언제였나요?
④ 당신은 그 과정에서 무엇을 배웠나요?

필자가 항상 활용하는 질문들이다. 우리는 각 직무별로 질문해야 하는 리스트가 100여 개 이상이 있다. 현재의 그 사람은 결코 뚝 떨어져 만들어진 것이 아니라 성장 과정을 거치고 직무 과정을 거치면서 완성된 것이다. 그러므로 우리가 필요한 사람은 어떤 사람인지를 정확하게 정리하고 직무에 맞는 사람을 집요하게 찾는 과정이 필요하다. 적당하게 구인을 하기 때문에 항상 적당한 사람만 만나게 되는 것이다. 급여도 많이 줘야 좋은 사람이 온다.

뽑고 나서도 이런 질문은 계속 되어야 한다. 정말 그 사람이 어느 때 가장 행복한지 언제 가장 열심히 일하게 되는지도 물어보자. '○○ 씨 언제 열심히 일하게 되나요?' 단도직입적으로 물어보자. '○○ 씨 언제 이 의료 기관에 다니기를 잘했다고 생각이 들었나요? 지난 직장을 다 포함해서요.' 모든 욕망에 대한 질문을 던져 보자. 관심이다. 관심을 가지고 그 사람을 이해하는 것이 필요하다. 그리고 나서 내가 할 일은 욕망을 자극하는 일이다. 내가 원하는 것만 늘어놓는 것은 꼰대다.

## 협업을 하기 위해서는 서로를 이해해야 한다

팀웍이라는 것의 실체는 무엇인가? 서로에 대한 깊은 이해와 신뢰이다. 신뢰할 만한 사람을 신뢰하는 것은 누구나 한다. 바른 사람을 뽑고 나서 그 사람을 신뢰할 만한 사람으로 계속 만들어 가야 한다. 사람을 키우는 것은 질책이 아니라 칭찬이라는 것을 잊어서는 안 된다. 만약 칭찬이 힘들다면 자신 스스로 돌아보라. 내가 칭찬을 받은 적이 없다는 사실을 인정하고 자신 스스로에게 먼저 칭찬을 해 줘라. 내가 받은 만큼 인간은 타인에게 돌려준다. 이제 성인이 되었으니 사랑과 칭찬을 갈구하지 말고 자신 스스로에게 사랑도 주고 칭찬도 주자. 그리고 나서 타인에게 줄 수 있다. 세상 대부분의 사람은 스스로 자신이 주인이 아니다. 그러나 내가 무엇인가를 바꾸는 사람이 되려면 스스로 나의 주인이 되면 된다. 세상의 많은 사람은 주인이 아니므로 내가 그 이들의 주인이 되면 된다. 질책은 누구나 할 수 있으나 칭찬은 주인만 할 수 있다. 그러면 그들은 내게 종속이 된다.

협업을 하기 위해서 제일 중요한 것은 사람의 마음을 이해해야 한다. 나도 이해를 시키고 나도 변화를 해야 상대방도 변화를 한다. 상대방만 변화시키고 나는 변하지 않으려는 사람은 무엇도 바꿀 수 없다. 먼저 직원들을 불러 놓고 물어보라. "내가 뭐가 바뀌면 좋겠니?" 그리고 약속해라. "나도 이것을 바꿀 테니 너도 이것을 바꿔 줄래?" 그리고 노력해라. 나는 안 바뀌면서 상대방만 바꿀 수는 없다.

# 5-5
# 내년에는 얼마나 성장할 건가요?

## 직원들이 당신에게 말하지 않는 것

필자는 항상 고객 의료 기관의 직원들과 대화를 많이 한다. 차담도 좋고 간단한 맥주 미팅도 좋다. 편한 공간에서 대화하는 것은 편안하게 상대방들의 의견을 듣기에 아주 적절한 시간이다. 본래 공식적인 자리라는 것이 긴장도 하게 되고 말도 조심하게 된다. 이런 자리에서는 긴장된 상태의 아이디어만 나오게 된다. 조금 더 이완된 상태에서 나오는 메시지들이 중요하게 작용하는 경우가 많다. 이럴 때는 원장 뒷담화도 하게 마련이다. 사실 누구나 자신의 약점을 드러내지 않으려고 하기 때문에 원장의 단점을 파악하는 것에 오랜 시간이 필요한 경우도 많다. 그러나 시간이 지날수록 그 약점은 크게 부각되어 돌아온다. 그렇기 때문에 의료진의 단점 파악은 무엇보다 중요하다. 우리의 역할이 바로 약점을 보완하고 강점을 더욱 강력하게 만드는 것이기 때문이다.

이런 이완된 상태에서 나오는 말이 또 중요한 것은 인생에 대한 이야기를 듣게 되기 때문이다. 공과 사를 구별해야 한다는 말만큼 어리석은 말도 없다. 이 말은 오히려 우리가 사적인 영역을 등한시하게 되는 결과를 만들었다. 인간의 역량은 오랜 시간을 통해서 완성되고 그런 능력이 개발되는 것은 환경 때문이다. 그렇기 때문에 한 개인이 어떠한 과정을 거쳐서 현재에 와 있는지를 알게 되는 것은 무척 중요하다. 그래서 공감적 듣기가 중요한 것이다. 피상적으로 들으면 아무것도 얻을 수 없다. 그 사람이 어떻게 지금의 역량을 구축했고 지금 부족한 부분은 왜 생긴 것인지를 반드시 이해하는 과정이 필요하다. 그래야 코칭이 가능하다.

서로 신뢰가 구축되면 이런 대화도 오고 간다.

"나는 이 일을 해야 하는 이유를 모르겠어요. 이 일을 열심히 하면 내게 뭐가 좋은 거죠?"

이 말을 다시 해석하자면,

'내게 뭐가 좋은지 내가 이 일을 해야 하는 명확한 이유를 알기 전까지는 적당히 하겠어요.'이다.

자, 이제 질문이다.

'직원들이 하는 일이 어떤 의미가 있는지, 의미 부여를 제대로 했는가?'

여기서 중요한 포인트는 의미 부여다.

그 사람이 하는 일에 중요한 가치를 부여해 주어야 한다.

'그 사람이 일하는 만큼 정당한 대우를 받고 있다고 느끼게 하는가?'

여기서 중요한 포인트는 '대우를 받는다.'가 아니고 '대우를 받고 있다고 느끼게 하는가.'이다.

돈을 많이 주는 것은 상대적으로 이직을 방지해 준다.

그러나 더 중요한 것은 금전적인 대우 못지 않게 대우를 받고 있다고 느끼게 하는 것이다.

결국 직원들을 움직이게 하는 것은 '위생요소'[72]와 '동기요소'이기 때문이다. 얼마나 불만족을 없애고, 만족을 늘릴 것인가 하는 것이다. 여기서 중요한 것은 업무에 대한 가치 여부다. 이른바 '나의 조직이 가지는 목표와 사명이 얼마나 나의 일에 대한 가치를 높여 주는가.' 하는 문제이다. 결국 인간은 더 가치 있는 일에 헌신하게 된다. 처음에는 돈이 중요한 가치로 작용하지만 일정 수준 이상이 되면 이상적인 가치가 중요하게 작용하게 된다.

그러니 '위생요소', '동기요소'는 '목표의 가치요소'와 반비례한다. 목표의 가치가 더 도덕적이고 사회적일 때. '위생요소'와 '동기요소'의 부족분을 상쇄하게 된다. 그래서 중요한 것은 어떻게 자신의 일을 더 가치 있게 느끼게 할 것인가 하는 것이다. 그것이 기술이고 예술이다.

계속 언급하고 있지만 중요한 것은 '바른 사람으로 조직을 어떻게 채울 것인가?' 하는 문제이다. 이것에 가장 많은 자원을 써야 한다. '바른 사람'에 대한 정의는 앞서도 언급을 하였다. 자신과 조직의 발전을 위해서 노력할 줄 아는 사람이고, 변화를 위해서 헌신할 수 있는 사람이다.

---

72) 허즈버그의 동기요인과 위생요인 이론이다. 위생요인은 불만족을 일으키는 요소이고, 동기요인은 욕구를 부추기는 요소라고 할 수 있다.

그렇게 되기 위해서는 '리더십'을 갖추려는 오너의 노력이 필요하다. 모든 직원은 오너에 맞추어서 변화를 하기 때문에 오너가 발전하지 않으면 직원의 발전도 없다. 당신은 리더십을 갖추기 위해서 얼마나 노력하였는가? 책은 몇 권이나 읽어 보았는가? 리더십을 갖추려고 하지 않는 것은 저절로 성장하기를 바라는 것과 같다.

## 그다음의 단계

자, 이제 당신은 리더십을 갖추기 위해서 노력하기 시작했다.

① 조직 관리에 있어서 자신의 단점과 장점을 정리했다.
② 장점을 아주 잘 이해하고 그것을 더 발전시키기 위해서 적재적소에 활용하기 시작했다.
③ 단점을 극복하기 위해서 책도 읽고 강의도 들어 보고 주변 사람에게 자문도 구해 본다. 때로는 상담도 받는다.

이와 같은 노력을 시작했다고 가정하자. 이것은 반드시 반응이 생긴다. 내가 변하려고 하는데 그 노력을 직원들이 모를 수 없다. 내가 일하고 싶은 사람이 되는 것이 먼저다. 어떤 리더가 내가 일하고 싶은 사람이었는지 떠올려 보면 정답은 바로 당신 안에 있다.

그다음의 단계는 직원들에 대한 동기 부여이다. 동기 부여는 인센티브가 아니다. 이것은 모든 동기 요소가 돈이라는 가정에서 나오거나, 돈이 가장 쉬운 방법이기 때문이다. 조직은 이렇게 간단하게 해결되지 않는다. 물론 당신은 이런 사람이 아니다. 왜? 노력도 안 하는 사람이 지금 이 책을 읽을 리가 없기 때문이다.

이제 목표를 정해 보자. 우리는 시장에서 어느 정도의 위치에 가야 하는지 말이다. 1등 의료 기관이 있을 것이다. 그 의료 기관과 우리 의료 기관의 컨디션을 정리해 보자. 내적 외적 차이가 있을 것이다. 이 부분들을 나열하고 직원들과 이것을 극복하기 위해서 무엇을 해야 하는지 정리하자. 지금부터 끝까지 가는 것이 아니다. 끝에서부터 지금으로 내려오는 방법으로 설계를 하자. 예를 들어서 월 매출 3억 원이 목표라고 하자. 그러면 3억 원의 매출을 달성하기 위해서 우리가 해야 하는 것은 무엇인가? 정리해 보자. 그리고 우리가 알아야 하는 기술이나 이런 부분은 무엇이 있을까? 이것을 도달해야 하는 끝의 목표에서 출발하여 지금으로 거슬러 오는 것이다. 이 방법은 기존의 방법과 다르다. 우리는 항상 지금으로부터 출발한다. 그것이 아니라 상상을 통해서 결과에서부터 현재로 거슬러 오는 것이다. 그러면 현재에 도달했을 때 훨씬 가치 있는 결론과 풍성한 스토리가 생겨난다.

## 이 과정에서 각자의 역할은?

이 과정에서 중요한 것은 배분의 문제이다. 배분은 두 가지이다. 어떤 팀이나 파트 혹은 개인이 어떤 역할을 할 것인가? 그리고 그 노력의 대가로서 무엇을 얻을 것인가이다. 로컬 의료 기관의 경우에는 개인 사업자이기 때문에 이러한 모든 과정은 원장의 수입으로 귀결이 된다. 그렇다면 직원의 노력에 대한 대가는 무엇인가? 이것이 정확하게 정의가 되어야 한다. 산수적으로 말이다. 만약 인센티브 제도를 시행하고 있는 의료 기관이라면 이런 질문을 해야 한다. '왜 더 성장하지 않지?' 정답은 더 세밀한 설계가 되지 않았기 때문에 더 높은 영역으로 돌파하지 못하는 것이다. 돈을 더 많이 준다고 해결되지 않는 영역이 있다. '위생'과 '동기' 그리고 '조직의 가치'로 해결해야 하는 부분이다. 그래야 헌신이 가능하다. 그리고 '동기 부여 정책'과 '인센티브 정책'은 같은 것이 아니다. 그 내용을 설명하자면 지면이 모자라서 생략하지만 꼭 개념을 정리하기 바란다. '인센티브'는 행동을 교정하기 위한 방법이지 '동기 부여 정책'이 아니며 지금 설명하는 과정에서 나오는 단어인 '인센티브'는 사실 '수익 배분 정책'이라고 표현해야 맞는 말이다.

자, 지금 설명한 '인센티브(수익배분)'를 하지 않는 경우는 이유가 무엇인가? 내가 다 가지려고 하거나 그것이 아니라면 정확한 수익 구조를 알지 못하기 때문에 얼마를 주어야 하는지 판단이 안 서기 때문이다. 이 경우는 다음 장을 참고하면 된다.

'수익 배분'을 조금도 하지 않는 의료 기관이라면 노력에 대한 대가를 무엇으로 제공할 것인지 아주 명확해야 하고 조직의 가치가 충분해야 한다. 결국 각자의 역할과 보상의 문제이다. 이것을 잘 설계해야 한다. 그러면 조직은 성장을 멈출 수 없다. 그리고 의료 기관은 공장이 아니다. 개인과 조직의 성장 없이 매출만 성장하는 경우는 없다. 착각에서 벗어나자.

## 조직의 문화와 Pain Point

직원들이 업무를 하는 과정에서 해결되지 않는 지속적인 난관이 무엇인지 찾아야 하고 그것을 해결해야 된다. 안 된다고 직원만 탓하는 것으로 해결되지 않는다. 이것을 조직의 '고통점'으로 판단하고 치료를 해야 한다. 이런 '병목'이 해결이 되어야 조직의 에너지가 목표로 집중될 수 있다.

그리고 우리의 목표를 성취하자는 논의들이 공공연하고 자랑스럽게 노출되고 있는 문화인지를 점검해야 한다. 뒤에서 다른 이야기가 나온다면 점검해야 한다. 무엇이 가면을 쓰게 만드는지 찾아야 한다. 그곳에 우리가 발전하지 못하는 원인이 숨어 있다.

목표는 매출만을 말하는 것이 아니다. 매출 목표와 더불어서 치료율에 대한 목표, 직원의 수익 배분에 대한 목표 등도 같이 정렬되어야 한다. 그래서 나의 목표가 아니라 공동의 목표가 되게 해야 한다. 나의 목표를 어떻게 공동의 목표로 만들어 갈 것인지 하는 것이 결국 경영이고 정치이다. 정치가만 정치를 하는 것이 아니다. 내가 나의 조직을 똘똘 뭉치게 만들어 가는 것이 세력화이고 정치이다. 당신은 올해 어떤 정치로서 내년에 더 발전하는 의료 기관을 만들 것인가? 당신은 어떤 경영으로 내년에 더 존경받는 의료 기관으로 만들 것인가? 그 과정에 얼마나 직원을 헌신하게 만들 것인가? 여기에 성장의 해답이 있다.

# 5-6
# 열광적인 초진을 모으는 확실한 방법

## 최초의 광고

1972년 일본 광고회사 덴츠는 '덴츠호'를 통해 "세계 최초의 광고가 터키 서해안에 위치한 에페소스에서 발견되었다."고 보도되었다. 광고는 대리석에 새겨져 있었는데 여자, 발, 하트, 동그라미였다. 여자를 만나려면 걸어와야 하고 사랑을 하려면 돈이 필요하다는 뜻으로 해석되고 있다. 매춘 광고다. 에르페소는 터키 이즈미르의 남서쪽 약 50km 지점에 위치했던 곳으로, 상업 중심지로 발전해 BC 7세기~BC 6세기에 최전성기를 누렸다.

고대 이집트 테베의 유적에서 발견된 파피루스에 적혀 있던 광고도 인상적이다. "남자 노예 셈이 선량한 주인 하푸로부터 도망을 쳤습니다. 테베의 선량한 시민 여러분, 그를 잡는 데 협조해 주십시오. 그는 신장 5

피트 2인치로 얼굴은 붉고 눈은 갈색입니다. 그가 있는 곳을 알려주시는 분들께는 금반지 반 개를 드리고, 하푸의 가게로 데리고 오시면 금반지 1개를 드립니다. 하푸의 가게는 최상의 옷을 만들고 있습니다." 노예를 찾기 위한 정보를 제공하면서 시민을 설득할 뿐 아니라 자신의 가게까지 홍보를 하고 있다. 현대의 광고 기법이 그대로 녹아 있다.[73]

이처럼 광고는 아주 오래된 것이다. 테베의 광고는 BC 1000년 전이니 만큼 사실 '덴츠'의 보도는 틀린 것이다. 시기야 어쨌든 광고의 본질은 변하지 않는다는 것을 알려 주고 있다. 이런 오랜 시간 동안 광고의 본질이 변하지 않은 것처럼 기획자의 고민도 변하지 않았다. '어떻게 사람의 마음을 얻을 것인가?' 하는 것이다. 전작에서도 우리가 만드는 랜딩페이지의 본질에 대해서 이야기를 하였는데 결국 콘텐츠에 오래 머무르게 하는 것이 중요한 가치로 측정된다. 일곱 번의 접촉을 통해서 콘텐츠 소비시간을 늘리는 전략을 구사한다고 전달한 바 있다. 그러나 그보다 더 본질적인 것은 무엇인가? 우리 광고주인 의료 기관의 광고 목적은 초진을 늘리는 것이고 그 초진의 순응도가 높으면 높을수록 목표한 바에 가까워진다. 그래서 콘텐츠 잔류 시간을 늘려서 최대한 우리 의료 기관의 장점을 부각하고 고객의 순응도를 높게 유지하는 것이 광고의 목적이다.

본래 소비자가 머무르는 시간을 길게 가져가려고 하는 노력은 상품에 따라서 달라진다. 만약 구매하고자 하는 상품의 가격이 저렴한 제품들

73) 잡코리아 직무 매거진에서 인용.

이라면 판단은 아주 빨라진다. 기회비용[74]의 문제이다. 가격이 비싸지면 소비자의 고민은 깊어진다. 가용 자원이 사라지는 것을 의미하기 때문이다. 이럴 때 중요한 것은 가격 대비 가치라고 할 수 있다. 고객은 그러한 판단을 위해서 자신이 할 수 있는 판단을 하기 위해 검색도 하고 콘텐츠도 살펴보고 하는 것이다. 이런 과정에서 소비자의 시간을 뺏을 수 있다는 것은 아주 중요한 문제이다.

앞서 Hypnosis 이론에 대해서 간단하게 설명하면서 사람은 자신의 합리성으로 결정하는 것이 아니라, 느낌으로 결정한 후에 이성으로 합리화한다고 하였다. 사람은 자신의 선택에 대한 합리화를 위해 다양한 사례를 끌어온다. '나는 옳다'가 사람이 가지고 있는 기본 신념이기 때문이다. 그것에서 시간은 중요한 역할을 한다. 내가 시간을 쓴다는 것은 나의 한정된 자원을 쓰는 것이다. 내가 가지고 있는 것 중에서 가장 가치 있는 것은 무엇일까? 사람은 돈이라고 생각하지만 실제 인간은 시간이라는 것을 잠재 의식 차원에서 이해하고 있다. 그래서 사람이 시간을 많이 들여서 검토한 것은 '나는 옳다'의 관점에서 합리화하기 위해서 노력한다. 그래서 데이터 광고의 영역에서는 고객의 잔류 시간을 측정하는 것에 비용을 아끼지 않고 투자하는 것이다.

그렇다면 고객의 잔류 시간을 극도로 늘릴 수 있는 방법은 무엇인가? 바로 책이다. 책만큼 고객의 잔류 시간을 극대화할 수 있는 방법은 오

74) 기회비용이란 내가 구매한 비용으로 다른 것을 선택할 수 있는 잠재적 가치를 말한다. 물론 이것은 너무나 거친 표현이다. 실제로 기회 비용은 명시적 암묵적 비용의 계산을 통해서 합리적 소비를 만들어 내는 개념으로 적용하거나 생산자의 측면에서 소비자의 합리적 선택에 유도할 수 있는 모델을 설계할 때 사용한다. 필자는 주로 의료 기관의 합리적인 서비스 가격 정책을 결정할 때 사용한다. 그러면 경쟁력 있는 가격 정책을 수립할 수 있다.

직 팬층을 확보하는 마케팅뿐이다. 그러나 우리는 의료 기관이기 때문에 연예인과 같은 팬층을 확보할 수 없다.[75] 그러나 책을 쓴다는 것은 일정 수준 이상의 팬을 확보할 수 있다. 책을 읽는 과정을 잘 이해해 보자. 서로 속도가 다르다. 한 달 동안 읽는 사람, 하루에 다 읽는 사람 등 서로 다르다. 그러나 여기서 단순하게 시간을 측정하는 것보다 밀도를 살펴봐야 한다. 얼마나 밀도를 높일 것인가 하는 것이 중요하다. 그 시간 동안 소비자는 독자가 된다. 그래서 글쓴이의 스토리에 깊이 있게 빠져들게 된다. 이보다 더 완벽한 설득이라는 것이 존재하는가? 이 공간은 나의 공간이며 그 공간에서 나의 논리를 이해해 줄 유일한 관객과 만나는 것과 같다. 즉, 소비자를 교육할 완벽한 시간과 공간을 만드는 셈이다.

## 작가 원장들의 간증?

필자와 함께 글쓰기 프로젝트를 진행했던 수많은 원장들의 증언은 이것을 명확하게 인증해 준다.

'책을 쓰고 내 치료 분야에 대한 자신감이 생겼어요.'
'환자들이 책을 가지고 와서 사인을 해 달라고 합니다.'
'초진 환자가 정말 많이 늘었어요.'
'환자 순응도가 정말정말 좋아졌어요.'

75) 물론 우리는 컨설팅을 할 때 팬 마케팅이라는 기법을 사용한다. 전략을 모두 적을 수는 없지만 기본적으로 의료인은 연예인과 같은 위치를 점할 수 있어야 한다. 무릇 사람은 항상 한번쯤 만나 보고 싶게 만들어야 한다. 연예인 마케팅의 본질은 같은 자원을 어떻게 더 돋보이게 만드느냐 하는 것이 본질이다.

사실 이 말 모두 원장들이 바라는 것이 아닌가? 바로 책이 이런 것을 현실로 만들어 준다. 책을 쓴다는 것이 한국 사회에서는 학위를 하나 새로 받는 것만큼의 효과를 지닌다는 말을 하는 사람도 있다. 책을 쓴 것만으로 강연에 초청이 된다. 그런 일이 가능한 일은 무엇 때문인가? 책을 읽는 동안 전달하는 감동의 깊이가 상대방을 변하게 만드는 것이다.

## 그렇다면 어떻게 책을 써야 할까?

책을 쓰라고 하면 힘들다고 생각하는 경우가 많다. 그래서 쉬운 길을 선택하는 경우가 대부분이다. 이른바 자가 출판을 말하는 것이다. 국내 출판사의 개수는 3만여 개를 넘는다. 우리가 알고 있는 출판사는 대부분 대형 출판사밖에 없다. 나머지 출판사들은 정말 영세한 출판사이다. 그 중에서 자비 출판을 해서 먹고사는 출판사도 많다. 작가가 모든 돈을 내고 출판하는 것이다. 아무 효과도 없이 책을 낸다는 것이 목적이다. 이런 출판은 피해야 한다.[76)]

출판사가 기획 출판을 목적으로 대필 작가를 붙여서 하는 출판도 있다. 이런 경우 규모가 있는 출판사의 경우 작가에게 비용을 요구하는 것이 아니라, 책을 팔 목적으로 진행하는 것이다. 출판사와 합이 잘 맞는다면 해 볼 만하다. 그러나 세 가지의 단점이 있다. ① 책을 내가 원하는 방식으로 만들기보다, 출판사의 목적에 맞게 진행할 수밖에 없다. 물론, 내가 글을 써서 출판사를 컨택하는 것도 내 고집으로만 출판할 수는 없다.

---

76) 다만, 정말 기획을 잘하는 자가 출판사도 있다. 특수 분야의 경우 이런 출판도 의미가 있다. 여기서 반대하는 것은 원장이 주는 프린트를 문서 편집하여 출판하는 방식을 비판하는 것이다.

그러나 출판사가 먼저 제안이 오는 경우는 간섭이 더 심하다. 책을 딱 한 권 정도만 내거나 할 거라면 상관없다. ② 대필 작가의 경우 내가 글을 쓴 것과는 다르다. 물론 작가의 업무 퀄리티에 따라 다르겠지만 어쨌든 나의 영혼이 담긴 글과는 거리가 멀다. ③ 이렇게 쉽게 책을 내고 나면 내가 직접 글을 써서 출판하는 방식으로 글을 쓸 수가 없다.

또 피해야 하는 책 쓰기 방법으로는 주변 의료인들의 칭찬을 받는 글이다. 무슨 말인가 의아할 것이다. 자신들만 알아보는 방식으로 글을 쓰는 것을 말하는 것이다. 의료인들이 칭찬하는 글은 모두 자신들의 학식 범위에서 인지하는 글이다. 이런 글은 환자에게 외면을 받는다. 사실 사회라는 것은 무리 집단이다. 그래서 눈치를 볼 수밖에 없다는 것을 안다. 그러나 주변의 의료인들이 뭐라고 하든 우선 우리에게 필요한 것은 초진의 확보이다. 환자가 봐서 잘 이해가 안 가면 안 된다. 그래서 책은 초등학생도 읽을 수 있도록 쓰는 것이 원칙이다. 의료인들의 인정을 받는 글을 쓰려면 교과서를 써야 한다.

현학적이거나 논문처럼 딱딱한 글도 좋지 않다. 우리가 초진을 확보하려는 글은 환자 위주의 정보 전달과 함께 환자의 마음을 이해해 줄 수 있는 절절한 글이 되어야 한다. 진료실에서 환자와 나누는 것들이 환자를 내원하게 만드는 것이지, 의료진의 현학적인 과시를 보기 위해서 오는 것이 아니다. 의료인이 원하는 환자는 순응도가 높은 환자이고 환자가 원하는 의료인은 자신의 마음을 배려해 주는 의료인이라는 것을 잊지 말기를 바란다. 글에 그런 에너지가 묻어나야 한다.

책을 모두 썼다면 출판사를 잘 골라야 한다. 물론 첫 책은 출판사를 고르는 것이 쉽지 않다. 고르기보다 내가 선택을 당할 수밖에 없다. 얼마나 잘 어필하느냐가 중요하다. 적어도 1,000만 원의 비용을 써야 하는 출판사를 잘 이해하고 접근해야 한다. 서로에게 윈윈이 되려면 책도 많이 팔리고 환자도 많이 오는 중간선을 잘 찾아야 한다. 출판사는 초진이 많이 오느냐를 고려하는 것이 아니라. 책이 많이 팔려야 먹고사는 구조이다. 그러나 당신은 책이 아무리 많이 팔려도 초진이 없다면 의미가 없다.

교감(交感)을 사전에서 찾아보면 다음과 같다.

1. 명사; 서로 접촉하여 따라 움직이는 느낌.
2. 명사; 최면술을 쓰는 사람이 상대편에게 최면을 걸어 의식을 지배하는 관계.

표준국어대사전에서 발췌한 것이다. 정말 재미 있지 않은가? 사실 Hypnosis의 미러링과 인덕션 후의 상황과 같다. 우리는 은연중에 이런 표현을 쓰고 있는 것이다. 우리가 교감한다는 것은 상대방을 조정하는 것이다. 본질이 그렇다. 본질적으로 조정하지 않는다면 조정을 당하기 때문이다. 당신은 오늘도 얼마나 많은 환자에게 조정을 당하고 있는가? 그렇게 되지 않기 위해서 환자의 순응도를 끌어올릴 필요가 있다. 책을 써라. 그래서 권위를 높여라. 당신의 첫 책을 필자가 도와줄 수 있다. 필자는 의료인 책 쓰기만 교육한다.

챕터 6

# 경쟁에서 이기는 것은 경쟁을 없애는 것

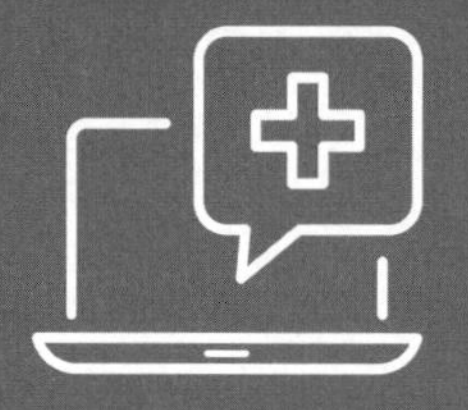

# 6-1
# 나만의 재무설계표가 필요한 이유

## 호텔 재무만 10년 동안 맡았던 세무사의 이유

2000년 밀레니엄과 함께 알게 된 홍 사장님이라는 분은 예수 탄생석을 가지고 한국으로 넘어왔다. 미국에서 하던 사업을 모두 정리하고 한국으로 들어왔다. 미국의 성서 고고학자인 스탠리 슬로킨 박사가 예수의 탄생지로 여겨지는 석굴 동굴(당시에는 석굴에 마구간이 있었다.) 벽면 돌을 2톤 채취하여 바티칸 재무부의 인증을 받아 목걸이로 만든 것이다. 전 세계적으로 350만 개로 한정된 물량 중에서 한국에 배정된 물량을 전부 사들여 한국으로 가지고 온 것이다. 필자는 이 프로젝트에서 마케팅 자문을 맡았다. PPL을 통해서 드라마와 뉴스에 방송을 내보내면서 알려지게 되자, 교회와 홈쇼핑을 통해서 순식간에 목걸이는 완판되었다. 판매금의 일부는 유니세프에 기부하면서 'Nativity Stone' 재단을 세운 스탠리 슬로킨 박사의 취지와도 같은 행보를 했다. 이 프로젝트를 하면서 보석세공에 대한 한국과 미국의 기술력 차이를 명확하게 알게 되었다. 20년 이상의 기술력 차이였다.

홍 사장님의 다음 프로젝트는 여의도 메리어트 호텔 레지던스 인수였다. 이 프로젝트에서 필자는 프로세스 매니저를 맡았다. 호텔 사업은 일반적인 사업과 많이 다르다. 이 프로젝트에서 인상적인 것은 두 가지였다. 첫 번째는 브랜드 라이센스의 실체다. 메리어트와 힐튼 같은 글로벌 브랜드의 경우 호텔의 총지배인 한 명을 파견한다. 그 총지배인 한 명이 전체 운영을 총괄하고 브랜드 네임을 빌려준다. 인적 자원의 가치가 정말 극대화되어 있는 시스템이다. 결국 메리어트와 힐튼은 교육 기관이며 브랜드 회사인 것이다.

두 번째는 재무적인 기준의 실체다. 우리는 메리어트 호텔 레지던스를 인수하기 위해서 재무 구조를 분석하기 시작했다. 회계사와 세무사 몇 명 붙었는데 초기 인원들은 모두 교체되었다. 그들은 호텔만 10년 이상 맡았던 사람들이다.

"우리가 맡았던 것은 일반 호텔이라서 레지던스 계정은 볼 수가 없습니다."

황당하기 이를 데가 없다. 호텔 재무를 10년 넘게 보아 온 전문가도 레지던스 호텔의 재무 구조 계정을 자세히 알 수 없어서 분석을 할 수가 없다니 필자는 이때 재무 구조에 대한 인식이 대폭 바뀌게 되었다. 일반 회계에 대한 지식은 있었으나 필자 역시 완벽하게 알 수가 없었던 때여서 전문가와 협업 구조를 설계한 것인데 전문가도 알 수 없다면 과연 재무적인 기준은 무슨 의미가 있는 걸까?

결국 재무제표, 현금흐름표 등등은 모두 하나의 언어이다. 재무쟁이들이 이해할 수 있는 언어를 만들어 놓은 것이다. 그런데 이 기준점이 계속 바뀐다는 것이 중요하다. 기업의 활동은 수익과 지출만 있는 것이 아니고 다양한 활동을 통해 매출을 만들어 낸다. 주식을 발행하여 자금을 조달하고, 프로세스를 완성하여 수익 구조를 높여서 더 큰 가치의 자본에 매각하여 Exit하는 것이 모든 경영자의 목표이다. 그런 구조를 투명하게 만들기 위해서, 또는 경영의 효율을 더욱 높이기 위해서 재무 시스템이 만들어졌으나 그 안에는 많은 왜곡이 있다.

주식을 통해 자금을 조달하기 위해서는 투자를 속여야 할 때가 많다. 물론 의도적으로 속이려고 하는 기업도 있으나 잠시 잠깐 속이는 행위는 비일비재하다. 외상을 올해 받은 것으로 할 것인지 내년에 받은 것으로 할 것인지에 따라서 전체 재무구조는 판이하게 달라진다. 이런 계정 몇 가지를 조정하면 재무상태표는 완전히 달라진다. 이런 기준으로 변화해 가는 것이 재무제표와 현금흐름표 그리고 재무상태표이다. 그리고 재무적인 국제 표준이 계속 바뀌는 것은 절대적인 기준이 아니라 약속이라는 것을 의미한다.

의료 기관은 일반 기업과는 다르다. 기업을 공개할 수도 없고 자본을 조달할 수 있는 다른 방법이 존재하지 않는다. 말만 상업 구조가 아닐 뿐 자급자족해야 하는 의료 기관을 개인 사업자 형태로 만들어서 세금도 크게 떼어 간다. 공적 구조로 만들기 위해서 더 많은 지원이 필요하다. 이런 상황에서 자본 조달 방법도 대출 이외에는 존재하지 않는다. 현실이 이렇다면, 적어도 경영과 마케팅에 대한 교육이라도 대학에서 해야 옳다. 그런 보조와 지원 없이 자격증을 담보로 대출을 저리로 받는 것 외에 다른 혜택이 없다. 이런 구조는 전체적인 의료 환경에 악영향을 미친다. 공적 구로로 제재와 제한을 이렇게 많이 걸 거라면 기본적인 보조를 일정 수준 이상 해 주어야 상업적으로 치중되는 구조를 막을 수 있다. 그러나 애석하게도 한국 사회는 이런 부분을 용납할 리 없다. 적절한 지원이 오히려 상업적으로 윤색되어 가는 의료 시스템을 개선할 수 있을 것인데 현실은 그렇지 못해서 안타까울 뿐이다. 그래서 보다 현명해져야 할 필요가 있다.

만약 당신이 사유 재산에 대한 환상이 있다면 당장 그것을 깨야 한다. 사실 전 세계는 한번도 사유 재산을 인정한 적이 없다. 만약 당신이 사실인지 알고 싶다면 당분간 세금을 내지 않으면 알 수 있다. 시간이 조금만 지나면 당신의 모든 재산은 압류된다. 온통 빨간 딱지가 붙게 된다. 진짜 주인이 누구인지 알게 되는 순간이다. 우리는 결국 국가의 재산을 빌려 쓸 수 있는 수준의 소유를 인정받는 것이다. 그래서 세금에 대해서 잘 이해하지 않으면 안 된다. 현명한 임차인이 되어야 할 필요가 있는 것이다. 필자는 아나키즘을 신봉하는 사람이 아니다. 다만 도덕적 관점으로 세금을 바라봐서는 안 된다는 말을 하는 것이다.

## 누구에게 맞출 것인가

전술하였듯이 의료 기관은 어차피 상장이 되지 않는다. 상장이 안 된다는 것은 기업 공개가 안 된다는 것이고 자금 조달을 주식 발행으로 할 수 없다는 것을 말하는 것이다. 그렇기 때문에 재무 구조를 배우기 위해서 돈을 쓰는 것은 의미가 없다. 그리고 당신이 만약 이러한 것에 잘 대처를 하기 위해서 재무 파트를 고용했다고 하자. 그러면 그 사람들은 어떤 교육을 받은 사람들인가? 바로 이 사회의 재무와 세무적 기준을 배운 사람뿐이다. 그들은 이 사회를 유지하는 재무적 뿌리를 유지하기 위해서 봉사하는 관점을 배운 사람들이다. 그런 관점은 기업 공개를 하여 자금을 조달할 계획을 세울 수 없는 당신을 위한 언어를 모르는 것이다.

그들이 제공하는 모든 자료를 당신이 조금은 알게 되었다고 생각해 보자. 대부분은 모르지만 말이다. 어느 정도 안다고 해도 그것을 가지고 의미 있게 변화시키는 것은 불가능하다. 기본적인 출발이 다르기 때문이다. 1년에 한 번 만나는 세무사가 내미는 문서를 봐야 까막눈일 뿐이다. 결국 세금을 적게 내기 위한 선택을 할 뿐이지 그 표가 가지는 의미를 활용할 수 있는 것도 아니다. 그렇다면 당신은 계속 다른 사람에게 맞추고 있는 것이다.

## 나에게 맞는 재무상태표의 설계가 필요한 이유

우선 필요한 것은 내가 알아볼 수 있는 장부를 체계화하는 것이다. 물론 모두가 기본 장부는 가지고 있다. 그러나 그런 장부를 신뢰하지 않는다. 세금을 내면 내 손에 쥐는 것이 달라지기 때문이다. 그렇기 때문에 명확하게 숫자로 표시하는 나만의 장부를 개발하지 않는 것이다. 시중에 나와 있는 다양한 프로그램을 써 본들 그것은 모두 기존의 시스템에 맞추어져 있는 것들뿐이다. 그렇기 때문에 아주 새로운 관점이 필요하다.

세분화하여 모든 숫자를 표시하는 작업이 필요하다. 4대보험도 한꺼번에 하지 말고 한 사람에 맞추어서 적용해 보면 해당 인력을 유지하는 데 들어가는 모든 비용이 산출된다. 세무사는 이런 식으로 표현하지 않지만 세무사가 기준이 되면 안 된다. 기준은 오로지 내가 되어야 한다. 내가 바라보는 관점을 기준으로 숫자를 나누는 작업이 꼭 필요하다.

회계의 기준으로 볼 때 연구 과제는 기업의 모든 활동을 재무상태표와 재무제표로 끌어오는 것이다. 이것 때문에 회계의 기준이 자꾸 바뀌는 것이다. 그렇다면 우리가 봐야 하는 것도 마찬가지다. 우리의 서비스 활동, 초진과 재진에 들어가는 서비스 비용을 어떻게 산출하여 재무상태표에 넣을 것인가 하는 것이 관건이 되겠다. 한 명의 인력이 근무하는 동안 들어가는 시간을 환자 인당으로 산출하고 그것을 인력 구조의 월급과 수당 및 4대보험으로 산출한 후 다시 비교해 가면서 하나하나 맞추어 보면 우리 의료 기관에 맞는 재무상태표를 완성할 수 있다.

이런 작업에는 수학이 필요한 것이 아니라 산수가 필요한 것이다. 우직하게 앉아 수식을 끊임없이 만들어 보고 의미 있는 숫자를 비교해서 내게 맞는 숫자를 정리하고 다시 대시보드를 만들어서 한눈에 볼 수 있도록 만들면 된다.

우리 조직에 총괄이 있다면 함께하면 되고, 중간 관리자가 없다면 나 혼자라도 먼저 시작해 보면 되겠다. 이것을 웹사이트나 앱으로 개발하는 것은 거의 모든 시스템이 완성된 이후에 해도 늦지 않다. 핵심은 내가 중요하게 봐야 하는 숫자가 무엇인지를 정하는 것이다. 이것은 의료 기관마다 다르다. 우리가 중요하게 액션을 하는 기준점을 모두 정리해 보는 과정이 필요하다. 과정은 지난 하지만 이 작업이 완성이 되면 다음과 같은 것을 알 수 있다.

① 기여도가 높은 직원과 그렇지 않은 직원이 명확하게 구분된다.
② 기여도가 높은 고객과 그렇지 않은 고객이 명확하게 구분된다.
③ 우리가 주력해야 하는 고객의 유형이 정리된다.
④ 우리 상품 중에서 가치가 높은 상품과 그렇지 않은 상품이 구별된다.

## 반드시 성장하는 비법은?

성장은 언제 오는가? 숙고를 통해서 온다. 반성을 통해서 온다. 즉 되돌아보는 것에서 오는 것이다. 되돌아보는 것을 정성적으로 하는 것은 '고객의 클레임을 대처하는 우리의 자세를 바꾸자' '환자가 이런 것을 좋아하고 이런 것을 싫어한다' 등이다. 그런데 이런 유형의 환자가 중요하다고 생각했는데 숫자로 보니까 다르다면 어떻게 되는가? 직원들마다 효율이 높다고 생각했던 사람과 그렇지 않은 사람이 다르다면 어떻게 되는가? 내가 삽질을 했다는 소리다. 당신의 삽질을 멈추어 줄 기준은 숫자이며 숫자를 아주 다르게 봐야 한다. 바로 당신이 봐야 하는 새로운 당신의 숫자 언어가 필요한 것이다. 내가 명확하게 모든 것을 볼 수 있게 되어야만 성장이 오는 법이다. 시간이 걸리는 것을 투정 부리지 말고 성실하게 이런 작업을 해 나가서 얻은 열매는 반드시 달다.

# 6-2
# 당신이 얼마를 벌고 있는지 정말 알고 있다고 생각하는가?

## 계획은 왜 설계하는가

Compact City라는 개념은 도심 공동화 현상과 시가지의 외연적 확산 등으로 대변되는 20세기 도시 계획의 실패에 대한 반성에서 출발하였다. 도시를 압축하여 고밀집적으로 개발함으로써 활기 넘치게 가꾸자는 비전을 실현하려고 탄생한 용어이다. 기존의 도시 개발이 자동차를 중심으로 한 확산형 도시였다면 컴팩시티는 대중교통과 보행을 활성화할 수 있도록 도시를 집적 개발하는 것이다.

Smart City라는 개념도 있다. 도시가 과밀화되면서 교통 체증에 따른 비용이 급증하고 환경오염 등으로 삶의 질이 떨어지는 것을 타계하기 위한 개념으로 출발하였다. 이러한 현상을 예방하고 도시 기능을 최적화하기 위한 것이다. 도시 인프라의 계획·설계·구축·운영에 IT를 적용해

삶의 질과 경제적 번영을 향상시키는 도시이다.

뉴멕시코주의 수도 Albuquerque는 인구 60만여 명의 도시로 미국에서 급성장하는 6대 도시로 선정되기도 했다. 이 도시의 기업들은 직원들 간의 데이터 공유를 자동화하여 모든 직원들이 동일한 정보를 이용할 수 있도록 비즈니스 인텔리전스 솔루션을 사용할 수 있다. 이 도시의 비용 절감 효과는 2,000%에 달하는 것으로 보고되고 있다.

볼보의 나라 스웨덴은 도로 혼잡 기술을 사용하여 카메라가 번호판을 인식하여 도심을 오가는 차량이 혼잡 시간에 출입하면 차량 번호의 소유주 개인 계좌에서 자동으로 인출해 가는 시스템을 도입하였다. 교통 체증은 25% 감소하였고, 대중교통 이용량을 높여서 대기오염도를 14% 감축한 것으로 보고되고 있다.

56m의 종탑이 있고 내부는 르네상스의 분위기를 물씬 풍기는 살레르노 대성당이 있는 이탈리아 살레르노는 나폴리로부터 남부쪽으로 60km 지점에 있다. 인구 14만 명의 작은 살레르노는 IBM과 협력하여 자원을 최적화하고 ITS 시스템을 도입하여 도시의 접근성을 높였다. 도시의 모든 주차 가능 정보를 실시간으로 확인할 수 있고 주차 요금 등의 정보를 공유하고 관리할 수 있도록 설계 운영되고 있다.

UAE 아부다비의 마스다르시티는 이른바 스마트 도시의 끝판왕이다. 프로젝트 도시로서 아주 작은 규모의 도시를 실험하고 있다. 탄소 제로 시티를 목표로 설계 된 이곳은 100% 신재생 에너지로 움직이는 도시다. 태양에너지 92%, 폐기물 에너지 7%, 풍력 에너지 1%의 비중으로 운영된다. 모든 폐기물은 재활용되고 폐기물 수거 분류로써 50%를 재활용하고, 33%는 소각하여 에너지로 재활용하며, 17%는 퇴비로 이용된다.

PRT라는 개인 이동 운송 수단과 LRT라는 원거리 이동 시스템을 이용하여 자동 운행되는 시스템도 갖추고 있다. 도시를 설계할 때부터 바람길을 이용하여 자연 냉난방을 할 수 있는 방법도 최대한 이용하였다. 2층 구조로 자동차 도로 위에 사람과 자전거가 이동할 수 있는 도로가 있다. 아쉽게도 착공 10년이 넘도록 이 작은 신도시는 2018년 기준으로 7%밖에 개발되지 않았다. 막대한 자금이 들어가는 만큼 외자를 유치하는 것에 어려움을 겪고 있다.[77]

계획이라는 것의 실체는 무엇인가? 이것은 관점이다. 목표를 수립하기 위해서 어느 정도까지 내가 인지를 하고 있느냐는 중요하다. 근대의 상수도는 19세기 산업 혁명기의 영국에서 처음 등장한 것으로 간주되고 있다. 상수도와 하수도의 분리는 매우 중요한데 이것이 전염병과 질병으로부터 안전해지는 가장 기본적인 출발이다. 흑사병이 창궐하던 1300년대의 경우는 이러한 개념이 없었으므로 그렇게나 많은 사람들이 사망하였다. 코비드19로 인해서 손을 소독하는 습관이 늘다 보니 감기 등의 기초 질병이 많이 사라졌다는 통계도 있다. 그만큼 위생은 중요하다.

계획에 있어서 개념의 정리는 무척 중요하다. 우리가 알고 있는 것의 대부분은 기억으로부터 나오는데 인간의 뇌 기억의 색인은 그냥 기억이다. 이 말은 선행 기억이 없다면 아무리 좋은 이야기를 들어도 머리에 남지 않는다는 말이다. 그래서 우리는 개념의 표상을 세워서 후속 지식들

---

77) 인천 도시 계획국, 도시 계획 상임기획단 컴팩 시티와 스마트 시티 보고서 참고. 고양시 음식물쓰레기 제로 단지 자료 인용.

이 머리에 쌓이도록 만들 필요가 있다.

의료 기관의 경영에 대한 개념도 마찬가지이다. 머리가 똑똑하다고 되는 것이 아니다. 해당 분야 지식의 토목 공사에 해당하는 기초 지식의 개념을 잘 정리해 놓지 않으면 후속 지식 등은 아예 머리에 들어오지도 않는다. 그러니까 개념이 중요하다. 개념이 정리되어야 전체를 그릴 수 있는 토대가 생기는 것이다. 그러므로 계획을 짠다는 것은 판을 짜는 것과 같다. 단지 목표의 수치만을 늘어놓는 것을 보고 계획을 수립한다고 생각한다면 절대 오산이다. 새로운 도시를 계획하는 것처럼 당신의 머릿속에 의료 기관의 경영에 대한 전체적인 신개념을 쌓아 올려야 한다.

## 당신은 얼마를 벌고 있나?

대부분의 개인사업자 의료인들이 많이들 말하는 것이다. 컨설팅할 때 재무 관련 미팅 시간에 주로 '내가 얼마를 벌고 있는지 아주 구체적인 숫자로는 몰라요.' 또는 '많이 버는 것 같은데 세금을 내면 통장 잔고가 없어요.'라는 말도 많이 듣는다. 그래서 주로 세금을 줄이는 방법을 많이 고민한다. 세금을 줄여서 수익을 늘리려는 것이다. 이 말의 속뜻은 머릿속에 오로지 매출과 비용밖에 없다는 말이다. '내가 얼마를 벌고 있는지 모른다.' 이 말의 진짜 의미는 계획성의 부재를 말한다. 얼마를 벌고 있는지 모른다는 말은 재무적인 판단 기준점이 없고, 통장을 관리하는 시스템이 잘못되어 있고, 자신 스스로를 고소득 노동자로 여기는 것을 의미한다.

## 세금을 줄이는 방법

잠시 샛길로 새서 간단한 팁 몇 가지만 말하자. 물론 알고 있는 사람도 있겠지만, 개인 사업자가 세금을 줄이는 방법은 무엇일까? (의료법인은 좀 많이 달라서 논외로 한다.) 공과금 계산서 신청, 통신요금세금계산서 신청, 노란우산공제가입, 연금저축, 기부금공제 등이다. 이 부분들은 잘 찾아보면 대부분의 정보가 나온다. 대부분 유용하게 세금을 절세할 수 있는 방법이다.

하나 더 중요한 것은 사업자카드의 사용이다. 물론 국세청에 개인신용카드를 등록해서 사용할 수 있지만 그것보다 사업자카드가 더 유리하다. 세무사가 자세히 말해 주지 않는 경우도 많은데 세무적으로는 비슷할지 몰라도 금융 기관에서 바라보는 것은 다르다. 대출을 받게 될 때 가산점을 부여받기 때문이다.

## 당신이 하고 있는 것은 사업인가 아니면 고소득 노동인가? 당신이 세운 팻말이 말해 준다

당신의 사업이 정체되고 있다면 하나만 물어보자. 당신의 재무 계정에는 투자금이라는 명목이 있는가? 여기서 투자금의 정의는 부동산이나 금융 투자를 말하는 것이 아니다. 바로 당신이 운영하는 의료 기관에 재투자하는 것을 말한다. 감가 상각에 해당하는 비용이나 보수 비용이 아니라 더 나은 시스템을 설계하기 위해서 투자하는 비용을 말한다. 마케팅, 조직관리, 의료기술 등이다. 물론 장비의 경우도 해당이 될 수 있지만 이 부분은 제외하고 보는 것이 맞다. 장비로써 모든 것을 투자하고 있다고 믿을 수 있기 때문이다. 교육을 받는 것은 포함이 될 수 있다.

당신은 사업가인가 고소득 노동자인가의 여부를 가르는 것은 투자 비용으로 나눌 수 있다. 당신의 사업에 얼마나 다시 투자를 하고 있는지를 보는 것이다. 이것은 결국 기업들이 말하는 R&D 비용에 해당한다. 당신의 기업은 1년에 R&D 비용으로 얼마나 투자를 하고 있는가? 결국 기업이 성장하는 것은 발전을 토대로 하는 것이다.

여기서 주목해야 하는 것은 당신이 받는 교육도 중요하지만 직원들의 학습과 성장을 위해서 투자하는 비용이 얼마나 되는지 확인해 봐야 한다. 나는 계속 성장하는데 직원의 성장이 정체되어 있다면 조직은 불균형을 초래하게 된다.

## 재무 구조의 관리 기준

의료인들은 대부분 자영업의 한계를 벗어나지 못하는 경우가 많다. 그래서 항상 한 달이 기준이 된다. 수가 체계가 열악한 경우는 기준이 하루다. 하루하루 벌어 먹고사는 일용직과 별반 다르지 않다. 사회는 계속 변화하고 발전한다. 그리고 우리 주변의 경쟁 구조는 계속 변하고 있다. 1년에도 몇 개의 주변 경쟁 의료 기관이 생기고 없어진다. 사회적으로 보면 여러 가지 이벤트가 계속 변하면서 발생한다. 이러한 변화는 고려하지 않고 월마다의 기준으로 모든 지표를 보는 것은 의미가 없다. 시각을 좀 더 넓혀서 볼 필요가 있다. 분기, 반기, 연간 단위를 기준으로 보고, 동기 대비를 통해서 전년이나 3년 전 대비 달라진 것이 무엇인지 보는 시각을 길러야 한다. 작년 데이터 자체를 잘 보지 않는 경우가 대부분이다. 복기가 없이 발전하는 경우는 없다.

세무사가 하는 말도 잘 가려서 봐야 한다. "다른 대부분의 병원에서 마케팅 비용을 10% 사용한다고 하는데요. 우리 병원의 마케팅 비용은 너무 높은 것 같아요." 이런 말을 자주 듣는데 이건 별 의미 없는 말이다. 모든 비용은 경쟁 구조와 밀접도 및 배경 환자의 컨디션에 따라서 달라진다. 전국 단위 네트워크 병원을 똑같이 광고해도 모두 결과가 다르다. 그런데 세무사가 모든 기준을 가지고 있는 것도 아니고 그 사람의 말을 무조건 믿어서 자를 재듯이 나누려는 것도 어리석은 일이다. 경쟁이 심한 곳에 가면 광고비는 두 배가 들어도 효과는 덜한 경우가 많다. 개원 시부터 입지를 정말 잘 살펴야 하는 이유다. 평균을 자꾸 따지면 평균밖에 못 한다는 것을 기억해야 한다.

통장은 여러 개로 나누어서 운영하는 것이 좋다. 내가 관리할 수 있는 한 최대한으로 나누어서 관리하는 것이 좋다. 그리고 매출과 비용의 구조를 나누어서 수치를 맞추어 주고 난 후 세금계좌를 따로 운영하는 것도 필요하다. 그래야 세금 내고 손해 보는 느낌이 없어진다. 그리고 나의 급여 통장도 따로 관리하는 것이 좋다. 통장을 어떻게 분리하느냐에 따라서 자금관리 자체가 달라진다.

사실 얼마를 벌고 있는지 모르는 것은 아니다. 어림 짐작으로 알고 있으나 그 어림 짐작이 문제이다. 그렇기 때문에 세금 내면 손해 보는 느낌이다. 모두 숫자이기 때문에 매출과 지출의 구조가 명확하게 정리가 되면 세금도 수치가 나온다. 여기서 중요한 것은 얼마를 벌고 있는지 아는 것이 아니라 앞으로 얼마를 더 벌 수 있도록 시스템을 설계할 수 있는 능력이 있는가 하는 것이다. 이런 것을 어림 짐작으로 알 수는 없다. 체계적인 시스템은 규모가 생기고 나서 하는 것이 아니라 체계적인 시스템을 갖추고 있어야 규모가 커지는 것이다.

# 6-3
# 세무사에게 원하는 것보다 돈을 더 줘야 하는 이유

## 할머니가 항상 하시던 것

필자의 고향은 제천이다. 제천은 예로부터 약재상이 많았다. 지금은 한방바이오센터 등 관련 시설이 많다. 필자의 할아버지는 한의사였다. 제천에서는 김약국으로 불렸다. 한의원이 아니라 왜 약국으로 불렸는지 이해가 안 되기는 하는데 당시에는 그런 분위기 였다. 1년에 한 번 고사를 지내는데 주변 이웃들에게 떡을 돌리는 것은 내 몫이었다. 고시 팥떡을 집집마다 돌렸는데 매년 선물을 가져다주는 나는 늘 환영받았다. 나름 인심 있는 집으로 주변 이웃들에게 알려져 있었고, 거리를 지날 때면 필자는 늘 주변 마을 분들에게 인사하느라 바빴다. 어느 곳에서나 환영받던 기억은 내 유년기에 좋은 영향을 미쳤다고 생각한다.

이런 김약국은 매년 행사가 있다. 고사, 메주 담그기, 약장 공사 등이다. 메주를 담그는 날이면 가마솥에서 늘 콩 향이 온 집 안을 향기롭게 했다. 주변 사람들에게도 나누어 주기 위해서 양은 정말 어마어마하게 만들던 기억이 난다. 나는 주로 삶은 콩을 찧는 일을 했다. 콩을 다 찧고 나면 나무 틀에 넣고 메주의 모양을 만들어서 한곳에 쭉 세워놓는다. 어느 정도 마르면 짚으로 엮어서 천장에 매달아 놓는다. 마르는 데 한참 걸린다. 메주는 발효되면서 갈라진 틈으로 하얗고 검은 곰팡이가 피어난다. 이 곰팡이는 몸에 좋은 곰팡이다. 이렇게 숙성된 메주는 겨울이 되면 주변에 나누어 주었다.

제천집은 한의원 약장 아래가 지하실이었고 그 지하실은 살림집으로 이어진다. 약재를 넣는 약이 썩지 않게 하기 위해서 매년 보수하는 일을 해 왔다. 그 약장 보수 공사에는 늘 인부가 7~8명 붙어서 작업을 했다. 매년 보다 보니 늘 마주치는 얼굴들이다. 이 날은 잔칫날과 비슷했다. 보쌈도 삼고 육개장도 끓이고 했다. 점심에도 저녁에도 푸짐하게 먹이고 그분들이 집에 돌아가실 때는 바리바리 음식을 싸 들려 보냈다. 할아버지 할머니는 이렇게 잘해 줘야 하나라도 더 잘 마무리해 준다는 생각으로 그렇게 했다. 어렸을 적의 기억은 늘 주변에 인심을 베풀던 두 분에 대한 추억이 남아 있다.

## 오해와 진실

유네스코 문화 유산 1호가 무엇인지 아는가? 바로 그리스 파르테논 신전이다. 어렸을 적 교과서에 보면 이 파르테논 신전의 황금비에 대한 내용이 있었다. 그리스인은 얼마나 대단하길래 이런 비율을 그런 시대에 알았단 말인가! 그 당시의 경외심이 떠오른다. 파르테논은 현대 유럽 민주주의의 심장과도 같은 의미다. 파르테논 건축 당시 그리스는 이집트에 비해서 아주 가난했다. 그러나 통치자를 자신들의 손으로 직접 뽑는다는 자부심은 대단했다. 이러한 민주주의에 대한 자부심이 지금 유럽의 심장으로 자리잡게 했다. 그리고 파르테논에 대한 엄청난 신성화가 만들어졌다.

그러나 진실은 이런 신성화에 의한 황금비는 존재하지 않는다는 것이다. 현대의 기술로서 실측한 결과 오히려 파르테논 신전의 비율은 부조화다. 당시 다른 신전의 경우는 오랜 시간 동안 축적해 온 비례가 거의 완성된 상태였다. 그러나 페르시아 전쟁의 승전비와도 같은 역할을 했던 파르테논 신전은 다른 신전에 비해서 크기가 크다. 파르테논 신전 안에 세워졌던 아테나 신상의 크기가 매우 컸기 때문에 기존의 비율대로 맞추기가 어려웠다. 우리가 배울 때는 이런 말도 있었다. 기둥의 두께가 바라보는 사람의 시각에 따라 다르게 보이지 않기 위해서 가운데를 기준 시점으로 놓고 바깥으로 갈 수록 기둥의 두께가 두꺼워진다는 것이다. 거짓이다. 파르테논 신전은 도리아식 건축 양식에 기둥은 이오니아식으로 개발된 기이한 건물이다. 한 건물에서 다른 건축 양식이 사용된 기형적인 건물이다. 결국 황금비는 허구다. 모나리자와 밀로의 비너스 등에 대한 황금비도 모두 허구다.

이런 식의 허구는 늘 있다. 우리의 고정 관념이 만들어 내는 허상이다. 세무와 관련된 것에도 이런 허상이 많다. 다른 의료 기관의 평균값을 기준점으로 삼는 것이다. '마케팅 비용으로 얼마를 쓴다'거나 '직원 급여로 얼마를 쓴다' 는 말이 기준이 되는 경우가 많다. 대체 그런 기준은 누가 만든 것인데 그것을 금과 옥조의 말로 따른다는 말인가, 평균을 맞추려고 사업을 하는 것이 아닌데도 불구하고 세무조사라는 허상이 만들어 내는 공포가 세무사의 말에 너무 많은 힘을 실어 주고 있다. 세무사 중에서는 편법을 권하는 경우는 더 큰 문제다. 물론 성실하고 훌륭한 세무사가 더 많다.

큰 회사가 좋겠다고 해서 법인 세무사와 거래를 하는 경우도 많다. 물론 모든 세무법인이 그런 것은 아니지만 법인 세무사의 경우 기장 공장과 거래하는 경우도 있다. 매월 기장을 해서 관리하는 것이 아니라 신고할 때 한꺼번에 하는 경우가 많기 때문에 제대로 관리가 안 돼서 세금을 더 많이 내는 경우도 있다. 고객인 의료 기관이 서비스를 제공하는 세무사보다 정보가 적기 때문에 이런 현상이 생긴다. 무조건 큰 규모만을 보는 것이 오히려 독이 된다. 이런 구조에는 열악한 세무 환경이 한몫하고 있다. 잘 생각해 보면 매달 세무사에게 내는 비용이 생각보다 적다. 세금 신고 기간에만 돈을 더 내는 것이지 매달 납부하는 비용은 거의 10만~40만 원 수준이 평균이다. 이런 열악한 환경에서 제대로 된 서비스가 나오기가 쉽지 않다.

그래서 좋은 세무사를 고르는 것에 많은 시간을 투자해야 한다. 제대로 된 정보를 제공하고 적절한 시기에 변화를 줄 수 있는 세무사를 골라야 한다. 간혹 규모가 조금 커지면 경리를 뽑아서 쓰는 경우도 있다. 근데 뭐 크게 다르지 않다. 그 사람도 같은 시스템에서 배운 사람이기 때문이다. 이 경우도 마찬 가지다. 사람을 잘 뽑는 것 외에 다른 길이 없다.

MSO를 만들어서 세금을 절약한다고 하는 경우도 많다. 이게 사실 별 효과가 없다. 결국 잘 따져 보면 개인 사업자와 법인은 큰 차이가 없다. 법인에서 개인으로 돈을 돌리려면 이익 배당에 대한 세금을 내야 한다. 물론 급여에 대한 기준보다는 저렴하지만 나중에 제대로 계산해 보면 크게 차이가 나지 않는다. 세무조사가 나오면 결국 내부 거래라는 것을 모를 수 없고 결국 추징금으로 더 내는 경우가 많다. 세무에서의 추징은 추정 징수가 가능하다. 그러다 보면 더 많은 세금을 내는 경우도 있다. 이런 사실을 세무사가 모르지 않는 데도 불구하고 고객의 요청에 의해서 개인사업자와 법인을 따로 운영해 주는 경우도 많다. 기업 공개를 하지 않을 거라면 MSO는 큰 의미가 없다. 내 우호 지분이 100%인 회사에서 거래가 발생하는 것이 인정될 수가 없다.

그래서 필자는 항상 스스로의 재무 구조 설계에 대해 돈을 투자하라고 말한다. 대단한 수학이나 대단한 프로세스를 말하는 것이 아니다. 단지, 먼저 시도해 보라는 것이다. 완성이 되는 시점까지 꽤 오랜 시간이 걸린다. 이런 것을 세무사에게 맡긴다고 해결되지 않는다. 전술한 바와 같이 호텔 재무 10년 한 사람도 조금만 달라지면 계정조차 못 본다. 아무리 계정을 안다고 해도 실무를 모르면 재무 시스템을 제대로 볼 수 없다. 그래서 세무사와는 무관하게 내부의 재무 시스템을 설계하고 완성이 되는 시점이 되면 IT 기술을 접목하여 독자적인 재무 시스템을 완성하는 것이 필요하다. 그런데 세무사에게 비용은 왜 더 줘야 하느냐고 묻고 싶을 것이다. 이런 식의 재무 구조는 세무사가 보기에 편하지 않다. 공수도 너무 많이 들어간다. 그래서 돈을 더 주고서도 내가 하는 방식으로 세무사가 따라와 주도록 해야 한다. 이럴 때 나가는 비용은 나중에 약이 되어 돌아온다.

## 관계와 원칙

우리는 매년 설이나 추석에 우리 관계사의 직원들에게 작은 선물을 한다. 대략 한 명당 5만 원 내외의 비용이 소요된다. 우리는 마케팅, 컨설팅 등 하는 업무가 많다 보니 관계사가 꽤 많다. 여기에는 세무사와 법무사 그리고 변호사도 포함된다. 이렇게 관계사의 직원에게 명절 인사를 하는 것에 작은 선물을 주는 것만으로 그 사람들은 우리 업무를 잘 돌봐준다. 때로는 조심해야 하는 새로운 제도나 좋은 지원금 등이 나왔을 때 알람을 주기도 한다.

규모가 어느 정도 되면 세무사와 정기적으로 미팅을 하는 의료 기관도 더러 있다. 그러나 더 중요한 것은 세무사가 아니라 그 직원이다. 우리를 담당하는 직원이 누구이고 그 사람과 어떤 관계를 가지느냐 하는 것이 더 중요하다. 깊은 물에 물고기가 많다는 속담이 있다. 당신의 주변에 사람이 많이 모으게 만들어야 한다.

# 6 - 4
# 항상 이기는 전략

## 경쟁의 구조

필자는 경쟁에 대한 사례를 들 때 월마트와 K마트를 주로 말한다. K마트는 1899년에 창업한 오래된 회사이다. 그에 비해서 월마트는 1962년 아칸소의 작은 마을에서 시작하였으니 시대적인 갭도 그만큼 크다고 할 수 있다. 그러나 K마트는 2000년대 초반 파산하였다. 현재 월마트는 2021년 5,592억 달러의 매출을 달성하였다. 이 돈은 한화로 환산하면 700조 원에 달하는 어마어마한 금액이다. 월마트를 하나의 국가라고 한다면 세계 경제 30위 권에 들어가는 경제 규모를 가졌다고 표현할 수 있다. 물론 이것은 단순 거래 총규모를 계산한 것이기 때문에 부가가치 창출인 GDP와의 단순 비교는 잘못된 것이다. 유통업이기 때문에 부가가치 창출이 적다고 하더라도 순익의 규모만으로 보자면 웬만한 중소 수준의 개발도상국을 상회하는 수준이다. 그렇다면 왜 이런 결과가 빚어졌을까?

월마트의 입장에서 보자면 K마트는 공룡과 비교할 수 있었다. 그러나 이런 결과의 차이는 바로 경쟁에 대한 기본 전략의 차이다. 월마트는 시작과 마찬가지로 작은 도시부터 확산하였다. 인구 1,000명 내외의 소도시에서 시작했던 월마트는 1990년대 초반이 되어서야 비로서 K마트와 경쟁할 수 있는 구조를 만들었다. 그러나 이것이 바로 경쟁의 우위를 만들 수 있는 힘이 되었다. 모든 경쟁의 최후 단계로 가면 둘 중 하나가 죽어야 하는 게임에 접어들게 된다. 이때 가격의 경쟁에서 밀리게 된 쪽은 K마트였다. 월마트의 기반은 소도시 중심의 마트가 상당수를 이루기 때문에 대도시 중심의 K마트와 경쟁을 한다고 해도 월마트의 기반은 흔들리지 않았다. 결국 경쟁에서 면적이 얼마만큼 차이 나는가 하는 부분이다. 점포의 100%가 경쟁을 하는 조직과 점포의 50%가 경쟁을 하는 조직 중 누구 유리하겠는가? 결국 소도시에서 발생하는 수익이 월마트의 보호 구역으로서 작용하면서 경쟁에서 우위를 점할 수 있었다. 경영지배구조에서 K마트의 실패 원인을 찾는 사람도 많다. 물론 그 요인도 중요하지만 경쟁 전략 자체에 있어서는 일고의 여지도 없이 실패하였다.

## 지켜보는 자와 자신밖에 보지 않는 자

우리는 프로젝트를 시작하게 되면 현재의 상태를 냉정하게 돌아보는 것부터 시작한다. 대부분의 고객들은 정체된 고객들이다. 20대와 30대의 성공적인 출발이 어느 순간 정체되면서 40대와 50대를 맞는 경우가 대부분이다. 20대와 30대의 성공은 개인의 성공이다. 내가 잘해서 주변의 의료 기관보다 경쟁력이 있는 경우가 많다. 진료적으로 개인의 매력이 없다면 성공하기 어렵다. 그러나 이런 성공은 한계에 부딪히는 경우가 많다. 페이닥터를 쓰는 문제부터 확장에 걸림돌이 되는 경우가 많다. 자신의 진료를 복제하는 것이 불가능하기 때문이다. 자신의 진료 복제가 불가능한 이유는 자신이 해내는 것은 능숙하지만 함께하는 것에 익숙하지 않기 때문이다.

마케팅이든 컨설팅이든 처음에 하는 분석이 거의 대부분 승패를 좌우한다. 마케팅과 내부 경영이나 서비스는 분리될 수 없다. 광고나 홍보를 보고 환자가 온다고 해도 결국 서비스를 경험하게 되고 주변에 그 경험을 이야기로 전하기 때문에 비교를 할 수 있는 정보가 공개된다. 그런데도 대부분의 의료 기관이 하는 첫 마디는 비슷하다.

"우리 서비스는 정말 잘해요. 고객이 오기만 하면 됩니다. 그런데 초진이 너무 적어요."

그러나 세상에 그런 것은 없다. 나는 정말 잘하는데 광고가 문제여서 환자가 오지 않는 경우 말이다. 물론 광고의 문제가 없다는 말이 아니다. 아무리 광고를 잘해도 내부에 문제가 있으면 다시 원위치로 돌아오게 된다는 것을 말하는 것이다. 그래서 초진이 문제인 조직은 항상 모든 것을 점검해야 한다. 그것도 스스로와 경쟁자를 함께 분석해야 한다.

모든 것의 점검에는 항상 전략도[78]처럼 개괄이 필요하다. 경쟁 의료 기관과 우리 의료 기관의 우위가 서로 어떤 차이가 있는지를 지표로서 설계를 한다. 이것은 진료 분야에 따라서 다르다. 이른바 자동차처럼 스펙을 정리하는 것이다. 그래서 우선 온라인으로 검색을 하면서 변수를 정리한다. 어떤 것이 선택으로서 작용하는 요소인지를 정리하는 것이다. 이것에는 여러 가지가 들어간다. 공간의 크기, 원장의 저서, 원장의 학위, 서비스 퀄리티, 장비의 유무, 등등 이야기를 하자면 셀 수 없이 많다. 즉 제일 중요한 것은 어떤 것으로서 평가를 내릴 것인가 하는 부분이다. 고객이 느끼는 모든 것, 서비스로서 평가될 수 있는 모든 것이 하나의 리스트로써 정리되어야 한다. 이 부분이 정리되면 우리는 팀을 분리한다.

경쟁자와 우리를 분석하는 시간이 필요하다. 우리의 서비스를 얼마나 냉정하게 분석할 것인지 이 부분이 전제되어야 한다. 이것은 양쪽을 모두 볼 수 있는 것에서 가능하다. 다른 의료 기관이 어떻게 하는지 모르면서 타 의료 기관을 질책하는 원장들을 많이 본다.

"우리 병원에 온 환자들이 말해 주는데 그 병원은 이런 문제가 있다고 해요."

"저 한의원은 진료에서 이런 문제가 있고, 진단에서도 이런 부분은 하지 않고 있어요."

이렇게 말하는 대부분의 원장들은 그 경쟁 의료 기관에 가 본 적이 없

78) 전체를 파악할 수 있는 그림.

다. 그리고 이렇게 말하는 이유는 그 의료 기관에서 이탈한 환자들의 말이 근거가 된다. 그런데 가만히 생각해 보자. 우리 의료 기관에서 이탈한 환자는 없을까? 그래서 모든 의료 기관의 원장들은 자신이 제일 잘한다고 생각한다. 물론 일정 부분의 자신감이 필요하기는 하지만 제대로 보지 못하고 자신의 성에 갇혀서 오해를 하고 살아간다. 우리는 프로젝트를 시작하기 전에 항상 하나의 명제로서 출발한다.

'우리가 경쟁자보다 잘하는 것과 못하는 것을 어떻게 선명하게 알 수 있는가?'

인간은 잘못된 판단을 통해 왜곡된 정보를 쌓아 올려서 실수하는 경우가 많다. 그래서 프로젝트의 초기 설계 시에 많은 주의가 요구된다. 결코 내부 인터뷰의 내용이 진실이라고 믿어서는 안 되는 이유가 그것이다. 그들이 거짓말을 하는 것이 아니라 자신의 논리에 스스로 속고 있는 경우가 많다는 말이다.

## 상품과 서비스에 대한 분석

우리가 주의 깊게 보는 것은 상품과 서비스의 유연성이다. 확장 가능성이라는 것은 성장 가능성을 말하기도 한다. 성장한다는 것은 그간의 해당 의료 기관의 모든 행동을 보면 알 수 있다. 모든 조직은 쌓아 가는 형태로 마케팅을 하는 경우와 매일 물을 길어 쓰는 방식으로 마케팅을 하는 경우가 있다. 초진에만 주력하는 조직은 후자이다. 쌓아 가는 방식으로 마케팅을 설계하지 않으면 어느 순간에 정체되고 망가지게 된다.

단리와 복리가 왜 시간의 흐름에 따라서 차이가 나겠는가? 복리의 중요성에 대해서 강조하는 수많은 영상과 책을 봐라. 굳이 필자가 설명할 필요도 없다. 그렇다면 고객을 모으는 조직과 소모하는 조직의 차이는 명확하다. 광고에 퍼붓는 모든 자금의 씨를 말리고 있는 것이다. 그래서 조직 전략은 결코 광고로만 완성될 수 없다. 광고와 조직 내부의 마케팅 전략의 상호 작용의 설계가 반드시 완성되어야만 흐름이 완성되고 쌓이는 고객층을 확보할 수 있다. 이것은 마케팅 방식의 문제가 아니라 마케팅 전략과 설계의 문제이다.

우리는 같은 분야에 대해서 얼마나 많은 서비스와 상품으로 분류되어 있는지를 봐야 한다. 우리의 상품이 분류가 나누어지지 않았다는 것은 일부의 고객층에만 어필한다는 말이다. 모든 상품은 가치에 따라서 그레이드가 나누어진다. 그런데도 대부분의 의료 기관은 한 가지 상품이나 두 가지 상품으로 완성되는 경우가 많다. 물론 서비스와 제조가 다르기는 하지만 상품의 품질에 따라서 가격을 분류하는 것은 왜 필요한가 생각해 봐야 한다.

얼핏 보면 대부분의 비즈니스는 상품이나 서비스를 판매하는 것이 전부인 것으로 보이지만 결국은 관계라는 것을 알아야 한다. 모든 비즈니스는 관계를 중심으로 이루어진다. 그러나 의료 기관의 판단은 이와 다르다. 관계가 아니라 진료에 대한 거래를 하는 것이다. 이것이 바로 당신의 의료 기관이 정체되어 있는 본질이다. 연락을 받지 않는 사람, 내원하지 않은 사람, 내원하였으나 상담만 받고 간 사람, 진료를 받았으나 중간에 포기한 사람, 진료가 마무리된 사람, 진료 만족도가 좋은 사람, 진료에 대한 만족도가 높지는 않으나 소개를 한 사람 등 우리가 분류를 하고자 한다면 셀 수 없이 많은 사람이 존재한다. 왜 이 사람들을 분석하지 않는가, 왜 이 사람들로부터 전략이 출발하지 않는가. 바로 여기에 우리가 정체되어 있는 거의 모든 답이 있다.

## 우리가 잘하는 것과 못하는 것

우리가 경쟁을 이기고 환자의 선택을 늘 받을 수 있는 방법은 무엇인가? 그것은 우리의 장점을 계속 살려 나가고 단점을 보완해 가는 길뿐이다. 그러나 장점과 단점도 모르는 의료 기관이 대부분이다. 우리는 초기에 인터뷰를 통해서 질문을 하는데 그 질문 중에는 장점과 단점에 대한 질문이 있다. 이 질문에 명확하게 답을 하는 원장은 10%도 안 된다. 왜 그럴까? 비교해 본 적이 없다는 말이다. 여기서 바로 '자신밖에 보지 않는 자'와 모든 것을 '지켜보는 자'가 차이가 나는 것이다. 전쟁에는 진형이라는 것이 있다. 학익진, 팔괘진 하는 것들이 바로 전쟁의 진형을 말하는 것인데 진형의 모양은 항상 하늘에서 땅을 바라볼 때의 모양이다. 관점이 나를 떠나서 다른 곳에서 내가 서 있는 곳을 바라보는 것을 말한다. 우리가 경쟁에서 승리하기 위한 전략을 짤 때 중요한 것은 스스로를 객관적으로 보는 시각이다. 그리고 스스로 옳지 않을 수 있기 때문에 본질을 찾아내려는 집착이다.

이렇게 정리된 시점에서 비교해 보고 냉철하게 판단해야만 업계 선두에 설 수 있다. 여기는 전쟁통이다. 잊지 마라.

# 6 - 5
# 관점이 달라지면 수익이 달라진다

## 비즈니스 모델

서비스 커널이라고 부르기도 하고 고객구매행동 모델이라고 부르기도 한다. 원래는 고객구매행동 모델이라고 부르던 것이다. Attention(인지), Interest(흥미, 관심), Desire(욕망), Action(행동, 구매) 이렇게 해서 AIDA 모델이라고 부르며 1898년 E.S. 루이스가 개발한 모델이다. 이후 광고 업계에서는 D와 A 사이에 Memory(기억)을 넣어서 AIDMA가 되었다. 여기서 M은 사업 분야에 따라서 Conviction(선택)이 되기도 한다. 이것이 정보 통신의 발달로 인하여 D가 Search(검색)로 변경되고 A 뒤에 Share(공유)가 들어가는 것으로 바뀌었다. 그래서 최종 모델은 AISAS가 되었다. 이것이 실용적으로 적용되기 위해서는 광고와 서비스 각 분야에 이것이 들어맞도록 설계해 보는 것이 중요하다. 이 방법은 반드시 통한다.

또 고객의 형태를 가지고 구조를 설계하는 방식이 있다. 고객의 현재 상태에 따라서 모델을 설계하는 방식이다. 용어로 정리가 되어 있지는 않지만 고객의 심리 상태에 따라서 01234 단계로 구분한다. 0은 내원 전이다. 이것도 두 가지로 구분한다. 0-1은 IP 수집 단계, 0-2는 전환 단계, 1은 내원 단계, 2는 상담 단계, 3은 결제 단계, 4는 거래 단계로 구분한다. 여기서 각 단계별로 다음 단계로 어떻게 넘길 것인가에 대해서 툴과 메시지 등을 이용해서 견인한다. 이 단계는 고정이 아니며 각 단계를 의료 기관의 상황에 맞게 설계하여 견인 장치를 개발하면 이것 역시 효과가 있다. MOT의 단계 구분으로 이해해도 된다.

필자가 좋아하는 BSC는 이러한 단계를 좀 더 체계적으로 분류하고 있다. 전술 하였듯이 여기서는 네 가지의 중요한 구분을 '관점'이라는 단어를 사용해서 했다는 것이 인상적이다. '재무', '고객', '프로세스', '학습과 성장' 관점이다. 각 요소들을 분류하고 CSF(Critical Success Factor)와 KPI (Key Performance Indicator)로 구분한다. 여기서 CSF는 인과 관계로 연결한다. 단순하게 로드맵의 개념도 살짝 들어가 있다. 여기서 중요한 것은 개괄, 분류, 분석, 지표 그리고 단순화이다.

우리가 사업을 하여 수익을 발생시키려고 하는 것은 분명 가치를 창출하기 위한 것이다. 그 가치를 어떤 방식으로 나누는가 하는 것이 배분의 문제이고 이것은 다시 가치의 기여에 따라서 결정이 되게 되어 있다. 사업을 성장시키는 것도 어느 정도 단계가 있는데, Seed 단계부터 기업의 재무적 성장 여부에 따라서 Series 1~5로 나누어진다. 결국 비즈니스 모델을 잘 설계하여 Seed Money를 잘 조달하고 기업의 성장 정도와 미래 가치에 따라서 시리즈 단계별로 투자를 유치하여 어떻게 Exit[79]를 하느냐가 사업가의 관심사다. 이것도 역시 모든 것은 모델과 유형에 따라서 달라진다. 이것도 모두 관점이다. 어떤 관점을 가지고 접근하느냐 하는 것이 중요하다.[80]

앞서 여러 모델과 방식에 대해서 설명을 하였다. 이런 이론들은 모두 검증된 것이고 각기 가치가 존재한다. 이러한 가치를 어떻게 나의 모델에 맞게 활용하느냐에 따라서 전혀 다른 결과를 만들게 된다. 이러한 이론들은 모두 책에만 있는 것이 아니라 살아 숨쉬는 하나의 관점이다. 관점이 구체화되는 것이 사실 모든 것이다. 그래서 모든 것은 관심에서 출발하는 것이다. 관심을 가지게 되면 그것에 에너지가 쌓이게 되고 쌓인 에너지를 어떻게 실체화하는가 하는 것이 모든 것의 시작과 끝이므로 필자는 '관점이 무엇보다 중요하다.'고 항상 설명한다. 물리적으로 설명하자면 관점은 현재의 위치에서 내가 목표로 하는 곳으로의 나아감을 말한다. 사람의 눈을 보면 다른 것과 다른 감정을 느끼게 된다. 그것은 나아감이다. 즉 우리는 어느 곳으로 나아감을 추구하느냐에 따라 다른 결말을 맺는데 그것이 비전과 목표이다.

---

79) 사업 모델을 잘 만들어서 수익을 남기고 큰 자본에게 지분을 팔아서 기업을 매각하는 것은 Exit라고 부른다. 다만 의료기관의 경우는 기존 모델과는 다르게 설계해야 한다.

80) 기업을 의료 기관으로 바꾸고 자금 조달 방식을 바꾸게 되면 구조적인 발전 단계를 비슷하다. 물론 의료 기관은 Exit가 쉽지 않다. 그러나 2022년 기준으로 10년 내에 채권 발행까지는 가능하지 않을까? 생각하고 있다.

## 투자 대비 수익률

일반적으로 투자를 할때 ROI(Return On Investment)를 따지게 된다. 그런 부분으로 보자면 우리 의료 기관의 ROI는 어떻게 되는지 생각해 본 적이 있나? 매출이 발생하는 구역을 나누어서 분류해 보면 파트가 나누어져 있지 않아도 구분을 할 수 있다. 파트가 이미 나누어져 있다고 하더라도 매출의 원천이 되는 것을 어떻게 구분하는가 하는 것은 중요하다. 업무적으로 구분이 되는 기준에 따라서 구분하는 것이 적당하다. 때로는 파트의 구분을 수직 계열로 구분할 수도 있다. 의료진이 여러 명이라면 구분해서 나누어야 한다. 의료진에 따라서 서포트하는 간호 인력을 팀으로 묶어서 구분할 수도 있다. 매출 베이스로써 구분하는 것이 중요한데 재무적인 관점으로 구분을 해야 한다. 의료진에 따라서 간호 인력을 구분하지 않는 경우도 많은데 구분하는 것이 팀으로서의 역할을 강제하기 더 쉬워진다. 그리고 진료적으로 질환의 아이템별로 구분해야 한다. 시술 방법으로도 구분해야 한다. 여기서 한 가지 오류를 범할 수 있는데 수익이 높은 것만이 좋은 것이 아니다. 모든 아이템 즉, 무기는 각 각의 역할이 따로 있다. 때로 수익이 높은 것만을 강제해서 단일 아이템을 고집하는 경우가 있다. 물론 그것은 의미가 있다. 전문 의료 기관으로서의 전문성을 강조할 때 의미가 있다. 그러나 이것은 마케팅 적인 강조만을 의미해서는 안 된다. 원래 전문 의료 기관이라는 것은 단순한 강조가 아니라 모든 업무적 프로세스적인 전문성이 담보되어야 가능하고 이런 전문성을 성취했을 때 비약적인 발전이 가능하다. 이러한 총체적인 함의 없이 표면으로 만들어지는 전문성은 허구에 가깝다. 이럴 경우에는 환자를 지속적으로 조달하기 어렵거나 고객당 수익 단가가 떨어질 수 있다.

모든 아이템은 결국 환자의 여정을 견인하여 DB 관점으로서 그 환자가 높은 수익을 발생시키는 최종 단계에 도달되게 하는 구조로 설계되어야 한다. 처음부터 큰 수익을 안겨 주는 고객도 있고 시간이 오래 걸려서 도달되는 고객, 그리고 자신이 도달하지는 않지만 도달할 만한 사람을 소개해 주는 고객도 있다. 그러므로 모든 아이템을 단일화하는 것은 위험 부담이 있다. 이렇게 되는 이유는 의료 기관들이 DB의 중요성을 모르기 때문이다. 그래서 아이템별로 보자면 적자가 나는 것을 가급적 차단하는 방식을 취하는 것이 좋다. 물론 적자가 나는 아이템이 특정 시점에 흑자로 전환되고 조금 시간이 걸릴 뿐 큰 수익을 주는 아이템이라면 지위가 달라질 수 있다. 하지만 빌드업이 불가능하다는 판단이 섰다면 빠르게 대처해야 한다. 조금만 더 설명하자면, 고객의 여정에 따라서 각 아이템이 어떤 역할을 수행할 것인지의 목표가 있어야 한다는 것을 기억해야 한다. 목표는 개인과 조직 혹은 파트에만 부여되는 것이 아니라 아이템에도 부여되어야 하며 고객의 여정을 기준으로 설계되어야 한다.

## 상품을 계속 출시하는 이유

많은 기업이 상품을 계속 출시하는 이유는 무엇일까? 이 질문에 제대로 된 답을 제출할 수 있다면 당신은 이미 상당한 수준이라고 말할 수 있다. 상품을 계속 출시하는 이유는 신규 고객이 한정되어 있기 때문이다.

매출을 발생시키는 방법은 오로지 두 가지뿐이다. 하나는 신규 고객으로부터 발생하는 것이고 또 다른 하나는 기존 고객에게 새로운 상품을 판매하는 것이다. 일부 비급여 의료 기관의 경우 매출 견인을 위해서 이벤트를 상시적으로 하는 경우가 있는데 이것은 고객의 피로도를 높이고 상품의 가격을 저하시키는 요인으로 작용할 뿐이다. 결국 기존 고객으로부터 발생시킬 수 있는 매출은 새로운 상품을 교차 판매하는 것뿐이다. 그러므로 기업은 항상 기존 상품을 판매할 수 있는 새로운 고객을 확보하기 위한 마케팅과 새로운 상품을 가지고 기존 고객을 유인할 수 있는 마케팅을 동시에 진행하는 것이다. 이것은 소비가 생산보다 둔화되기 시작한 이후 줄곧 벌어진 일이다. 국내의 경우 이미 의료 기관이 포화되어 감에도 의료인이 모자라서 계속 의료인의 숫자를 늘리고 있는 실정이기 때문에 결국 마케팅[81]을 고도화하지 않으면 언젠가는 실패를 맛보게 될 것이다.

그리고 급여와 비급여 중에서 한 가지만을 고집하는 경우도 있다. 아니면 여건이 안 될 수도 있다. 이럴 경우 급여와 비급여를 동시에 진행하라고 권하고 싶다. 왜냐하면 우리는 DB를 모아야 하기 때문이다. 물론 고착화되어 있는 상태에서는 참 어려운 문제이다. 한 명이 진료한다면 더욱 그렇다. 급여에서 비급여로 발전하는 것은 상대적으로 쉽지만

81) 여기서 마케팅은 홍보나 광고만을 말하는 것이 아니다. 정부로부터 영업의 일부를 담보받는 공기업이나 대기업의 계열사가 아니라면 모든 종류의 비즈니스에 통용되는데, 생산과 판매 등 모든 과정을 마케팅이라고 부른다. 의료 기관이라면 진료와 시술도 마케팅이다. 직역하자면 시장화라고 할 수 있기 때문이다. 간혹 의료 기관은 상업적이어서는 안 된다거나, 의료 기관은 기업이 아니라는 생각을 가지고 있는 의료인을 만날 때가 있다. 그 생각부터 고쳐야 성장한다.

비급여 진료만 하는 곳에서 급여 진료를 다시 하는 것은 정말 쉽지 않다. 그러나 시도해야 한다. 페이닥터를 두더라도 그렇다. 장기적으로 보자면 안전장치라고 할 수 있다.

필자가 말하고 싶은 것은 늘 관점이다. 항상 새로운 관점을 수용하기 위해서 노력해야 한다. 새로운 지식도 중요하지만 지식의 기반은 결국 관점에서 출발한다. 새로운 관점이 생기면 그것으로부터 파생되는 지식의 기억 저장 용량이 증가한다. 전혀 새로운 이야기가 잘 기억되지 못하는 이유는 이미 전술하였다. 학습에 있어서도 개념이 중요한데 바로 이 개념도 관점이다.

## 한 가지 비전

5년 전에 한 의료 기관을 컨설팅 할 때의 이야기다. 그 의료 기관의 목표는 새로운 비타민을 만들어서 정착시키는 것이었다. 그때 고민하던 아이템이 칼슘 영양제이다. 막 그런 논의가 시작될 쯤에 우리가 합류하여 논의를 시작했다. 우리는 새로운 관점을 제공했다. 우선 경쟁이 있는 제품을 선택하면 안 된다는 것이다.

① 경쟁이 적은 제품 혹은 아주 새로운 이론에 입각한 제품을 선택해야 한다.
② 재구매 가능성이 농후한 제품을 선택해야 한다.
③ 일정 정도의 숫자가 확보되기 이전에는 수익을 만들 생각 자체를

하면 안 된다.

이 세 가지는 아주 중요한 가치이다. 우선 1번부터 보자. 경쟁이 심한 제품의 경우 어차피 대체제가 많다. 우리 제품을 선택할 이유가 없다. 흔한 제품으로 우리 의료 기관을 포지셔닝해서는 곤란하다. 첫 제품부터 그런 제품을 선택한다면 중장기적으로 실패할 확률이 높다. 그런 제품을 출시한다면 우리도 그저 그런 제품을 출시했으나 사라지는 제품의 대열에 합류하게 된다. 그렇게 포지셔닝이 되면 새로운 제품을 좋게 출시한다고 해도 난관을 거쳐야 한다.

2번은 사실 3번과 연결되어 있다. 재구매가 가능하다는 것은 생활과 밀접해야 한다. 항상 먹을 수 있는 제품으로 포지셔닝이 되어야 한다. 그리고 저렴해야 재구매가 가능하다. 초기 생산 과정에서는 제품의 수량이 적기 때문에 공급 단가가 비싸다. 이럴 때는 나중의 수량을 생각해서 초기에는 어떤 수익도 남기지 않으면 된다. 수익을 남기려는 욕심 때문에 실패하고, 수익이 나지 않기 때문에 관심이 떨어지면 중도에 포기하게 된다. 처음부터 수익을 내려는 어리석은 생각은 버려야 한다. 우선은 제품을 경험하는 사람을 늘려야 한다. 그러면 DB가 확보되고 그러면 비즈니스가 되는 것이다. 쉽게 생각하면 안 된다.

이렇게 길게 이런 이야기를 하는 이유가 무엇인가? 의료 기관의 성격에 관한 이야기를 하려고 하는 것이다. 이런 아이템은 게임 체인저이다. 당신의 비즈니스 기본 구조를 3만 원짜리 비타민을 매달 구입하는 사람 몇 명을 확보하느냐의 게임으로 바꾸는 것이다. 수량이 늘어나면 본격적인 게임 자체를 바꿔 버린다. 모든 것은 시각에 따라서 달라진다. 어떤 새로운 방법이 있는 것이 아니라 기존의 것을 어떻게 다르게 사고 하느냐에 따라서 달라진다. 5년 전의 그 의료 기관은 지금 그 아이템으로 의료 기관 수익의 1/3이 충당되는 수준이 되었다.

## 당신 삶의 다차원화

당신 삶의 다차원화는 중요하다. 내 시각이 아니라 새로운 시각, 다른 사람의 사각, 다른 직업의 시각 등 새로운 것을 많이 받아들여야 새로운 시각을 갖게 되고 새로운 시각을 많이 받아들여야 새로운 관점이 만들어진다. 새로운 관점을 많이 받아들이는 사람이 새로운 활로를 개척할 수 있다. 콜센터, 에스테틱, 원격진료 등 모든 것들은 사실 의료의 영역이 아닌 것을 의료의 영역으로 끌어온 것이다. 결국 관점이 달라져야 새로운 가능성이 생긴다.

# 6 - 6
# 답을 찾는 것이 아니라 질문을 찾는 것이 성공을 만든다

## 어떤 질문이 좋은 질문이지?

"이전 병원에 근무할 때 평가는 어땠나요?"

"당신이 가장 일을 잘하는 부분은 무엇인가요?"

이런 질문의 답은 정해져 있다. 면접을 볼 때 흔히 하는 실수다. 면접을 그냥 허례허식으로 하는 경우가 많다. 그중에서 질문의 구성을 보면 뻔히 보인다. 위의 질문들은 모두가 거짓으로 꾸밀 수도 있는 질문이다. 거짓말을 하는 사람을 나무랄 필요 없다. 집단적인 거짓말쟁이를 양산하는 질문자가 더 문제다.

송나라 송사(宋史)에는 사필(謝泌)이 했다는 말이 남겨져 있다. '의인물용 용인물의(疑人勿用 用人勿疑)' 의심스러운 사람은 쓰지 말고 채용

했다면 신뢰해야 한다. 여기서 중요한 것은 '믿으라'는 것이 아니라 '신중하라'는 것이다. 그것이 선행된 이후에 '믿으라'가 통용되는 것이다. 이 말은 조직 관리에 있어서 매우 타당한 말이다. 뭔가 적당하다고 판단되지 않는다면 급하게 쓰지 말고 시간을 들여서 사람을 판단해야 한다. 면접 시간도 길게 잡고, 여러 차례 면접을 해도 좋겠다. 필요하면 면접비를 주어도 좋겠다.

그리고 중간 관리자가 아닌 일반 직원의 경우 그 사람과 함께 일할 사람 즉 중간 관리자가 면접을 보고 자신이 필요한 사람을 쓰도록 하는 것도 좋다. 권한 위임 차원에도 도움이 된다.

자 이제 그렇다면 신중하기 위한 질문들을 알아보자.

'영희(가명) 씨가 지금까지 살아오면서 ○○○했던 것은 언제이고, 무엇을 했을 때입니까?'

○○○에 들어갈 것은 참 많다. 우리 조직이 생각하는 인재상에 걸맞는 것을 넣으면 된다. '창의성', '도전정신', '끈기', '개혁성' 등등 참 많다. 인재상을 적당히 좋은 말로 포장해 놓은 곳은 별 효과가 없다. 정말 우리 의료 기관에 필요한 사람이 갖추어야 할 덕목을 신중하게 설계해야 의미가 있다. 이런 질문은 꾸미거나 즉답을 하기 어렵다. 이런 질문의 유형은 Yes나 No로 답하게 하면 의미가 없다. 즉답할 수 없고 생각해서 답을 해야 하는 질문을 통해서 상대방을 파악할 수 있다.

전문성을 탐구하는 질문도 세트가 있다.

'영희 씨는 자신의 전문 능력이 어느 수준이라고 평가하시나요?'

이 질문에는 후속 질문 세트가 중요하다.

'그런 평가를 구체적인 예로 설명해 주실래요?'

'그 분야 중에서 세부적으로 어떤 부분에 자신이 있을까요?'

'영희 씨의 전문성이 우리 의료 기관에 어떤 기여를 할 수 있다고 생각하세요?'

등이 되겠다.

질문이라는 것을 어떻게 구성하느냐에 따라서 정말 다양한 레퍼토리가 가능하다. 상대방이 긴장하지 않은 상태에서 효과적인 질문이 들어가면 상대방의 컨디션이나 태도 등을 보다 깊이 있게 판단할 수 있는 정보를 얻을 수 있다(반드시 긴장하지 않은 상태에서). 조금만 생각해 보면 효과적인 질문을 많이 만들어 낼 수 있다. 그런 질문은 아주 다양한 가능성을 확인할 수 있도록 해 준다.

'영희 씨는 어떤 사람인가요? 자기 자신에 대해서 이야기해 보시겠어요?'

이 질문도 좋은 질문이다. 보다 직선적인 질문이기도 하다. 어떤 사람인가를 탐구하기 전에 상대방에게 물어보는 것도 좋은 방법이다. 때로는 "2분의 시간을 줄 테니 자기 소개를 해 주시겠어요?"라는 질문을 하는 경우도 있다. 이것을 통해서 자신에 대해서 얼마나 자존감을 가지고 있는 사람인지를 확인할 수 있다. 이런 질문은 모두 교차로 설계되어야 한다. 그래야 보다 면밀하게 평가할 수 있다.

이런 질문은 비단 면접에만 사용하는 것이 아니다. 많은 질문을 자기 자신에게 해 볼 것을 권한다. 셀프 리더십의 핵심은 질문이다. 질문이 훌륭해야 훌륭한 답을 얻을 수 있다.

## 당신에게 필요한 질문

'우리 의료 기관이 경쟁에서 이기기 위해서 우리는 오늘 무엇을 할 수 있지?'

'우리 의료 기관이 경쟁에서 이기기 위해서 무엇이 요구될까?'

필자는 이 질문을 아주 좋아한다. 여기서 중요한 것은 내면의 정직성이다. 그럴싸한 척하기는 어떤 상황에서도 도움을 줄 수 없다. 있는 그대로 현재를 볼 수 없다면, 실패는 늘 가까이에 있다.

'우리 고객 의료 기관들이 경쟁에서 이기기 위해서 우리는 무엇을 개발해야 하지?'

이 질문은 필자가 매일 하는 질문이다. 이런 질문은 가능성을 확장해 준다. 네이버가 모든 게이트 웨이를 틀어쥐고 있는 현재 같은 상태에서는 변화를 주기가 쉽지 않다. 네이버에서의 경쟁에서 이기기 위해서는 조금이라도 더 네이버에서 벗어나야 한다. 프레임 자체를 변경하지 않고 경쟁에서 이기기 위해서는 너무 많은 출혈을 유발한다. 결국 비교 대상에서 벗어나는 방법을 선택해야 한다. 그래서 우리는 숨기는 'Decision hacking(의사결정 변경)'을 통해서 마케팅 프레임을 재편하였다. 이것은 상담에서 Hypnosis를 통해서 hacking을 하듯이 온라인 상에서의 의사결정을 hacking하기 위한 것이다. 소비자는 항상 올바른 선택을 하지 못한다. 이 모든 프로세스는 항상 질문과 함께 시작하여 지금까지 발전하여 왔다. 필자는 모든 발전의 시작에는 항상 가능성을 열어 주는 질문이 있다는 것을 알고 있다.

우리는 프로젝트의 시작과 함께 의료 기관의 성격을 다시 규정한다. 그것은 현재 가치에 대한 판단이다. 우리 의료 기관은 어느 정도 가치를 고객에게 제공하고 있으며 시장에서 어느 정도의 가치로 비춰지고 있는지를 평가하는 것에서부터 시작되어야 한다. 이것은 의료 기관의 직원들과 함께 팀을 이루어 작업이 이루어진다. 이 과정을 통해서 비전을 설계한다. 비전 없이 성공할 수 없다. 비전은 아주 체계적으로 세워져야 한다. 목표가 있는 사람은 지치지 않는다. 만약 목표가 있는데도 자꾸 지치는 것을 경험하고 있다면 그것은 목표 수립의 단계에서 실수가 있었다는 것을 의미한다. 크고(Big), 대담하며(Hairy), 도전적인(Audacious), 목표(Goal)가 중요하다. 짐 콜린스(James C. "Jim" Collins)가 주장하는 것이다. 여기서 한 가지 문제는 작은 조직은 이것과 똑같은 상황이 될 수 없다는 것이다. 미국의 경영 컨설턴트들이 주장하는 사례들은 모두가 대기업을 중심으로 연구한 사례이기 때문에 작은 기업이나 소규모 의료 기관은 잘 맞지 않을 때도 많다. 그래서 필자의 경험으로 보자면 반드시 이런 목표는 BSC적인 로드맵을 설계해서 실행해야 한다. 목표가 아무리 좋고 크고 떨린다고 해도 명확하게 수행해야 하는 액션이 정의되지 않는다면 뜬구름 잡는 것과 다르지 않다.

자 이제 시간과 노력과 비용을 투자하여 실행 가능한 비전 목표를 수립했다고 하자. 그러면 세부적인 모델링이 필요하다. 사업, 상품, 고객에 대한 모델링이 필요하다. 그리고 그 모델링과 액션의 로드맵에 따라서 하루하루 실행해 가며 평가하고, 다시 계획을 세우는 과정을 반복하는 것이다. 조직에 총괄을 세우고, 고객 관리 담당자를 만들어야 한다. 그리고 원장들의 연구 과제도 부여한다. 앞에서 한 명이 힘들게 이끌어 가면서 다른 사람들은 마지못해 끌려가는 조직이 아니라 모두가 협력을 하는 구조로서의 조직 변화가 되어야만 성공할 수 있다. 그렇게 하기 위해서는 이런 질문이 필요하다.

'우리 조직이 더 성공적이고 협력적이 되기 위해서 내게 요구되는 변화는 무엇이지?'

시장에서 성공이라는 것은 로직으로 보면 명확하다. 우선 내가 힘이 생길 때까지 보호될 수 있도록 '얼마나 경쟁을 회피할 수 있는 힘이 있는가.' 하는 부분이다. 그런 경쟁을 회피하기 위해서는 인적 자원에 대한 흡인력이 필수다. 힘으로 상대를 굴복시키는 것은 좋은 결과를 맞기 어렵다. 마음으로부터 승복하게 하여 조직을 위한 헌신을 이끌어 내야 하는 것이다. 결국 모든 인간은 삶을 가지고 있는 사람이다. 퇴근을 하면

집으로 돌아간다. 누구나 나처럼 자신의 삶이 있다. 그 사람도 나처럼 삶의 고통과 외로움과 슬픔을 알고 있다.[82]

이제 모든 직원과의 소통에서 당신은 자신감이 있고 문제가 있는 직원들 간의 갈등을 조정할 수 있는 역량이 생겼다고 하자. 그러면 이제는 빌드업과 볼륨업이다. 조직을 확대하고 성장시키기 위한 모든 준비가 되었으니 이제 로드맵대로 잘 실행되고 있는지 점검하고 다시 계획을 수립하고 다시 실행을 하고 다시 평가를 하는 과정을 반복하는 것이다. 모든 것은 쉽게 설계되어야 한다. 그래야 반복이 가능하다.

이렇게 성장을 하면서 어디까지 갈 것인가. 그것은 비전에 따라서 다르다. 규모를 실현한다는 것은 돈을 많이 버는 것과는 다르다. 물론 돈도 많이 벌 것이다. 그러나 규모를 실현한다는 것은 내가 실현하고 싶은 나만의 가치가 있다는 것을 의미한다. 어떤 구체적인 가치를 실현하지 않고는 규모의 경제를 만들어 낼 수 없다. 내가 제대로 된 가치를 제공하지 않는 한 시장은 반응하지 않기 때문이다. 이것이 의료 기관이 영속하지 못하는 근본 원인이다. 아마도 15년 전 당신이 알고 있는 의미 있는 의료 기관이 있었을 것이다. 그러나 지금도 그 의료 기관이 의미 있는 의료 기관으로 남아 있는가? 거의 대부분 규모가 작아졌을 것이다. 그 이유는 제공하는 가치가 시장에서의 우위를 잃어버렸기 때문이다. 나 혼자 동분서주하는 조직으로 결코 시장에서 오랫동안 우위를 유지할 수 없다. 전술이 훌륭하면 잠시 잠깐 우위를 점할 수 있으나 전략에 실패하

82) 단순하게 잘해 주는 것으로는 결과를 낼 수 없다. 조금 잘해 주고 나서 결과가 안 나오면 금방 포기하는 것으로는 결과를 낼 수 없다. 인간에 대한 본질을 이해해야 한다. 인간은 왜 이런 행동을 하는가에 대한 깊이 있는 이해가 동반되어야 행동을 바로잡을 수 있다.

면 전체적인 구도가 망가지는 것과도 같다. 작은 힘으로 큰 힘을 이기기 어렵고 한 명의 뛰어난 의료진의 역량으로, 보통 수준의 역량이지만 협업 구조가 잘 설계되어 있는 조직을 오랫동안 이기기 어렵다.

## 항상 새로운 성장

언제부터 성장을 멈추었는지 생각해 보자. 하루를 질문으로 시작하자.

'어떻게 해야 어제보다 오늘 더 성장할 수 있지?'

학생 때만 성장하는 것이 아니다. 모든 인간은 죽을 때까지 성장할 수 있다. '나는 청년이 아니다.'라는 생각이 노화를 부른다. '내 생각이 옳다.'라는 것이 편견을 부른다. '나는 항상 성장한다.'는 생각이 새로운 것을 받아들일 수 있는 여지를 만든다. 결국 질문은 '지금보다 더 성공하기 위해서 내게 요구되는 것은 무엇이지?' 하는 것이다.

결국 지금보다 더 성장하고 성공하기 위해서 항상 나의 지금보다 더 나은 내가 되어야 한다. 경영자가 성장하기를 멈춘다면 조직도 성장을 멈춘다.

그러나 강박에 싸여서는 안 된다. 호흡을 조금 더 길게 보면 좋겠다. 삶의 태도와 삶의 방향 자체를 바꾸어서 행복하면서도 성장할 수 있는 것이 바로 성인이다. 어렸을 적에는 성장통이 많았으나 성인은 성장통 없이 성장할 수 있는 특권이 있다.

자 이제, 진료를 시작하시기 전에 이런 질문으로 시작하면 좋겠다.

'어떻게 하면 나는 이 환자와 함께 더 많은 가능성을 만들 수 있지?'

당신 의료 기관에 항상 성장이 깃들기를 기원한다.

에필로그

# 호원앤컴퍼니 사용설명서

우리의 목표는 대한민국 의료 환경을 바꿀 사표가 될 의료 기관을 많이 양성하는 것이다. 그렇게 우리는 대한민국의 의료를 바꾸고 싶다. 1993년 미국의 국립보건원이 생의학(서양의학)의 한계를 보완해 줄 전 세계의 5개 의료 체계를 말할 때 한의학이 당당히 하나의 의료 체계로 들어갔다. 한국에는 생의학, 한의학, 중의학, 방의학 등의 4개 의학 체계를 가지고 있다. 하지만 아직 서로 간의 화합은 안 되고 있다. 대부분의 의료진들은 자신의 의학이 얼마나 뛰어난 의료인가 하는 것에만 관심이 있다. 어리석은 짓이다. 세상의 어떤 것도 절대적으로 옳은 것도 절대적으로 그른 것도 없다. 서로 간의 화합을 통해서 총체적 완성형이 되는 것이다. 이런 의료 환경 속에서 호원앤컴퍼니가 만들고 싶은 것은 성찰과 발전 고취를 통해 완성형 의료 기관을 많이 만들어 내는 것이다. 단순히 한국에서 인정받는 의료 기관이 아니라 세계 속의 한국 의료를 실현하는 것에 기여하고 싶은 것이 호원앤컴퍼니의 미션이다.

우리는 광고 홍보 및 의료 기관 경영 마케팅 컨설팅, CRM을 사업의 아이템으로 삼고 있다. CRM은 범용 CRM과 개별 CRM이 있다. 범용 CRM은 기존에 설계되어 있는 프로그램을 사용하면 된다. 오랜 시간 동안 의료 기관의 로직에 맞추어서 개발하고 개선시켜 왔다.

컨설팅은 여러 가지 분야가 있다. 컨설팅은 교육과 함께 구성되어 있다. 의료 기관 전체의 매니징과 상담 프로세스 개선, 의사 개인 브랜딩 개발 등이 있다. 상담은 의료진 상담과 상담실 상담을 각각 개발시키고 개선시키는 프로그램이다. 모든 프로젝트에서 의료진의 변화는 필수적이라고 할 수 있다. 자신은 변하지 않고 직원들만 바꾸려는 프로젝트는 실패하기 십상이다. 이런 컨디션이라면 우리가 도움을 줄 수 없다.

마케팅은 결국 경쟁에서 어떻게 살아남을 것인가 하는 부분이다. 분석을 통해서 우리의 현황이 어느 정도 수준인지 이해할 수 있도록 해 준다. 해당 의료 기관이 기존에 잘하고 있는 것은 유지하고 그렇지 않은 것은 변화하면 된다. 어떤 경우는 작은 것을 바꾸어도 효과가 있고 어떤 경우는 모든 것을 바꾸어도 효과가 더딘 경우가 있다. 그것은 경쟁 환경에 따라 다르다.

우리의 프로젝트는 모두 하나의 사건이 아니라, 과정이다. 때로는 수년이 걸릴 때도 있다. 지름길은 통하지 않는다.

우리는 용역이 아니다. 프로젝트의 과정에서는 당신과 당신의 직원들도 우리의 팀원이다. 가장 큰 변화는 당신부터 시작되어야 한다. 우리가 그 과정에서 당신과 당신의 의료 기관이 성장할 수 있도록 도울 것이다.

### 당신을 위한 조언

꼭 지금보다 더 나은 의료 기관을 만들기를 바란다. 우선은 욕망을 충족하자. 꼭 경제적인 풍요를 이루기를 바란다. 어느 정도 욕망이 충족되었다면 더 나은 비전을 설계하고, 대한민국 의료에 도움이 되는 의료 기관으로 성장하기를 기원한다. 그리고 정말 존경받는 의료 기관이 되기를 진심으로 바란다. 그리고 비전을 더 크게 설계하자. 이제 세계 속의 한국 의료가 되도록….

# 초진 환자가 가고 싶은
# 병원의 비밀



초판 1쇄 발행 2022년 9월 21일

지은이 김정우
펴낸이 이기봉
편집 좋은땅 편집팀
펴낸곳 도서출판 좋은땅
주소 서울특별시 마포구 양화로12길 26 지월드빌딩 (서교동 395-7)
전화 02)374-8616~7
팩스 02)374-8614
이메일 gworldbook@naver.com
홈페이지 www.g-world.co.kr

ISBN 979-11-388-1244-3 (03320)



표지이미지 출처 **게티이미지**